中华当代学术著作辑要

国债运行机制研究

高培勇 著

商务印书馆
The Commercial Press

图书在版编目(CIP)数据

国债运行机制研究/高培勇著.—北京:商务印书馆,2024
(中华当代学术著作辑要)
ISBN 978-7-100-23379-8

Ⅰ.①国… Ⅱ.①高… Ⅲ.①国债—研究—中国 Ⅳ.①F812.5

中国国家版本馆 CIP 数据核字(2024)第 040888 号

权利保留,侵权必究。

中华当代学术著作辑要
国债运行机制研究
高培勇 著

商 务 印 书 馆 出 版
(北京王府井大街36号 邮政编码100710)
商 务 印 书 馆 发 行
北京市十月印刷有限公司印刷
ISBN 978-7-100-23379-8

2024年4月第1版 开本710×1000 1/16
2024年4月北京第1次印刷 印张 16½
定价:98.00元

中华当代学术著作辑要
出 版 说 明

学术升降，代有沉浮。中华学术，继近现代大量吸纳西学、涤荡本土体系以来，至上世纪八十年代，因重开国门，迎来了学术发展的又一个高峰期。在中西文化的相互激荡之下，中华大地集中迸发出学术创新、思想创新、文化创新的强大力量，产生了一大批卓有影响的学术成果。这些出自新一代学人的著作，充分体现了当代学术精神，不仅与中国近现代学术成就先后辉映，也成为激荡未来社会发展的文化力量。

为展现改革开放以来中国学术所取得的标志性成就，我馆组织出版"中华当代学术著作辑要"，旨在系统整理当代学人的学术成果，展现当代中国学术的演进与突破，更立足于向世界展示中华学人立足本土、独立思考的思想结晶与学术智慧，使其不仅并立于世界学术之林，更成为滋养中国乃至人类文明的宝贵资源。

"中华当代学术著作辑要"主要收录改革开放以来中国大陆学者、兼及港澳台地区和海外华人学者的原创名著，涵盖语言、文学、历史、哲学、政治、经济、法律、社会学和文艺理论等众多学科。丛书选目遵循优中选精的原则，所收须为立意高远、见解独到，在相关学科领域具有重要影响的专著或论文集；须经历时间的积淀，具有定评，且侧重于首次出版十年以上的著作；须在当时具有广泛的学术影响，并至今仍富于生命力。

自1897年始创起，本馆以"昌明教育、开启民智"为己任，近年又确立了"服务教育，引领学术，担当文化，激动潮流"的出版宗旨，继上世纪八十年代以来系统出版"汉译世界学术名著丛书"后，近期又有"中华现代学术名著丛书"等大型学术经典丛书陆续推出，"中华当代学术著作辑要"为又一重要接续，冀彼此间相互辉映，促成域外经典、中华现代与当代经典的聚首，全景式展示世界学术发展的整体脉络。尤其寄望于这套丛书的出版，不仅仅服务于当下学术，更成为引领未来学术的基础，并让经典激发思想，激荡社会，推动文明滚滚向前。

商务印书馆编辑部

2016 年 1 月

再 版 序 言

读者面前的这本《国债运行机制研究》,是笔者在博士学位论文基础上修订而成、1995年4月由商务印书馆出版发行的经济理论著作。如果再往前追溯,从论题的形成之日算起,本书迄今至少已跨越了30年的时间。在30年后的今天,商务印书馆将其收入"中华当代学术著作辑要"系列再版发行,一个应当交代清楚的问题是,作为一本经济理论著作,本书再版发行的理论意义何在?

仔细地审视一下30年来中国经济所走出的基本轨迹,并且,将今天的中国经济运行格局与作为本书立论的体制前提做一番比较之后,笔者十分欣慰地发现,尽管这30年间的发展变化很大,甚至有些方面的变化可以用天翻地覆加以概括,但从总体上看,本书所建立的分析框架并没有实质性的变化,立足于这一分析框架所取得的基本结论依然有效。换言之,30年间的发展变化,不仅没有改变反而进一步验证并加强了本书作出的一系列理论判断。

比如,国债首先是一种财政收入形式,作为一种财政收入形式,它同其他财政收入形式是同质的。国债与其他财政收入形式之间所隐含着的相互替代关系,是把握国债作用于经济的规律性的制高点。举借国债的经济影响,也就是国债与其他财政收入形式之间对于国民经济运行的差别影响。本书的这一基本论断,不仅仍然适用于现代财税体制框架中的国债分析,而且在同"以支定收"的财政观结合起来并引入"市场经济体制→社会公共需要→政府职能→政府支出→政府收入"

的逻辑关系链之后，从满足社会公共需要的本源出发，还会成为找准控制政府支出规模着力点的重要线索。

再如，举借国债既有扩张社会总需求总量之效，又可使得整个社会的消费-投资结构发生有利于社会总消费一方的变化。这是本书在分别从总量和结构两个角度进行分析之后得出的最为核心的论断。这一分析维度和核心论断的形成，固然植根于20世纪80年代末和90年代初通货膨胀相对严峻的宏观经济背景，亦同当时举借国债被作为控制社会总需求、化消费基金为积累基金力量加以使用的理念倾向有关，但立足当下的中国，便会发现，举借国债和社会总需求的关系问题，仍然是宏观经济政策配置中绕不开、躲不过的重要因素。将本书所做出的关于举借国债和社会总需求关系的论断同当下中国宏观经济政策的配置格局联系起来，亦会发现，积极的财政政策的安排也好，稳健的货币政策的制定也罢，均同国债的运行脱不了干系。倘不能清晰论证举借国债的经济影响及其作用机制，且不说其有效性肯定会因此打折扣甚至大打折扣，在此过程中，因不对路子，搞出一些事与愿违或南辕北辙的事情来，致使宏观经济政策目标的实现受阻甚至逆转，也并非没有可能。就此而言，本书的论断，既同改革开放以来中国国债所走过的历程基本吻合，也可以为高质量发展阶段的宏观经济政策配置提供学理支撑和方法论支持。

又如，中国国债曾有过长达20年的"空白"期。正是因为"既无内债，又无外债"的这段特殊历史，正是因为国债从"零"起步的这一特殊背景，我们才始终对国债的规模问题高度敏感，才始终对国债与财政风险、金融风险的关系问题高度警醒，也才始终对举借国债的经济影响问题高度关注。从有偿性财政收入和无偿性财政收入之间的关系出发，本书所做出的必须扭转国债发行规模膨胀局面、必须防止国债"恶性循环"、必须实现无偿性财政收入正常增长的论断，同样适用于现代财税体制框架中的国债分析，特别是适用于统筹发展和安全中的财政风险、金融风险等方面问题的把握。

还如，国债管理活动也是一种宏观经济调控手段，可以通过其独特的传导作力机制在宏观经济调控中发挥特殊作用，扮演特殊角色。这是本书在全面而系统地分析国债管理活动所涉及的各种操作基础上提出的政策主张。站在全面建设社会主义现代化国家的新的更高历史起点上，基于完善宏观经济调控的目标，将国债管理活动纳入宏观经济调控体系，并使之同其他宏观经济调控手段相互协调、彼此依托，共同成为熨平经济周期波动、实现经济持续稳定发展的重要力量，无疑是具有现实意义的。

借着本书再版发行的机会，写下上述这番话，就教于各位读者。

高培勇

2023 年 6 月 11 日于北京

序　　言

　　本书是作者高培勇同志在其博士学位论文的基础上修改而成的。培勇同志多年来从事财经科学的教学和研究，积累了丰富的知识和经验。他在天津财经学院工作多年，颇见成绩。1991年考入中国人民大学，在财政金融系攻读博士学位。三年来，他顺利地完成学习和科研的各项任务，于1994年取得经济学博士学位。此后，他应聘在母校中国人民大学任教。我身在师生和同事之列，对培勇同志的成长和进步，甚感欣慰。

　　从论文构思以至于扩展成这本专著，经过了相当长时间的思考和酝酿。作者多年前出版过一本专著《公债经济学导论》（1989年），对国债制度的方方面面，作了扼要的说明。从那时到现在，我国国债状况已经发生很大变化：国债发行和债务金额都已达相当规模，国债认购主体和债权人的构成也有很大变化。国债的举借不仅对个人家庭、企业、单位等认购主体的行为有越来越大的影响，而且对宏观经济运行也会产生相当复杂的影响。分析这些影响，不仅在局部而且在国民经济的全局上，不仅是从比较短促的期间而且从国民经济发展的较长期间，不仅是利用经济模型抽象地而且是结合我国实际条件现实地进行这样的分析，是有志于国债研究的经济学者所乐意投入精力和时间的。

　　从事国债研究的学者，可能有三个方向。一是对国债制度的现状和变化作进一步探讨：比如，国债的发行条件、期限结构和时机，国债制度与政府预算制度的协调，国债交易市场的运行机制与国家对此的控制管理,等等。二是对国债作为一种金融资产的研究:由于未清偿的国债必然是债权人的一项资产,在债券持有人众多、国债交易市场存在的条件下,又是债权人可以取得收益、有可能变现、也有经济风险的金融资产;当国债规模增大时,国债对各类经济主体的行为的影响随之增大,对各类市场的影响也随之增大。在这一方向上的国债研究,需要对经济主体进行调查和实证,而由于在不同的经济发展阶段、不同的经济体制、不同的社会和政治条件,甚至在不同的心理状态下,国债对各类经济主体的影响并不相同,此种实证分析非常重要。第三个方向是对国债作为政府筹资的一种方式的研究:国债与政府财政赤字、国债规模与政府财政支出规模、国债与课税、国债与通货膨胀、国债与金融等等究竟有什么样的关系?又应当形成什么样的关系?显然这些同宏观经济诸变量如总需求、总供给、货币供应、信用扩张、物价水平等都是密切相关的。

国债研究的上述三个方向,似可概括为对国债的制度研究、对国债的微观经济基础分析、对国债运行的宏观经济分析,三者互相关联。对国债的制度研究,目的应在于其改善和优化;但如果对受债人等的行为反应心中无数,如果对政府借债的宏观决策的缘由不甚了解,也就无从改进和完善国债制度。对国债的微观经济基础分析可以比较具体地了解各类经济主体对国债的反应,从而比较切实地把握国债对市场经济的影响。对国债运行的宏观经济分析,可以从国债这一侧面探索政府对市场经济进行宏观调控的可能性与条件。三个方面结合起来,方能在理论与现实相结合、政策与制度相一致、市场运行与政府调控相协调的情况下,处理好与国债有关的问题。

高培勇同志这本著作,如其书名所示,乃是对国债运行的经济分析,而且主要是在宏观方面。但作者也并没有忽视国债运行的微观经济基础。本书第二、第三章中所考察的国债对收入、消费、投资的影响,实际上就是综合地说明个人家庭、企业、非政府部门对国债的行为反应,只是作者在此并未作实证分析。作者在本书中对国债制度并未作全面的考察,但由于本书的重点在于国债运行的宏观经济分析,势必对政府的国债管理给予重视,因而在第八章探讨了国债管理与宏观经济调控,实际上对国债管理的方针政策和基本制度也作了一些探索。

这本著作对我国经济学界所进行的国债研究,可以有一定贡献。其贡献主要在于下列三点:在前人的工作基础——包括作者本人以前的研究——之上,提高了一步;从较为宽阔的视野即宏观经济的角度,考察国债运行的全过程;立足于中国实际,吸收西方经济学中一些理论观点和分析方式,取得较好成果。

序言写到这里,对这本著作的介绍和评述似乎可以结束了。但我还想对我们经济学研究中吸取和借鉴西方成果的问题,说几句题外的话。

国债是一个财政范畴。西方的财经理论中是怎样看待国债的呢?两个多世纪前的古典经济学家,以经济体系自发地能达到均衡为前提,探讨国债对经济在宏观上的影响,基本上得出否定的结论。他们理论的优点是接近现实,缺点在于忽略微观经济活动的复杂多变,因而结论比较粗陋。古典经济学家之后,西方经济学把财政理论分成两大块——税收与财政支出。其中,税收理论与价格和市场理论结合,逐步进入到微观经济层次。20世纪前期的西方经济思潮,把眼光转到宏观方面,把国债与财政赤字以至于总额需求相联系,使国债理论成为宏观经济理论的一部分。近几十年来,西方经济理论界力图把宏观与微观两个层次的理论观点综合起来,在财政理论上也不例外。综合的基础是什么?他们认为,那只能是利益和损失、福利和牺牲的比较;无论是政府支出、课税,还是借债,都用这个共同的公式来分析和衡量;无论是个人、企业还是政府部门,都按这个共同的标准来行事。当然,这种理论的综合也给他们留下许多不易解决的问题，例如：利益与损失如何客观地比较？个人、个体的福利与社会的福利如何统一？对利益和福利的主观评价又凭借什么形式得以明确地表现？等等。西方的财政与国债经济理论，大体上是按这样的道路在发展的。

对西方经济学在这方面的理论成果，如何评价和借鉴？我只能提一点极不成熟的意见。西方古典的财政理论有相当深入的现实感，值得借鉴。宏观经济学中的财政理论，提供了一种对宏观经济运行的模型分析，在认识其局限性的前提下，也值得我们借鉴。财政理论中的微观经济分析，较为细致，可以量化，在其自身范围内得出的结论和使用的方法，也是可供参考的。但借鉴必然有限度和选择。我们不能完全接受古典经济学家那些比较粗糙或流于武断的结论——所谓"李嘉图等价定理"就是一例。我们也不能把国债对宏观经济的影响局限于西方宏观经济理论模型所示的内容，不能把那些本来就难免简单化的理论框架当作亘古不变的东西。我们也不能醉心于财政理论中微观经济分析在逻辑上的完美，而忽略了那些观点必然导向远远脱离实际——无论对西方国家还是我国，都是如此；更不用说由那些理论观点推出的市场机制和议会投票制度可以涵盖一切经济和政治行为的观点，即所谓"公共选择"理论，更令人惊讶。

作者在本书中也借鉴了西方的有关理论观点。我认为，他的借鉴是适当的，也是有效果的。

感谢作者的盛意，要我写这个序言。也期望读者对序言中一些不成熟的观点多加批评。

王传纶　中国人民大学财政金融系
1994年8月12日

目　　录

第一章　引论 ………………………………………………… 1
　1.1　主题与背景 …………………………………………… 1
　1.2　前人的研究：李嘉图等价定理之争 ………………… 4
　　1.2.1　李嘉图等价定理命题的意义 …………………… 5
　　1.2.2　巴罗对李嘉图等价定理的引申 ………………… 8
　　1.2.3　李嘉图等价定理失效的原因：托宾的分析 …… 10
　1.3　思路、结构与方法 …………………………………… 12
　1.4　对两个概念的说明：国债与国债运行机制 ………… 15
　　1.4.1　国债 ………………………………………………… 15
　　1.4.2　国债运行机制 ……………………………………… 19

上　篇

第二章　国债的经济影响：发行期的考察 ………………… 23
　2.1　社会主义市场经济：理论分析的体制前提 ………… 23
　2.2　即期的税收减少 ……………………………………… 25
　　2.2.1　消费函数与投资函数 ……………………………… 26
　　2.2.2　即期可支配收入的增加与可能的收入引致效应 … 27
　　2.2.3　即期可支配收入变化的暂时性和长期性 ………… 29
　　2.2.4　对可能的收入引致效应作一个归纳：一般表达式 … 30
　　2.2.5　深一层的思考 ……………………………………… 32

2.3 预期的偿债费税 ·· 33
2.3.1 预期的偿债费税与政府债券所代表的净财富 ·········· 33
2.3.2 国债幻觉及其可能的影响 ································ 35
2.3.3 偿债费税、国债幻觉与预期可支配收入的调整 ······ 37
2.3.4 关于预期偿债费税影响的归纳:一般表达式 ·········· 42
2.3.5 国债的滚动循环:更贴近现实的分析 ··················· 43
2.4 均衡利息率的变动 ··· 45
2.4.1 对储蓄的需求的增加与均衡利息率的上升 ············ 45
2.4.2 均衡利息率的上升与可能的利息引致效应 ············ 47
2.4.3 一般表达式 ··· 48
2.5 举借国债与民间消费:初始性影响 ·························· 49
2.5.1 对民间消费的影响:一个简单的模型 ··················· 49
2.5.2 对民间消费的影响:示意性图解 ·························· 51
2.5.3 民间消费的增加幅度:参数 β_0、β'_0、J_0 和 J'_0 的值 ······ 53
2.6 举借国债与民间投资:初始性影响 ·························· 56
2.6.1 均衡利息率变动对民间投资的影响:三种不同的情况 ··· 56
2.6.2 预期投资收益率变动对民间投资的影响:投资曲线的位移 ··· 60

第三章 国债的经济影响:偿付期的考察 ·························· 64
3.1 偿债费税的开征和国债利息的支付 ························· 65
3.1.1 偿债费的影响实质是一个国债利息问题 ··············· 66
3.1.2 偿债费税的开征 ··· 68
3.1.3 偿债费税与债息支付:综合影响 ························· 69
3.1.4 均衡利息率的可能变动 ···································· 70
3.2 举借国债与民间消费:继发性影响 ·························· 71
3.2.1 对民间消费的影响:一个简单的模型 ··················· 72
3.2.2 对民间消费的影响:示意性图解 ·························· 74

3.3　举借国债与民间投资:继发性影响 ·············· 78
　　3.3.1　均衡利息率的变动与民间投资的趋向 ········· 79
　　3.3.2　预期投资收益率的变动与民间投资的趋向 ······ 80
　3.4　综合考察:举借国债的长期影响 ················ 83

第四章　国债的经济影响:宏观上的考察·············· 86
　4.1　举借国债与财政支出规模的膨胀 ················ 87
　　4.1.1　偿债费支出 ···························· 87
　　4.1.2　预算约束的弱化 ························ 88
　4.2　举借国债与社会总需求:总量效应 ·············· 94
　　4.2.1　财政支出规模的膨胀并不意味着社会总需求的等额增加 ···· 94
　　4.2.2　政府消耗性支出的增加和财政支出乘数 ········ 98
　4.3　举借国债与社会总需求:结构效应 ·············· 101
　　4.3.1　认购国债的资金来源 ···················· 102
　　4.3.2　举借国债收入的投向 ···················· 104
　　4.3.3　来源和投向的综合 ····················· 107
　4.4　小结 ·· 108

第五章　国债的经济影响:从货币供给角度所作的考察 ······ 111
　5.1　财政收支过程对货币供给的影响:一个简要的考察 ···· 111
　　5.1.1　财政的支出过程:基础货币扩张为存款货币 ······ 112
　　5.1.2　财政的收入过程:存款货币收缩为基础货币 ······ 114
　　5.1.3　财政收入与财政支出过程的综合效应:扩张还是收缩? ······ 115
　5.2　国债的认购主体与货币供给 ···················· 116
　　5.2.1　社会公众作为国债的认购主体 ·············· 117
　　5.2.2　商业银行作为国债的认购主体 ·············· 119
　　5.2.3　中央银行作为国债的认购主体 ·············· 121
　　5.2.4　政府机构作为国债的认购主体 ·············· 127

5.2.5　各种情形的组合 ································ 127
　5.3　国债的流动性与货币供给 ···························· 128
　　5.3.1　政府债券是一种具有一定程度的流动性的金融资产 ······ 128
　　5.3.2　政府债券的结构性特征与其流动性效应的增大 ········· 130
　5.4　国债的偿付活动与货币供给 ···························· 132

下　篇

第六章　中国的国债(1950—1994):总体考察 ················ 137
　6.1　传统经济体制下的中国国债 ···························· 138
　　6.1.1　50年代的中国国债:人民胜利折实公债与国家经济建设
　　　　　公债 ·· 139
　　6.1.2　中国国债的"空白"时期(1959—1978) ············· 143
　6.2　经济体制改革以来的中国国债 ·························· 147
　　6.2.1　中国国债的重新启用:背景何在? ················· 147
　　6.2.2　经济体制改革的深入与中国举债实践的飞跃 ········· 150
　6.3　国债规模膨胀探源:无偿性财政收入的相对下降 ·········· 162
　　6.3.1　农副产品收购价格的数度提高 ····················· 163
　　6.3.2　国有企业利润分配制度的改革 ····················· 165
　　6.3.3　国家税收的大面积流失 ··························· 170
　　6.3.4　预算内收入向预算外收入的转移 ··················· 172
　6.4　国债规模膨胀探源:偿债费支出的逐年加大 ·············· 176
　6.5　小结 ·· 180

第七章　中国的国债与社会总需求 ·························· 182
　7.1　可支配收入、偿债费税和利息率:导致微观经济主体
　　　行为变化的三个传导因素 ······························ 183
　　7.1.1　可支配收入 ····································· 183

7.1.2	偿债费税	185
7.1.3	利息率	187
7.2	举借国债条件下的微观经济主体行为	191
7.2.1	作为"过路财神"的企业部门	191
7.2.2	居民可支配收入的增加与消费需求的膨胀	194
7.2.3	利息率的上升与企业投资需求的扩张	196
7.2.4	进一步的思考	203
7.3	举借国债条件下的政府部门行为	203
7.3.1	中国国债的发行与财政支出的规模	204
7.3.2	对社会总需求总量的影响	205
7.3.3	对社会总需求结构的影响	207
7.4	结合货币供给的考察	210

第八章 国债管理与宏观经济调控 215

8.1	独特的传导作力机制:流动性效应和利息率效应	216
8.1.1	流动性效应	217
8.1.2	利息率效应	219
8.2	国债管理同财政政策、货币政策的协调配合	221
8.2.1	同一性和差异性	222
8.2.2	应当遵循的原则	225
8.3	深一层的思考:国债管理发挥作用的条件	226
8.4	举借国债的数量界限	228

第九章 基本结论 233

参考文献 237

后记 242

第一章 引论

1.1 主题与背景

70年代末以来,呈现于中国财政领域的一对表面看似无关、实则密切相关的经济现象,一直在改革开放的大潮中相伴随,颇为引人注意:

1979年我国政府再度举借外债,1981年国务院又决定在国内发行国库券。自此,中国的国债一改过去长达20年的"空白"局面,[①]而以前所未有的势头,在中国的经济生活中迅速崛起。

几乎是与此同时,我国开始了以财政上的减税让利为主旋律的经济体制改革。在农村,以家庭联产承包责任制的推行为契机,国家较大幅度地提高了农副产品收购价格,并调减了农业税负担。在城市,随着企业基金制度、利润留成制度、两步利改税、多种形式的企业承包经营责任制以及税利分流等方面改革举措的陆续出台,以工商税收和国有企业利润上交为主体的财政收入在国民收入中的份额大幅度下降,国民收入的分配越来越向家庭和企业倾斜。

作为一个富有深刻意义的结果,中国国债的发行规模(内外债合计)一增再增。继1986年首次突破百亿元大关后,1988年、1990年、

---

① 1959—1978年间,中国政府没有举借任何内、外债。

1991年和1992年又连闯数关,①至1994年,这一规模已高达1,292.45亿元,占到了当年国家财政收入(含债务收入)的21.35%(刘仲藜,1994)。

回顾十几年来的历程,不难发现,我们实际上走的是一条以国债的连年发行来支撑(或换取)财政上的减税让利的改革道路。

这就是本书选择以"国债运行机制研究"为题,并以国债与其他财政收入形式之间的替代关系为切入点,来透视举借国债对于国民经济运行的影响机制的背景所在。

作这样的选择,主要出于如下几个方面的考虑:

其一,今天的中国财政,已经离不开国债的支持,国债已经融入中国经济生活的血肉之中。在国债同财政以至整个国民经济的关系如此密切的条件下,不回答举借国债对国民经济的运行有怎样的影响,并且,这一影响过程的传导机制如何,显然是不行的。而这项工作,至今还未引起我国经济理论界的足够重视。

其二,以往对国债的经济影响的研究,大多是将其视作弥补财政赤字的一种手段,并从赤字融资方式选择的分析来入手的。这样的分析当然是必要的。然而,问题在于,由此而得出的结论可能只是问题的一个侧面,我们更需要的则是"一叶知秋"那样的总体判断。毋庸置疑,财政赤字是导致国债发行的一个重要原因,但并非唯一的原因。且不说世界上的一些国家,政府举借的国债即有赤字性国债和建设性国债之分,就是在中国这样的与举债无缘长达20年之久的社会主义大国,也早已将举借国债作为一项长期的国策。从世界经济发展的总图景来看,各经济发达国家和经济发展比较迅速的国家,其国债发行几乎无一

---

① 这几年的政府债务收入额分别为138.25亿元(1986)、270.78亿元(1988)、375.45亿元(1990)、461.4亿元(1991)和669.68亿元(1992)(《中国统计年鉴(1993)》,中国统计出版社1993年版)。

例外地呈现了持续扩大的局面。而且,情况往往是,经济越发达,经济发展越快,国债发行量越大(张加伦等,1992)。经济困难或由此而引发的财政困难,已经不再是政府举债原因的全部。① 因此,就经济分析的意义而论,国债同财政赤字的关系可能不是问题的实质所在。以赤字融资方式选择的分析来包容或替代举借国债的效应分析,既难免有以偏概全之嫌,又可能以财政赤字的经济影响模糊了国债的经济影响。

其三,国债本质上是一种财政收入的形式,只不过它是一种有偿性或辅助性的财政收入形式。就其可将民间部门的一部分社会资源转移到政府部门这一点来说,它同其他财政收入形式没什么两样。尽管表面上财政赤字的发生往往有举债相伴随,但并不能由此断定举借的国债就是为了弥补赤字,而通过税收或其他财政收入形式取得的收入就不是用于弥补赤字。原因很简单,政府实际上是将各种形式的财政收入捆在一起使用的。所谓"打油的钱不买醋"或者"买醋的钱不打油",只不过是政府预算收支安排上的一项指导性原则,现实生活中恐怕还未曾有真正付诸实践的范例。正如很难说清财政赤字是哪一项或哪几项财政支出的反映一样,特定的财政收入形式如国债,所面对的只能是包括财政赤字性支出在内的整体的财政支出。②

这就是说,国债与其他财政收入形式之间的关系较之其与财政赤字之间的关系,可能更为直接。这里的一个潜在的理论判断是,政府的

---

① 现代经济条件下,国债的用途是多方面的。除了弥补财政赤字之外,筹措建设资金、执行经济政策、偿还到期债务和调剂季节性资金余缺等,都有可能成为政府举债的理由(高培勇,1989)。

② 退一步讲,即使搞所谓"复式预算",在复式预算的收支结构系人为安排的条件下,将特定的财政收入形式与财政赤字挂钩,在理论上也是相当勉强的。王传纶教授(1981)曾说过一段与此相关的话:"无论把统一的预算划分为'线上'和'线下'、'经常'和'资本'、'正常'和'非常'预算等等,都不能避免这样的问题:究竟两个预算合起来是平衡的,还是不平衡的?"不过,需要指出的是,笔者这里仅就本书的分析意义而言,绝不带有否定复式预算或认为实行复式预算无益的意思。

财政支出具有相当的"刚性",无论是行政管理费支出、国家投资支出,还是社会福利事业支出、应付自然灾害或其他突发性事件的需要等方面的支出,一般都必须给予十足的保障,容不得随意地减少或调整。①至于政府的财政收入,虽然同样具有"规范性",但它只是财政支出的约束条件,在很大程度上是为财政支出所左右的。借用传统社会主义政治经济学的术语,可以叫作,财政支出的规模决定财政收入的规模,财政收入的状况反作用于财政支出的状况。② 从这个意义上说,政府举债与否或举债多少,更多地取决于税收及其他形式的财政收入的状况。换言之,在财政支出规模既定的条件下,国债与税收及其他财政收入形式之间必然是一种此增彼减的关系。中国改革十几年来的财政实践,就是一个很好的例证。

如此看来,国债与其他财政收入形式之间所隐含着的相互替代关系,可能是展示复杂而现实的国债运行的基本脉络,是把握国债作用于经济的规律性的制高点。

1.2 前人的研究:李嘉图等价定理之争

牛顿曾经说过:"我看得远是因为我站在了巨人的肩膀上。"在我们的研究主题确定之后,回过头来粗略考察一下前人对这一问题的研究轨迹,肯定是有益处的。

---

① 当然,这并不排除在一定的条件之下,可以做某种小幅度或小范围的调整,但就财政支出的"刚性"特征来说,它则显得很微弱。

② 顺便指出,中国经济理论界历来崇尚"量入为出"。从将其作为一种安排政府预算收支所应遵循或倡导的原则的角度来看,这无疑是有益的。但就问题的实质而言,"量出为入"可能更具实践意义。倘若不带感情色彩,可以说,今天的财政收支规模实际上是有史以来"量出为入"和"量入为出"相互作用的结果。而且,在两者的关系中,前者的地位是决定性的。令人欣慰的是,近年来已经有人认识到了这一点,并提出了财政收支安排应转到"以支定收"原则上来的主张(张馨,1993)。

从国债与其他财政收入形式之间所隐含的替代关系来研究政府举债的经济影响,可以追溯到古典经济学大师大卫·李嘉图那里。

李嘉图在其代表作《政治经济学及赋税原理》的第17章中,曾写下了这样一段话:"如果为了一年的战费支出而以发行公债的方式征集2,000万英镑,这就是从国家的生产资本中取去了2,000万英镑,每年为偿付这种公债利息而征课的100万英镑,只不过由付这100万英镑的人手中转移到收这100万英镑的人手中,也就是由纳税人手中转移到公债债权人手中。实际的开支是那2,000万英镑,而不是为那2,000万英镑必须支付的利息。付不付利息都不会使国家增富或变穷。政府可以通过赋税的方式一次征收2,000万英镑;在这种情形下,就不必每年征课100万英镑。但这样做,并不会改变这一问题的性质。"(李嘉图,1981)这就是被现代经济学家们称之为"李嘉图等价定理"(Ricardian equivalence theorem)[①]的原文。就是这样一段并不算深奥的话,为后世的经济学家们研究政府举债的经济影响,打开了一条思路。

1.2.1 李嘉图等价定理命题的意义

从李嘉图的上述那段话中,可以归纳出他的三点含义(平新乔,1992):第一,课征2,000万英镑税收和举借2,000万英镑公债,都会使一国的生产资本减少2,000万英镑(在这里,他假定的是政府为战争费用而筹款);第二,因举借公债而引致的债息偿付,只不过是将一部分人的收入转给另一部分人而已,并不会改变一国的财富总量;第三,由于举债和课税同样会造成一国纯损失2,000万英镑,人民的收入会因此下降,消费支出也会随之下降,举债和课税对人们消费行为的影响,实际是相同的。

---

① 亦有人将其译作"李嘉图对等原理"(如郭庆旺等,1993)。

易于看出,李嘉图等价定理实质是这样一个命题:政府财政收入形式的选择,不会引起人们经济行为的调整。换言之,无论政府是以课税方式来弥补财政支出,还是以举债方式来弥补财政支出,或是以两者的某种组合方式来弥补财政支出,对人们经济行为的影响都是无差别的。在这里,我们看到了经济学家关于政府举债的经济影响问题的早期思考。

现代经济学家们对李嘉图等价定理的重视,源自对政府举债的宏观经济影响的关注。因为,根据宏观经济学的原理,一国国民收入的大小是由该国的社会总供求的均衡水平决定的。作为社会总需求的重要构成要素的消费需求,在政府举债的条件下呈现何种变化,将直接关系到国民收入水平的决定。

尽管现代经济学家们并非完全同意李嘉图的见解,也没有将研究停留在李嘉图等价定理的水平上,但事实上,围绕这一问题的争论还是沿着李嘉图提出的思路展开的。

首先取得的进展是,经济学家们注意到了消费需求的大小,不仅取决于消费者所取得的可支配收入,亦取决于消费者所拥有的总财富的水平。于是,在政府举债条件下人们是否将其所持有的政府债券视作总财富的一部分,便被作为一个重要线索而引入了讨论视野。由此而引出的推论是,如果人们能够清楚地认识到即期的国债与未来的税负之间的关系,即认识到其手中的政府债券只能通过包括其本身在内的所有纳税人将来缴纳的税收来偿还,那么,政府债券就不会被视作总财富的一部分。这样,相对于课税来说,举债不会带来人们消费支出的变化。相反,如果人们不能清楚地认识到即期的国债与未来的税负之间的关系,或者虽能认识到,但基于某些原因,对此并不在意,那么,政府债券就会被作为总财富的一部分。这样,同课税相比,举债便会带来人们消费支出的增加。

1965年,D.帕廷金的《货币、利息和价格》一书出版。该书较为系统地分析了即期国债与未来税负之间的关系及其对人们经济行为的影响。帕廷金认为,在政府未清偿的政府债券中,有相当于 K 比例的部分是为人们视作总财富的。至于 K 值的大小,则取决于人们对即期的国债与未来的税负之间关系的认识程度。很显然,在李嘉图等价定理中,K 似乎是被推定为 0 的,那是以假定人们能够完全清楚地认识到即期国债与未来税负之间的关系为前提的。如果情况相反,人们对这种关系全然不知,K 就会等于 1(Patinkin,1965,第 289 页)。这样一来,K 取什么值($0 \leqslant K \leqslant 1$),从而在多大程度上影响人们的消费行为,便成为了经济学家们争论的焦点。

随着对这一问题的研究的深入,经济学家们逐渐认识到,在很多情况下,政府债券是否被视作总财富的一部分以及各种财政收入形式之间的替代效应如何,基本上可归纳为同一个问题。李嘉图等价定理所揭示的实质是举债与课税的比较效应问题。

隐含在李嘉图等价定理中的逻辑其实是十分简单的。这可以通过一个简单的例子来说明。假定政府决定对每个人一次性减税 100 元,并且,因减税而造成的财政亏空通过向每个人发行 100 元政府债券的方式来弥补。为了简化起见,再假定所发行的债券为期 1 年,利息率为 5%。在此期间人口数字不发生变动。为偿付减税年份所发行的国债本息,政府在次年必须向每个人增课税收 105 元。

面对这种税负时间上的调整,人们可以通过增加即期储蓄 100 元,并在次年用其本息支付税款,从而维持其原先的即期和未来消费计划不变。事实上,人们可以将其所持有的政府新发行的 100 元债券作为新增储蓄的形式。到次年政府为偿付国债本息而向每个人增课 105 元新税时,又正好用其所持有的这笔政府债券的本息来抵付税款。

再进一步,如果政府为弥补减税而造成的财政亏空所发行的政府债券多于 1 年,如 N 年,依照李嘉图等价定理的逻辑推论,上述例子的结果仍然可以出现：第一年，每个人用 100 元的可支配收入购入 100 元的政府债券。从次年起，由于国债清偿之前年年付息，政府在此期间亦须年年增税。这些政府债券的持有者便可以一手从政府那里接受债息，另一手又将债息收入用于新增税款的缴纳。如此下去，到了第 N 年的国债偿还之时，每个人又都可用其从政府那里兑现的债券本金以及最后一年的债息，来缴纳政府为偿付这笔本息而增课的税收。于是，家庭的消费计划(即期和未来的)照样可以维持不变。

显而易见，倘若举债对课税的替代果真不会引起人们经济行为的调整，举借国债和课征税收所带来的经济影响没什么差别，则这会具有重要的宏观经济政策意义。

但是，经济学家们由此想到了这样一个问题：如果作为政府债券持有者的消费者，有一部分或者全部在国债到期之前去世，这些人既在即期享受了因举债替代课税而带来的税负减轻的好处，又无须承担因此而发生的未来的税负，他们的消费行为还能不发生变化吗？

这个问题显然是李嘉图等价定理本身所无法解释的。

1.2.2 巴罗对李嘉图等价定理的引申

1974 年，美国经济学家 R.J. 巴罗发表了一篇题为"政府债券是净财富吗？"(Barro,1974)的著名论文。在那篇论文中，他提出了一个很有独创性的论点，力图引申李嘉图等价定理的含义。[1]

巴罗的论点是建立在将遗产行为与利他动机相混同的基础之上的。其思路是：一个具有利他动机的消费者不仅会从自身的消费中获

---

[1] 颇有趣味的是，最先使用"李嘉图等价定理"这一提法的，既不是李嘉图本人，也不是巴罗，而是 J.M. 布坎南。布坎南是在 1976 年为反驳巴罗的论点才使用这一提法的。他那篇文章的题目即为"评巴罗对李嘉图等价定理的发展"(Buchanan,1976)。在此之前，布坎南曾将李嘉图的观点称为"等价假说(equivalence hypothesis)"(Buchanan,1958,第 118 页)。

得效用,也可从其后代的消费中获得效用。所以,他会像关心自身的消费一样关心其后代的消费。依此推理,如果这个利他的消费者的所有子孙都是利他的,并关心他们自己后代的消费,那么这个利他的消费者便会间接地关心其所有子孙后代的消费。如果一个社会的所有的消费者都具有利他的动机,这一论点便可以进一步引申:利他的消费者们肯定关心,至少是间接地关心其本人及其所有子孙后代的包括即期和未来消费在内的整个消费过程。

在巴罗看来,既然代际的利他消费者都关心包括自身及其所有子孙在内的整个消费过程,那么,对于利他的消费者来说,是由其本人还是由其子孙来缴纳为偿付新发行的国债本息所需增课的税收,是没有什么区别的。当即期的税负减少 100 元时,利他的消费者因此作出的反应将不是增加自身的消费,而是认购并保持 100 元的政府债券。如果他在国债到期之前去世,他会将这笔政府债券留给后代,其后代将用这笔政府债券的本息来缴纳国债到期之年的较高的税收。如果在他的后代的有生之年国债仍未到期,这笔政府债券便可继续传给他们的后代,从而国债到期之年的较高的税收仍可用这笔政府债券的本息来偿付。这样一来,李嘉图等价定理便可在具有利他动机的消费者死于国债到期之前的情况下继续成立了。

然而,经济学家们对于这样的推论,几乎普遍持怀疑的态度。一个明显的事实是,遗留财产给其后代的消费者并不必然具有前述意义上的利他动机。遗产行为可能因最终导致财产所有人死亡的突发事件而发生,或者,基于某些非巴罗所论证的纯粹的利他目的而发生。一旦发生这样的情况,将很难认定消费者是基于对其后代或其后代的后代的所承担税负增加的关心,而遗留财产给后代了。这时,李嘉图等价定理显然就不能成立了。可见,遗留财产和关心后代的税负是两回事,勉强将两者挂在一起,理论和实践上均难以说通。

许多经济学家还特别指出,如果政府可以以不断地发新债还旧债的办法而滚动债务,从而永远不必为偿付国债而增加税收,那就肯定会出现下述情形:以举债替代课税而实现的即期税负的下降,将使得消费者自身及其后代所承担的即期和未来税负的现值减少,进而引起这个家庭的整个消费支出的增加。问题恰恰在于,现代经济条件下政府偿还到期债务的基本手段正是发新债还旧债。进而可以推论,以举债替代课税而实现的即期税收减少,并不意味着未来的某一时期一定要因此增税。所以,也就不存在巴罗所说的消费者基于利他动机,为了给后代遗留财产而不增加即期的自身消费的问题了。

1.2.3 李嘉图等价定理失效的原因:托宾的分析

在这以后,尽管围绕李嘉图等价定理是否成立的争论依然存在,但经济学家们的注意力似乎已更多地放到了李嘉图等价定理失效原因的解释上。在这方面最值得一提的是 J. 托宾《财产积累与经济活动》(Tobin, 1980)一书的论述。

托宾把李嘉图等价定理失效的原因归结为其理论前提与现实经济生活的背离:

1. 李嘉图等价定理不但要求各代的消费者都是利他的,而且要求在利他动机支配下的各代消费者所遗留给子孙的财产不能是负值。说得更明确一点,就是不能给其子孙留下债务。然而,常识告诉我们,一个给其子孙遗留下负值的财产的消费者,并不一定不具有关心其后代的利他动机。现实生活中常常存在这样的情形:消费者的子孙可能较其本人富有,即使他关心子孙的效用,但在他认为给子孙留下债务不会影响子孙所能获得的效用的情况下,便有可能使遗产为负值。德雷森(Drazen, 1978)和韦尔(Weil, 1984)所作的实证研究,即清楚地证实了这一点。所以,处于以举债替代课税时期的消费者,如果为偿还国债本息所需增课的税收要在其死后才能开征,他即期的消费支出便很可能趋于增加。

2. 李嘉图等价定理的暗含前提是政府以举债替代课税不会产生再分配效应,并且,各个消费者的边际消费倾向是无差别的。这同现实生活的距离就更远了。例如,假定即期税收的减少所涉及的仅是消费者人数的一半,也就是有一半的消费者即期每人因此而少缴 200 元税款,同时另一半消费者的税负不变。为了弥补因减税而出现的财政亏空,政府又向每人发行 100 元的债券,并在次年偿付这笔国债的本息。为简化起见,再假定这一时期的人口数字不变,政府债券的利息率为 5%。于是,减税的次年,每个消费者所承担的税负将因此而增加 105 元。最后,再假定所增课的税收均匀地落在所有消费者的身上。不难看出,在这种情况下,国债对税收的替代肯定具有相当的收入再分配效应。它实际上是将未受减税影响的那一半消费者手中的一部分资源转移给了享受减税好处的另一半消费者。这时,收入再分配过程中获利的消费者将会增加消费支出,而受损的消费者将会减少消费支出。很显然,这种消费支出在消费者之间的重新配置本身就是对李嘉图等价定理理论前提的一种破坏。进一步分析,整个社会的消费支出总量是否会因这种重新配置而增加或减少,取决于境况不同的两类消费者的边际消费倾向的比较情况。如果所有消费者的边际消费倾向是无差别的,总消费量或资本累积量就不会因此而受到影响。然而,如果在收入再分配中获利的那一半消费者的边际消费倾向大于另一半受损的消费者的边际消费倾向,总消费量肯定要因此而增加(资本累积量因此而减少);反之,则反是。这又会对李嘉图等价定理的理论前提构成破坏。

3. 李嘉图等价定理是基于政府所课征的税收都是一次性总付人头税(lump-sum taxes)的假定而得出的,因而举债对课税的替代只会造成一种税收的总额变化。但是,在经济生活的现实中,政府所课征的税收并非一次性总付人头税,大多数的税种都是针对特定的经济行为而设立的。这就是说,以举债替代税收而实现的税收上的变化,肯定会引起人们经济行为的相应调整。不言而喻,人们经济行为的变化就意味着李嘉图等价定理的失效。

1.3 思路、结构与方法

前面笔者以较大的篇幅考察了西方经济学界围绕李嘉图等价定理而展开的论争,①其目的,一方面是为了确立本书主题的研究起点,另一方面,也是更为重要的,则是为本书研究思路的进一步形成提供必要的启示。现在,这两个目的显然已经达到了。我们看到:

迄今为止,经济学家们关于政府举债的经济影响的论述多少还有些零散,讨论的视野也基本停留在消费领域,似乎没有人将其扩展到包括民间消费、民间投资和政府支出在内的整个社会总需求。探寻一条一以贯之的研究思路,并从理论与实践的结合上,提供一幅关于举借国债对国民经济运行影响机制的实际图景,显然是本书所应尝试完成的任务。

尽管李嘉图等价定理主观推断的色彩浓重,理论前提与现实生活有相当的距离,同时亦缺乏必要的实证研究的支持,但它从国债与税收之间的替代关系出发,并将即期的国债同未来的税收联系起来,在比较效应的基础上揭示政府举债的经济影响②的基本思路,无疑是适合于

---

① 在我国以及苏联和东欧国家的经济文献中,笔者尚未见到从国债与其他财政收入形式的替代关系角度来研究举借国债经济影响的著述。

② 事实上,前所述及的 D. 帕廷金关于政府未清偿债务中有相当于 $K(0 \leqslant k \leqslant 1)$ 比例的部分为人们视作总财富,从而会加大人们的消费倾向的判断,以及 J. 托宾关于政府举债的收入再分配效应和人们经济行为的相应调整的分析,就是基于举债和课税之间的比较效应做出的。卡瓦科·席尔瓦(Cavaco-Silva,1977)建立的举借国债与民间需求分析模型,也是围绕国债与税收之间的相互替代关系而展开的。

本书主题的研究的。

基于此,本书的研究将按照如下思路而展开:

1. 关于举借国债的经济影响的分析,可以从国债与其他财政收入形式之间的效应比较入手。从某种意义上说,举借国债的经济影响也就是国债与其他财政收入形式之间对于国民经济运行的差别影响。

2. 国债对以税收为代表的其他财政收入形式的替代所引发的人们经济行为的调整,主要通过民间消费支出、民间投资支出以及政府财政支出的变化而表现出来,并最终反映在社会总需求总量和结构的决定上。

3. 对与即期决策有关的经济变量未来值的预测即预期,在举借国债经济影响的分析中居于非常重要的地位。特别是在分析由短期转入长期之后,对政府举债所引起的有关经济变量变化趋势的预期,将会成为国民经济运行中的一个内生变量。

4. 举借国债的经济影响,既表现为对微观经济主体经济行为的影响,也表现为对政府部门经济行为的影响。在微观层次上可以区分为初始性影响、继发性影响和长期影响,在宏观层次上则要涉及对财政支出的影响和对货币供给的影响。所有这些影响,都可归结为对社会总需求的影响。

5. 举借国债对于国民经济运行的影响机制是宏观经济研究的一个重要问题,研究它无异于对宏观经济作一系统的考察。理论分析框架的建立固然重要,实证考察的支持同样不可或缺。为此,应当有一个从抽象到具体、由理论到实践的研究过程。

循着上述思路,本书分为上、下两篇。

上篇包括第二章至第五章,侧重于理论分析。将着力在社会主义市场经济体制的背景下构建一个分析举借国债经济影响的基本理论框架。第二章和第三章是对微观层次的考察。在这两章中,研究的重点放在举借国债对民间消费和民间投资的影响上,并按照国债运行的逻辑次序,顺次分析举借国债的初始性影响、继发性影响和长期影响。第四章和第五章的考察扩展到宏观层次,举借国债对财政支出的影响、对货币供给的影响,将分别进入分析的视野,并在将微观和宏观两个层次的分析综合起来的基础上,阐明举借国债对包括民间消费、民间投资和财政支出在内的整个社会总需求的影响。

下篇包括第六章至第九章,侧重于实证考察。中国政府的举债实践将被引入上篇所提供的理论分析框架中。第六章是对中国国债的总体考察,主要说明经济体制改革以来中国国债所呈现的迅速发展的现象及其成因。在此基础上,第七章讨论经济体制改革以来的中国国债对社会总需求所构成的实际影响。政府举债条件下的微观经济主体行为和政府部门行为将是讨论的重点。第八章转向国债管理的操作问题,将围绕国债管理同社会总需求的关系来探讨国债管理如何为宏观经济调控作出贡献。第九章则是全书的总结。

不难看出,本书的总体结构是按照抽象—具体、理论—实践的逻辑次序来安排的。与这一内容框架相适应,本书所采用的研究方法是实证分析和规范分析两种方法的融合,以实证分析为主。即主要着眼于"实际上是什么"的客观事实的阐释,同时辅之以"应该是什么"的主观价值判断。

具体来说,在本书的阐述过程中,实证分析和规范分析是交织在一起的,并不能作截然的划分。比如,在对国债的运行过程及其可能的经济影响进行分析和描述时,肯定暗含着是否有利于国民经济稳定增长的主观价值判断。而当进行政策选择的讨论时,价值判断的"好"与"坏"的标准,自然是建立在深刻把握国债运行机制基础之上的。

1.4 对两个概念的说明:国债与国债运行机制

鉴于本书是从一种比较新颖的角度来研究国债问题的,有必要对本书所使用的两个基本概念预先加以界定和说明。

1.4.1 国债

在本书中,国债是被作为财政收入的一种形式来讨论的。

笔者以为,社会主义市场经济条件下政府取得财政收入的形式,大体上可分为无偿的和有偿的两种:

政府以社会管理者的身份,凭借政治权力取得财政收入和以资产所有者的身份,凭借财产所有权取得财政收入,是无偿的形式,如税收、国有企业利润上交;政府以债务人的身份,依据有借有还的信用原则取得财政收入,是有偿的形式,如发行国债。

这就是说,国债是政府取得财政收入的一种有偿形式。它主要是指政府通过在国内外发行债券(或向外国借款)的方法,来募集财政资金。

这里还应补充说明两点:

其一,国债不局限于内债。一国的国债,既可在本国境内发行,也可到境外发行。在国内发行的国债,叫国内公债,简称"内债"。国内公债的债权人多为本国公民,包括本国的银行、企业、行政事业单位、各种经济团体和非经济团体以及居民个人。其还本付息均以本国货币支付。政府按照规定的日期、程序和方式,在国内办理国债的发行和还本付息事项。国内公债是一国国债的主要部分。在国外发行的国债,叫国外公债,简称"外债"。国外公债的债权人多为外国政府,也有一部分外国银行、企业、各种团体和组织以及个人。它既可经双方约定成立,也可在国外市场上直接(或委托)发行,但一般均以外国的通货(债权国通货或第三国通货)计算发行并还本付息。国外公债是一国国债总额中的一个组成部分,但其所占比重通常低于国内公债。所以,国债有广义和狭义之分。狭义的国债仅指国内公债,即内债。广义的国债,除此之外,还包括国外公债,即外债。本书所讨论的国债则主要是狭义的国债。至于国外公债,只是在有必要时才提及它们。

其二,国债是公债的主要组成部分。公债有国债和地方债之别。在一国之内,无论中央政府和地方政府,都有可能用发行公债作为取得财政收入的形式。凡属由中央政府发行的公债,称为国家公债,简称"国债"。它是作为中央政府组织财政收入的形式而发行的。其收入列入中央政府预算,作为中央政府调度使用的财政资金。凡属由地方政府发行的公债,称为地方公债,简称"地方债"。它是作为地方政府筹措财政收入的一种形式而发行的,其收入列入地方政府预算,由地方政府安排调度。本书的考察视野主要限于国家公债,当然这并不排除由此得出的某些(甚至大部分)结论也适用于地方公债。

综合前述的分析,本书给国债作了如下定义:

国债是一国的中央政府举借的债,是政府取得财政收入的一种有偿形式。①

---

① 这与以下几种流行的定义都有区别:
1.公债是国家举借的债,包括内债和外债(《经济大辞典·财政卷》,上海辞书出版社1987年版,第233页)。
2.公债亦称国债,是国家为筹措财政资金,按照规定的方式和程序,向个人、团体或外国所借的债务(《财会知识手册》,天津科技出版社1986年版,第163页)。
3.公债就是国家举借的债。国家以信用方式吸收社会资金,以满足财政用款的需要(彭澄、倪平松:《外国财政》,东北财经大学出版社1987年版,第183页)。
4.国家以债务人的身份向国内和国外筹措的各种借款,称为公债,或称国债(高等财经院校试用教材:《社会主义财政学》,中国财政经济出版社1987年版,第145页)。

由此不难看出,这一定义与本书的研究思路恰好吻合。①

当我们作出上述定义时,一个更深层次的问题应当随之纳入视野:国债与其他财政收入形式在形式特征上的基本区别是什么?

在本书中,国债的形式特征被归结为三点:

第一,自愿性。所谓自愿性,是指国债的发行或认购建立在认购者自愿承受的基础上。认购者买与不买,或购买多少,完全由认购者视其个人或单位情况自主决定。这一形式特征使国债与其他财政收入形式明显区别开来。例如,税收的课征是以政府的政治权力为依托,政府课税就要以国家法律、法令的形式加以规定,并依法强制课征。任何个人或单位都必须依法纳税,否则就要受到法律的制裁。因而税收的形式特征之一就是它的强制性。国有企业部分利润的上交是以国家的资产所有权为依托,因为国家是生产资本的所有者,自然可以占有国有企业的利润。任何国有企业都有义务依照有关规定按时、足额地上交部分利润,因而国有企业上交利润的形式也可说具有"半强制性"的特征。国债的发行则是以政府的信用为依托,政府发行国债就要以借贷双方自愿互利为基础,按一定条件与国债认购者结成债权债务关系。任何个人或单位由于都具有各自独立的经济利益,政府不可能也不应该强制他们认购国债,而只能由其自主决定买与不买或购买多少。②

第二,有偿性。所谓有偿性,是指通过发行国债筹集的财政资金,政府必须作为债务而按期偿还。除此之外,还要按事先规定的条件向认购者支付一定数额的暂时让渡资金使用权的报酬,即利息。

相比之下,通过课征税收取得的财政资金,政府既不需要偿还,也

---

① 细心的读者可以揣测出:定义的不同暗含着研究问题的思路的差异。

② 这里并不排除政府在某些特殊条件下也曾实行过对国债加以派购的办法,但那只是解决暂时财政困难的一种权宜之计。进一步说,具有派购性质的国债也不是完全意义上的国债,人们对派购性质的国债往往是和课税同样看待的。

不需对纳税人付出任何代价。所谓赋税,就是国家不付任何报酬而向居民取得东西,因而税收的形式特征之一就是它的无偿性。通过向国有企业收取利润取得的财政资金,政府亦不需承担偿还义务,而完全归国家所有,更不需向国有企业支付任何代价。当然这并不排除政府可通过向国有企业拨付投资的形式而将一部分财政资金再分配给国有企业,但这种再分配(或称部分返还)与其上交的利润之间并无直接的联系。国债的发行既是政府作为债务人以偿还和付息为条件而向国债认购者借取资金的暂时使用权,政府与认购者之间必然具有直接的返还关系。

第三,灵活性。所谓灵活性,是指国债发行与否以及发行多少,一般完全由政府根据财政资金的状况灵活加以确定,而非通过法律形式预先规定。

这种灵活性,是国债所具有的一个突出特征。税收是按照国家法律(主要指税法)规定的标准课征的。即在课税之前,就要通过法律形式预先规定课征对象与课征数额之间的数量比例。这个数量比例一旦确定,不经立法机关批准便不能随意改变。只要纳税人取得应该纳税的收入或发生应纳税的行为,就必须按照法律规定的固定数量比例纳税,而不管当时的政府财政状况怎样。国有企业上交的利润虽然随企业的盈亏状况而在数额上有所变动,但一般说来,实行自负盈亏、独立核算的国有企业向国家上交利润,总要依据一个大体固定的比例进行。[①] 即使其绝对额在不同时期可能不一样,但其相对额(上交比例)在一定时期内常常是稳定的,因而在某种程度上也可说具有比较固定的特征。国债的发行则完全不同,其发行与否或发行多少,并没有一个

---

① 无论是采取利润留成或利润递增包干,还是承包制或其他形式,均有这样一种特征。

较为固定的国家法律规定,而基本上由政府根据财政资金的状况灵活加以确定。也就是说,它既不具有发行时间上的连续性,也不具有发行数额上的相对固定性。而是何时需要,何时发行;需要多少,发行多少。① 正是这一重要形式特征使得它能与其他财政收入形式相配合,或给予补充,从而具有相当重要的意义。

国债的上述三个特征是密切联系着的。国债的自愿性,决定了国债的有偿性,因为如果是无偿的话就谈不到自愿认购。国债的自愿性和有偿性又决定和要求发行上的灵活性。否则,如果政府可以按照固定的数额,每年连续地发行国债,而不管客观经济条件及财政状况如何,那么,其结果,或是一部分国债推销不掉而需派购,或是通过举债筹措的资金处于闲置,不能发挥应有效益,政府也因而无力偿付本息,甚至可能出现国债发行额远不能满足财政需要量的窘迫情况。所以,在笔者看来,国债是自愿性、有偿性和灵活性的统一,缺一不可。只有同时具备这三个特征才能构成国债。否则,便不能算是"真正"的国债。

1.4.2 国债运行机制

本书所讨论的国债运行机制,是有着特定含义的。

国债运行机制这一概念系由经济运行机制引发而来。如所熟知的那样,"机制"一词,原指机器的构造及其运行过程中各个零部件之间的相互联结形式、彼此作用关系及其调控方式。经济运行机制作为一种类比,指的是在一定的经济体制条件下,若干经济现象之间的稳定的相互关系,特别是在经济组织一定的行为基础上形成的经济现象之间的相互作用关系。国债运行机制显然不过是经济运行机制的组成部

---

① 其可能的限制条件是,政府不能超越客观经济条件而随意确定国债发行数额,立法机关也往往会根据政府的负担能力而规定一个"负债"的最高限额,对国债总量加以适当控制。

分,它是指围绕政府举债而形成的有关经济变量之间的彼此联结形式和相互作用关系。

举借国债肯定要对国民经济的运行发生影响。显而易见,只要我们能够观察到因政府举债而引起的有关经济变量的变化之间确实存在着稳定的作用关系,并不断产生出一组确定的结果,那就可以确认:举借国债对于国民经济运行的影响机制是存在的。从这个意义上讲,本书所研究的国债运行机制,也就是举借国债对于国民经济运行的影响机制或作用机制。

本书的着眼点在于,借助理论分析所特有的抽象手段,同时辅之以实证考察的支持,力求在理论和实践的结合上再现复杂而现实的国债运行的基本脉络,把握国债作用于经济的规律性。

这里还需特别指出两点:

其一,本书对国债运行机制的研究,是在国债的运行过程中来展开的。这就是说,它所进行的主要是流量的分析,而非存量的分析。它所关注的主要是因举借国债而产生的经济影响,而不是现存的或累积的国债的经济影响。也正因为如此,在本书中,"举借国债的经济影响"、"政府举债的经济影响"和"国债的经济影响"几种表述方式是同一个概念。

其二,本书对国债的经济影响的分析,基本上是围绕着对社会总需求的影响这样一条线索来展开的。而社会总需求可以分为以下三部分:民间消费+民间投资+政府支出。所以,举借国债的经济影响可以分别归结为对民间消费的影响、对民间投资的影响和对政府支出的影响,并最终表现在对社会总需求的总量和结构的影响上。

上　篇

第二章 国债的经济影响：发行期的考察

本书的研究主题虽然形成于中国十几年来的改革实践，但这项工作却要从建立理论分析框架开始。本篇的任务，即是从理论上阐述举借国债的经济影响。拟分两个层次来进行：第二章至第三章着眼于微观层次的分析，第四章至第五章的分析扩展到宏观层次。

微观层次分析的重点在于举借国债对民间消费和民间投资的影响，分析过程中是将微观经济主体作为一个整体来看待的。除非需要专门说明，书中一般不对家庭部门和企业部门加以区分。

国债对于民间消费和民间投资的影响机制相当复杂。为了不致茫无头绪起见，本书将按照国债运行的逻辑次序进行"跟踪考察"，即顺次分析其初始性影响、继发性影响和长期影响。

本章以国债的发行期（$t=0$）作为考察区间，随政府举债而产生的各种初始性影响，如即期的税收减少、预期的偿债费税、均衡利息率的变动等将依次进入考察视野，并在对民间消费和民间投资的影响上加以综合。

2.1 社会主义市场经济：理论分析的体制前提

国债的经济影响在不同的经济社会体制下肯定是有差异的。在一个什么样的体制前提下进行本书所需要的理论分析，是笔者首先遇到的一个问题。对此,面临的选择有两种:社会主义市场经济新体制和现时的过渡性体制。笔者以为,理论分析的中心目的是预测,而不只是解释。作为一个理论分析体系,它的分析起点应当是一个相对稳定的经济体制。在中国,我们已经确定以社会主义市场经济体制作为改革的目标模式,并要在 20 世纪末初步建立起这样一种新经济体制。国债运行机制的研究显然应当放在这个大的经济社会背景下去进行。在这个体制前提下把国债的一般影响搞清楚之后,分析的进程便可上升一级,即研究处于变革中的过渡性体制背景下的国债经济影响的特殊性。

关于社会主义市场经济体制的目标问题,《中共中央关于建立社会主义市场经济体制若干问题的决定》(1993)已经作了高度的概括:"建立社会主义市场经济体制,就是要使市场在国家宏观调控下对资源配置起基础性作用。"从这一目标出发,可将社会主义市场经济体制的基本特征概括如下(袁木,1993):

1. 经济活动市场化。一切经济活动都直接或间接地处于市场关系的覆盖之中,各项经济活动必须遵循价值规律,适应供求关系的变化,通过价格杠杆和竞争机制的功能,把资源配置到效益较好的环节中去,并给企业以压力和动力,实现优胜劣汰;一切商品、服务和生产要素都能够在完整、有序、开放、竞争的市场体系中自由流动。

2. 市场竞争公平化。所有参与市场经济活动的企业和个人都必须按照公平、规范、统一的市场竞争规则平等地参与竞争,国家对他们实行统一的产业政策及其他有关的宏观调控政策。

3. 经济主体独立化。参与市场的主体(主要是各类企业)都是能够自主经营、自负盈亏、自我发展、自我约束的商品生产者和经营者(即独立的法人实体),独立于政府机构而存在。

4. 宏观调控间接化。政府通过各种宏观政策、经济杠杆(主要运用经济手段、法律手段以及必要的行政手段)对市场并通过市场进行调节,让价格信号来引导和约束企业的资源配置;通过市场竞争,让效率和效益的高低来决定企业的优胜劣汰。

5. 市场行为规范化。建立、健全科学、严密、完整的市场法规,规范参与市场的经济主体的经济行为。

6. 所有制结构以公有制为主体,个体经济、私营经济、外资经济和其他经济为补充,多种经济成分并存并长期共同发展。

7. 收入分配制度以按劳分配为主体,其他分配方式为补充,并坚持效率优先,兼顾公平,逐步实现共同富裕。

具有上述基本特征的社会主义市场经济体制,构成本篇分析的体制前提。

2.2 即期的税收减少

从逻辑次序上说,举借国债首先影响到家庭和企业部门,它主要通过民间消费和民间投资的变化表现出来。

为了分析上的方便和简化起见,首先对考察期作出如下约定:

1. 政府可供选择的财政收入形式只有两种,即税收和国债。① 财政支出的规模既定,不受财政收入来源变化的影响。故政府预算的平衡条件可以表示为

$$\overline{G} = T + D \qquad (2.1)$$

在这一公式中,G 代表财政支出,T 代表税收,D 代表国债。符号"‒"表

---

① 现实生活中,政府取得财政收入的形式还有国有企业利润上交、规费、向中央银行借款或透支。但是,就同国债形式特征的比较而言,国有企业利润上交和规费均带有一定程度的强制性、无偿性和数额的相对固定性,以税收作为它们的代表将不会影响分析结论的实质。而向中央银行透支在社会主义市场经济体制下将被严格禁止(见《中共中央关于建立社会主义市场经济体制若干问题的决定》),可将其排除出分析视野。至于向中央银行借款,如袁振宇教授所说(1991,第 106 页),实质是国债的一种特殊形式,完全可在国债中加以包容。

示既定不变。

2.经济处于封闭条件下的稳定状态,既无通货膨胀,也无失业,亦无出口和进口。经济保持稳定的条件可表示为:

$$C + I + G = Y \tag{2.2}$$

其中,C代表民间消费,I代表民间投资,Y代表国民收入。①

3.财政收入来源的变化不对民间的总需求水平产生影响。② 即:

$$\frac{\partial P}{\partial T}dT + \frac{\partial P}{\partial D}dD = 0 \tag{2.3}$$

这里,P为民间总需求,P=C+I。

4.国债的期限在1年以上,其偿付的资金来源,最终依赖于税收的增加来解决。

2.2.1 消费函数与投资函数

在前述的约定条件下,分析可从决定民间消费和民间投资的诸种因素来入手。为此,引入两个概念:

一是消费函数。现代经济理论中的消费函数,指的是消费支出与决定消费的各种因素之间的依存关系。影响消费的因素是很多的,但最主要的也就是三种:即期可支配收入、预期可支配收入和净财富。所以,可以说,消费函数是消费支出与即期可支配收入、预期可支配收入和净财富之间的依存关系。用公式表示,即为:

$$C = C(Y, Y^e, W) \tag{2.4}$$

---

① 本书所说的国民收入Y,指的是广义的国民收入,即它泛指国民生产总值GNP或国民生产净值NNP(萨缪尔森,1979)。

② 经济生活中的现实并非如此。国债对于税收的替代变化肯定会对就业和物价水平产生影响,除非举债的数额非常之小,以至于可忽略不计。但为了我们分析上的方便,可以暂时假定因财政收入形式之间的替代而对民间总需求产生的影响,由其他政策变量如货币政策的相应变化加以抵消。

其中,C代表民间消费,Y为即期可支配收入,Y^e为预期可支配收入,W为净财富。

另一是投资函数。与消费函数的意义相似,投资函数指的是投资支出与决定投资的各种因素之间的依存关系。决定投资的因素也是多种多样的,但最主要的是利息率的高低。所以,可以说,投资函数是投资支出与利息率之间的依存关系。投资函数的公式为:

$$I = I(R) \qquad (2.5)$$

在公式中,I代表民间投资,R代表利息率。

由消费函数和投资函数可以得出决定民间消费和民间投资的几个主要因素,这就是:即期可支配收入Y、预期可支配收入Y^e、净财富W和利息率R。因此,关于举借国债对家庭和企业部门经济影响的分析,可以借鉴卡瓦科-席尔瓦的分析模型(Cavaco-Silva,1977),围绕着对这几个因素的影响而展开。

2.2.2 即期可支配收入的增加与可能的收入引致效应

如果即期的财政支出规模是既定的,政府取得财政收入的形式只有税收和国债两种,那么,政府举借国债[1]的同时便是即期税收的相应减少,$|\Delta D_0| = |-\Delta T_0|$。

说举借国债会导致税收的相应减少(也可以反过来说,税收的减少造成国债的相应增加),主要指的是下述几种情况的发生:(1)因政府举债使得既有的税收有可能人为减少,如基于政策性的目的,在对微观经济主体给予减免税照顾的同时,税收减少后的财政亏空便需要以举借国债的办法加以弥补;(2)因政府举债使得本可增加的税收有可能暂时不增,如基于来自某些利益集团的压力或出于某些方面的考虑,

---

[1] 也可将其视作每年国债正常发行额基础上的举债规模的扩大。

原拟增设税种或提高税率的提案暂时搁置,对增加财政收入的需要转以发行国债的办法来满足;①除此之外,还可能有第(3)种情况,微观经济主体的偷漏税活动在一个时期极为猖獗,政府在短期内又无法从根本上加以扭转,由此而造成的税收的"跑、冒、滴、漏"不得不依赖发行国债的办法加以弥补。②

无论发生哪一种情况,税收减少的直接结果都是微观经济主体的税后即期可支配收入的相应增加——$|-\Delta T_0|=|\Delta Y_0|$,从而形成一种连锁反应:举借国债($\Delta D_0$)→即期税收减少($-\Delta T_0$)→即期可支配收入增加($\Delta Y_0$)。即期可支配收入的增加额即等于即期国债的发行额,即:

$$\Delta Y_0 = \Delta D_0 \qquad (2.6)$$

这样一个结论一般是不会引起争议的。问题在于,即期税收减少的影响,恐怕不止于此。它对微观经济主体的预期可支配收入和净财富还可能产生一种"收入引致效应"。

因即期税收减少而引起的即期可支配收入的增加,很可能导致微观经济主体调整其对未来的可支配收入的预期。这种未来的可支配收入,可能是劳务收入,也可能是资产收入,也就是说,对 Y^e 和 W 均有影响。

为了分析上的方便,我们现在对 Y^e 加以必要的限定,让其只代表预期的可支配劳务收入,而将预期的可支配资产收入归并于净财富的变化,从而对 Y^e 和 W 重新定义。这就是,Y^e 代表预期可支配劳务收入或人力财富,W 代表总净财富(包括即期的资产存量和由此带来的资产收入流量的预期)或非人力财富。如果即期可支配收入的增加影响了微观经济主体对未来可支配劳务收入和资产收入的预期,或者说,

---

① 中国1991年的情况便是一个突出的例子。1991年,由于提高商业零售环节营业税税率2个百分点以增加70亿元财政收入的措施没有按时出台,为弥补由此而造成的预算短收,国务院决定并增发了100亿元的国库券(马洪、孙尚清,1992,第149—150页)。

② 在现时的中国,这三种情况都不同程度地存在着。对此,下篇将给予较详细的分析。

如果预期可支配收入的增加使得人力财富和非人力财富的即期价值发生变动,便发生了对 Y^e 和 W 的收入引致效应。

2.2.3 即期可支配收入变化的暂时性和长期性

如果微观经济主体认识到,因举借国债而导致的税收的相应减少只是暂时性的,可支配收入的增加只限于即期,那么,对其未来可支配收入的预期就不会有调整,Y^e 和 W 的价值便不会因国债对税收的替代而受到影响。

但是,如果微观经济主体将即期税收的减少视为一种长期性的现象,他们肯定会根据即期的可支配收入变化情况调整其对未来可支配收入的预期。这就意味着,对 Y^e 和 W 价值的预期均可能随之增加。

我们以 b 代表来自于资产收入的税收减少额占即期税收减少总额的比例,以 (1-b) 代表来自于劳务收入的税收减少额占即期税收减少总额的比例,并假定举借国债所替代的税种是既定的,那么,b 值的大小就决定于所替代的税收的归宿。①

如果 b>0,微观经济主体又将其视为一种长期性的现象,对未来可支配资产收入的预期就会增加。这又会对即期的非人力财富价值产生"折现效应",即期的非人力财富价值将因此而增加,其增加的最高额为 $b\Delta D_0/R_0$。在这里,R_0 代表即期的资金市场利息率。②

如果 (1-b)>0,微观经济主体又未将其视为暂时性的,对未来可支配劳务收入的预期就会增加。预期可支配劳务收入的流量,也会

---

① 也就是,随举借国债而相应减少的税收(或举借国债所替代的税收),原归着于哪一种要素收入(资产收入或劳务收入),最终由哪一种要素收入所承担。

② 现实经济生活中,存在着多种不同类型的利息率,例如长期资金市场利息率、短期资金市场利息率、无风险证券利息率、有风险证券利息率等等。为了简化分析,我们用资金市场的平均利息率来代表所有不同类型的利息率,这一利息率也是各种资金流量的折现率或贴现率。

折现到即期,从而即期的人力财富价值将增加,其增加的最高额为 $(1-b)l_0\Delta D_0/R_0$。在这里,R_0 仍为即期的资金市场利息率。l_0 大于 0,小于 1,代表劳务收入获得者的收入生命周期[①]的有限性。

这表明,在举借国债所替代的税收的归宿即 b 值的大小既定的条件下,对即期的人力财富和非人力财富价值的影响状况,主要取决于微观经济主体对即期可支配收入变化的暂时性的认识程度。在表 2-1 中,对即期可支配收入变化的暂时性的认识程度(h)被区分为三种不同的水平:(1)即期可支配收入变化的暂时性为所有的人认识到了,即 h=100%;(2)为一部分人,但非所有的人认识到了,即 0<h<100%;(3)没有人认识到,即 h=0。这决定了对即期的人力财富价值的影响(L^T)和对即期的非人力财富价值的影响(A^T)的显著差异(见表 2-1)。

表 2-1　即期税收减少对人力财富价值的影响(L^T)
和非人力财富价值的影响(A^T)

h = 100% (1)	0 < h < 100% (2)	h = 0 (3)
$L^T_{(1)} = 0$	$0 < L^T_{(2)} < L^T_{(3)}$	$L^T_{(3)} = \dfrac{(1-b)l_0\Delta D_0}{R^0}$
$A^T_{(1)} = 0$	$0 < A^T_{(2)} < A^T_{(3)}$	$A^T_{(3)} = \dfrac{b\Delta D_0}{R^0}$

2.2.4　对可能的收入引致效应作一个归纳:一般表达式

至此,可以对因即期税收减少所引起的、发生在预期可支配劳务收入或人力财富(Y^e)和总净财富或非人力财富(W)上的收入引致效应,

---

[①]　美国经济学家 F. 莫迪利亚尼(1993)的"生命周期假说"表明,人不可能长生不老,获得劳务收入的生命周期总是有限的。因此,对未来可支配劳务收入的预期,应当根据生命周期的有限性加以校正。

作一简要的归纳。这是要通过一般表达式来完成的。[①]

以 L_0^T 和 A_0^T 分别代表对 Y^e 和 W 的即期价值的影响，R_0 仍代表资金市场利息率，则

对 Y^e 的影响可以表述为：

$$L_0^T = \frac{\beta_0 i \Delta D_0}{R_0} \qquad (2.7)$$

其中，i 代表政府举债 ΔD_0 的利息率（$i>0$），β_0 为一参数，它同（1-b）正相关，同 h 负相关。我们令 $\beta_0 \leq [(1-b) l_0]/i$，并假定税收的减少不会造成即期可支配劳务收入和即期可支配资产收入的减少，$0 \leq (1-b) \leq 1$，故 β_0 的值域为 $0 \leq \beta_0 \leq l_0/i$。那么，若 h=0，则 $\beta_0 = [(1-b) l_0]/i$；若 b=1 或者 h=100%，则 $\beta_0 = 0$；若 b=0，且 h=0，则 $\beta_0 = l_0/i$。

对 W 的影响可以表述为：

$$A_0^T = \frac{\beta'_0 i \Delta D_0}{R_0} \qquad (2.8)$$

在这一表达式中，β'_0 也是一个参数，它满足 $0 \leq \beta'_0 \leq 1/i$，并与 b 正相关，同 h 负相关。我们令 $\beta'_0 \leq b/i$，那么，若 h=0，则 $\beta'_0 = b/i$；若 b=0 或者 h=100%，则 $\beta'_0 = 0$；若 b=1，且 h=0，则 $\beta'_0 = 1/i$。

β_0 和 β'_0 的和满足不等式 $0 \leq \beta_0 + \beta'_0 \leq 1/i$。

就本节所讨论的范围而言，举借国债产生了如下经济影响：(1) 微观经济主体的即期可支配收入（Y_0）增加了，其数额与举债额相等，$\Delta Y_0 = \Delta D_0$；(2) 微观经济主体的预期可支配劳务收入和预期可支配资产收入增加并折现为即期人力财富（Y^e）和非人力财富（W）价值的增加，其规

[①] 将这两方面的影响用一般表达式来表述，还有另外一个目的。这就是，同因政府举债所引起的其他方面的影响相综合。也正因为如此，一般表达式的形式也需考虑到综合的需要。

模可分别由 $L_0^T = \dfrac{\beta_0 i \Delta D_0}{R_0}$ 和 $A_0^T = \dfrac{\beta'_0 i \Delta D_0}{R_0}$ 两个一般表达式得出。

2.2.5 深一层的思考

由前述分析可见，举借国债对于预期可支配劳务收入和预期可支配资产收入的影响，在很大程度上取决于微观经济主体对即期可支配收入变化的暂时性的认识程度。不妨探究一下决定这种暂时性认识程度的因素是什么？

即期可支配收入的变化系因即期税收的减少所致，所以，即期税收减少所涉及的税种的类型怎样，与微观经济主体的关联性如何，显然是决定暂时性认识程度的一个主要因素。

如果所涉及的税种是既有的，过去一直课征，但即期停征，那么，微观经济主体对由此而带来的可支配收入变化的感受就较为强烈，对其变化的暂时性的认识就相对普遍。相反，如果所涉及的税种是原所没有的，本拟即期增设，但因各种原因而用举债的办法加以替代，那么，微观经济主体对由此而带来的可支配收入的变化的感受就不那么强烈，对其变化的暂时性的认识自然不易普遍。

如果所涉及的税种是直接税，它同微观经济主体的可支配收入直接相关，微观经济主体对它的变化就较为敏感，对其变化的暂时性的认识程度就相对较高。反之，如果所涉及的税种是间接税，它同微观经济主体的可支配收入间接相关，微观经济主体对它的变化就不那么敏感，对其变化的暂时性的认识程度就相对较低。

即期税收的减少总要以政府法规的形式加以规定或颁布，[①]所以，涉及即期税收减少的政府法规的内容怎样，其信息在多大范围内为微

---

① 即使所涉及的是原所没有、本拟增设的税种，对其暂时搁置的决定，也总会以内部文件的形式在一定范围内传达。

观经济主体所知晓,无疑也是左右暂时性认识程度的一个重要因素。

如果政府法规中已经规定税收的调整只限于即期,次年仍要继续课征或开征,那么,微观经济主体对由此而带来的可支配收入变化的暂时性就比较清楚,其认识程度肯定较高。相反,如果政府法规中并未规定税收的调整只限于即期,次年是否继续课征或开征未予明确,那么,微观经济主体对由此而带来的可支配收入变化的暂时性就比较模糊,其认识程度自然较低。

如果涉及税收调整的政府法规能够通过广泛的渠道在社会上加以宣传或颁布,并且,在法规中含有调整仅限于即期的规定,那么,微观经济主体对由此而带来的即期可支配收入的变化的暂时性的认识,很可能会达到相当高的程度。反之,如果涉及税收调整的政府法规仅在一定的范围内加以颁布,甚至仅在政府部门内部传达,那么,即使法规中含有调整仅限于即期的规定,微观经济主体对由此而带来的可支配收入变化的暂时性的认识程度,也不会较高。

由此可以引出一个重要的政策结论:为了减轻或避免因国债对税收的替代而产生的微观经济主体预期可支配劳务收入和预期可支配资产收入的波动,并进而减轻或避免微观经济主体经济行为的剧烈调整,可供选择的办法就是:(1)举借国债所替代的税种最好是原所没有但本拟增设的税种,或者是属于间接税类的税种;(2)政府公开宣布税收的调整仅限于即期。

这里的限制条件是:不与其举债的政策初衷相背离。

2.3 预期的偿债费税

2.3.1 预期的偿债费税与政府债券所代表的净财富

国债的发行在即期表现为一种政府财政的进项,而在其到期之

时,①还本付息的费用又会形成一种额外的政府财政的出项。对于未来还本付息费用支出将引起税收相应增加的预期,显然应当引入国债经济影响的分析过程。对于这一点,一般不会存有异议。但是,人们可能还要指出另外一点:在即期税收减少的同时,也有数额相等的政府债券($|\Delta D_0| = |-\Delta T_0|$)流入了家庭和企业。是否也应将其纳入分析视野,从而进行两种效应的综合分析?

包括李嘉图等价定理在内的许多经济学家的分析,正是由此展开的。② 他们把微观经济主体认购并持有的政府债券视作其所拥有的净财富的相应增加,有所分歧的问题不过是:政府债券所代表的净财富是为微观经济主体对未来税负将因此而增加的预期效应所完全抵消($K = 0$)(李嘉图,1981),还是部分抵消($0 < K < 1$)(Patinkin,1965),或者根本不会抵消($K = 1$)。

其实,仔细考察一下微观经济主体所拥有的净财富的构成,就会发现,微观经济主体认购或持有政府债券,恐怕不会给其净财富带来增加效应。其中的原因并不难寻,微观经济主体的净财富可以分作两个部分:金融资产和实质资产。金融资产又可进一步区分为现金、银行存款和有价证券。微观经济主体认购国债实质是一种储蓄行为,③通常是以现金或存款作为支付手段的,当然也可能通过变卖有价证券或实质资产的办法来筹措认购资金。但不管怎样,它都是一种资产形式与另一种资产形式的交换,其结果只是其所拥有的资产构成或净财

---

① 请注意,我们在前面曾约定国债的期限在1年以上,且国债偿付的资金来源依赖增税解决。

② 参见本书第一章第2节的阐述。

③ 现实生活中,人们往往习惯于将微观经济主体认购国债、股票或其他有价证券的活动称为"证券投资"。在这里,笔者之所以称它是一种储蓄行为,而不说它是一种投资行为,是因为微观经济主体所进行的"证券投资"实质是一种资金使用权的转移,在理论上它属于"转移项目"。从最终的经济结果来看,只有当新的实际资本产生的时候,才会有净投资或净资本形成(萨缪尔森,1979)。

富构成的相应变化,并不会带来总量上的变动。① 至少在国债的发行期是如此。

本节将把考察的镜头对准前一种效应,即对未来的国债还本付息费用支出所带来的税收增课的预期,而对微观经济主体认购或持有政府债券是否会给其净财富带来增加效应的问题,存而不论。

对于即期发行的国债到期之时,为偿付国债还本付息费用而可能增课的税收,本书赋予它一个特殊的名称——偿债费税。

毋庸置疑,对未来偿债费税的预期肯定会影响微观经济主体对未来可支配收入的预期,并通过折现效应,进一步对即期人力财富(Y^e)和非人力财富(W)的价值发生影响。也就是说,对未来的偿债费税预期可能会被微观经济主体折现为即期的纳税义务,从而引起 Y^e 和 W 的相应变化。

这里的问题在于,微观经济主体是否能对未来的偿债费税作出恰如其分的预期? 它对即期人力财富和非人力财富的影响究竟有多大?

2.3.2 国债幻觉及其可能的影响

事实上,经济生活中确实存在着妨碍人们对未来的偿债费税作出准确预期的诸多因素。例如,由于信息传播渠道的不畅通或不广泛,一部分人可能对国债已经发行全然不知,或者,即使知晓且加入了国债认购者的行列,也不知国债发行的总额为多少;由于本身文化素质以及经济发展水平的限制,一部分人可能对有关国债信息的发布并不在意,或者,即使关心并注意了有关国债市场动态的报道,也不十分清楚其中意味着什么;还有,由于对未来经济形势的前景以及税收制度的走势预期的不确定性,可能有相当一部分人,甚至大部分人,对国债到期

---

① 认购政府债券过程中,因金融市场行情变动而可能发生的债券增值或贬值除外。

之年的税收总额及其本身所须承担的份额为多少,难有可称为准确的估计;等等。

凡此种种,都有可能导致微观经济主体对未来的偿债费税,特别是其本身所须承担的份额预期的不准确,甚至完全错误。为此,本书将引入"国债幻觉"一词,用于表述微观经济主体在未来的偿债费税上可能发生的预期错误。

国债幻觉的程度(I_0)可以用下述公式表示:

$$I_0 = 1 - \frac{Q'_0}{Q_0} \quad (Q_0 > 0) \quad (2.9)$$

在这一公式中,Q_0代表实际的未来偿债费税总额(或为偿付国债本息所需的费用支出)的折现值,Q'_0为微观经济主体所预期的未来偿债费税总额的折现值,Q_0和Q'_0所依据的折现率相等。

不难看出,如果$I_0=1$,意味着完全的幻觉,说明微观经济主体对未来的偿债费税没有任何预期;如果$0<I_0<1$,意味着部分的幻觉,说明微观经济主体对未来的偿债费税有部分预期;如果$I_0=0$,意味着完全没有幻觉,说明微观经济主体对未来的偿债费税有清楚的预期。[①]

单个微观经济主体对其本身所须承担的未来偿债费税的份额的预期(q'_0)可以下式来表示:

$$q'_0 = f'_0 Q'_0 \quad (Q'_0 > 0) \quad (2.10)$$

公式中,Q'_0仍代表微观经济主体所预期的未来偿债费税总额的折现值,f'_0为单个微观经济主体所预期的其本身所须承担的未来偿债费税占该税总额的比例。将(2.9)式所给定的Q'_0值代入(2.10)式,可得到:

---

① 这里可顺便指出。在目前的中国,由于普通家庭基本和直接税无关,税收对企业特别对国有企业的约束欠硬,加之税制尚待规范,I_0的值很可能接近于1。

$$q'_0 = f'_0(1 - I_0) Q_0 \qquad (2.11)$$

（2.11）式表明，微观经济主体对其本身所须承担的未来偿债费税的份额的预期，取决于其所存有的国债幻觉的程度。

沿着这个思路，可将微观经济主体作为纳税人在预期其本身所须承担的未来偿债费税份额上出现的错误（e_0）表示为：

$$e_0 = 1 - q'_0/q_0 \qquad (q_0 > 0) \qquad (2.12)$$

在这里，q_0 是微观经济主体所承担的实际的未来偿债费税份额。可以看出，如果 $e_0 = 0$，即说明微观经济主体对未来的偿债费税份额有完全准确的预期；如果 $e_0 > 0$，则说明微观经济主体低估了其所须承担的未来的偿债费税份额。

2.3.3 偿债费税、国债幻觉与预期可支配收入的调整

前面说过，对未来偿债费税的预期，可能会导致微观经济主体对未来可支配收入预期的调整。只不过在存有国债幻觉的条件下，这种调整往往是要打折扣的，甚至是错误的。

未来的偿债费税对微观经济主体预期可支配收入影响的分析，可以区别两种情况来进行：一是国债发行时，伴随有用于偿付国债本息费用的税收立法，[①]另一是国债发行时，未伴随有用于偿付国债本息费用的税收立法。很明显，在前一种情况下，微观经济主体有可能根据偿债费税法规所涉及的税种情况，对其特定类型的可支配收入预期进行相应调整，并进而归结到人力财富和非人力财富即期价值的变动上。在后一种情况下，微观经济主体可能进行的未来可支配收入预期的调整是笼统的，区分偿债费税对人力财富和非人力财富的影响也相对困难。

先来看前一种情况。

---

① 如规定国债到期之时，将增设哪一种或哪几种税，或者，加课哪一种或哪几种税。

偿债费税法规所涉及的税种可区分为三种类型：取自资产收入的税种、取自劳务收入的税种、不影响要素收入的税种。

1. 以资产收入为税源的偿债费税

如果偿债费税法规明确规定以资产收入为税源，微观经济主体又不存在国债幻觉，那么，预期的可支配资产收入将会减少，并进一步折现为即期非人力财富价值的减少，其额度为未来偿债费税税负的折现值，即 $i\Delta D_0/(1+R_0) + i\Delta D_0/(1+R_0)^2 + \ldots + (1+i)\Delta D_0/(1+R_0)^n$。其中，$i$ 为政府举债 ΔD_0 的利息率，R_0 仍代表即期的资金市场利息率，n 决定于国债的期限。

这一结论显然需要修正。微观经济主体不可能没有任何国债幻觉，特别是作为偿债费税税源的整个社会的资产收入总额有多大，微观经济主体难有准确的预期。总额预期的不准确当然也意味着份额预期的不准确。所以，引入国债幻觉的因素是必然的。

为此，可把所有的微观经济主体视作一个整体来考察，并将(2.11)式改写成：

$$\sum q'_0 = Q_0 \sum f'_0 (1 - I_0) \qquad (2.13)$$

在这里，$Q_0 = i\Delta D_0/(1+R_0) + i\Delta D_0/(1+R_0)^2 + \ldots + (1+i)\Delta D_0/(1+R_0)^n$，故该式可进一步写成：

$$\sum q'_0 = [i\Delta D_0/(1+R_0) + i\Delta D_0/(1+R_0)^2 + \ldots + (1+i)\Delta D_0/(1+R_0)^n]$$
$$\sum f'_0(1-I_0) \qquad (2.14)$$

这表明，在偿债费税法规明确规定以资产收入为税源的条件下，即期非人力财富价值的减少幅度（A_0^D）在 0 和 $-[i\Delta D_0/(1+R_0) + i\Delta D_0/(1+R_0)^2 + \ldots + (1+i)\Delta D_0/(1+R_0)^n]$ 之间，即 $-[i\Delta D_0/(1+R_0) + i\Delta D_0/(1+R_0)^2 + \ldots + (1+i)\Delta D_0/(1+R_0)^n] \leq A_0^D < 0$。国债幻觉的程度（$I_0$）越

低,即期非人力财富价值的减少幅度越大;反之,则越小。

2. 以劳务收入为税源的偿债费税

如果偿债费税法规明确规定以劳务收入为税源,微观经济主体又不存有国债幻觉,那么,预期的可支配劳务收入将趋于减少,并进一步折现为即期人力财富价值的减少,其额度亦为未来偿债费税税负的折现值,只不过要根据劳务收入获得者的收入生命周期的有限性加以校正,即 $l_0[i\Delta D_0/(1+R_0)+i\Delta D_0/(1+R_0)^2+...+(1+i)\Delta D_0/(1+R_0)^n]$。其中,$l_0$ 大于 0,小于 1,代表劳务收入获得者的收入生命周期的有限性。R_0 和 i 仍分别为即期的资金市场利息率和政府举债 ΔD_0 利息率,n 决定于国债的期限。

在此基础上,引入国债幻觉的影响,可得出与(2.14)式略有不同的结论,即:

$$\sum q'_0 = l_0[i\Delta D_0/(1+R_0) + i\Delta D_0/(1+R_0)^2 +...+(1+i)\Delta D_0/(1+R_0)^n]$$
$$\sum f'_0(1-I_0) \qquad (2.15)$$

(2.15)式表明,在偿债费税法规明确规定以劳务收入为税源的条件下,即期人力财富价值的减少幅度(L_0^D)在 0 和 $-[i\Delta D_0/(1+R_0)+i\Delta D_0/(1+R_0)^2+...+(1+i)\Delta D_0/(1+R_0)^n]$ 之间,即 $-[i\Delta D_0/(1+R_0)+i\Delta D_0/(1+R_0)^2+...+(1+i)\Delta D_0/(1+R_0)^n] \leqslant L_0^D < 0$。国债幻觉的程度($I_0$)越高,即期人力财富价值减少的幅度越小;反之,则越大。

3. 不影响要素收入的偿债费税

如果偿债费税法规所涉及的税种不直接影响要素收入,如以商品或服务的流转额为计税基数的流转税类。既然属于间接税,那就与微观经济主体的要素收入不存在直接的相关性。在这种情况下,倘若微观经济主体不存有任何国债幻觉,偿债费税将被视作助推将来商品或服务的价格水平上涨的一个因素。也就是说,预期的一般价格水平将因此而上涨,预期的实际可支配收入①将可能减少,并可能对即期的人力财富和非人力财富产生相应影响。

不过,一般说来,不影响要素收入的偿债费税对预期可支配收入及其即期人力财富和非人力财富的影响,是间接的、相对较小的。特别是在加入了国债幻觉的因素之后,其可能发生的影响值,更要大打折扣。故为分析的简化起见,本书将不影响要素收入的偿债费税忽略不计。

再来看后一种情况。

即使国债发行时,政府未随之制定相应的偿债费税法规并予以公布,微观经济主体对未来可支配收入的预期也可能发生一定的变化。只不过这种变化,相对于前一种情况来说,可能较为笼统,也不那么明确。例如,在微观经济主体均无国债幻觉的条件下,一部分微观经济主体可能将偿债费税归结为未来可支配劳务收入的减少,另一部分微观经济主体可能将其归结为未来可支配资产收入的减少,还可能有一部分微观经济主体认为偿债费税将不会影响其要素收入。所以,在这种情况下,对可支配劳务收入和可支配资产收入预期的减少可能会同时发生。

不过,尽管如此,有一点还是可以肯定的。这就是,在微观经济主体对于政府将选择哪种税或哪几种税作为偿债费税没有明确预期的条件下,预期可支配劳务收入和预期可支配资产收入的减少规模要小于伴随有偿债费税立法的情况,国债幻觉的程度也会大于伴随有偿债费税立法的情况。其结果,即期人力财富和非人力财富的减少幅度会较前一种情况为低。

上述两种情况的分析结果可用表 2-2 加以综合。

---

① 指剔除了物价上涨因素之后的可支配收入。

表 2-2 预期偿债费税对人力财富价值的影响（L_0^D）和对非人力财富价值的影响（A_0^D）

	国债发行时伴随有偿债费税立法		国债发行时未伴随有偿债费税立法	
	以资产收入为税源 (1)	以劳务收入为税源 (2)	不影响要素收入 (3)	偿债费税收入 (4)
	$L_{(1)}^D = 0$	$-I_0 \sum_{\lambda=1}^{n} \dfrac{C_\lambda}{(1+R_0)^\lambda} \leq L_{(2)}^D < 0$	$L_{(3)}^D = 0$	$L_{(2)}^D < L_{(4)}^D \leq 0$
	$-\sum_{\lambda=1}^{n} \dfrac{C_\lambda}{(1+R_0)^\lambda} \leq A_{(1)}^D < 0$	$A_{(2)}^D = 0$	$A_{(3)}^D = 0$	$A_{(1)}^D < A_{(4)}^D \leq 0$

注：$\sum_{\lambda=1}^{n} \dfrac{C_\lambda}{(1+R_0)^\lambda} = i\Delta D_0/(1+R_0) + i\Delta D_0/(1+R_0)^2 + \ldots + (1+i)\Delta D_0/(1+R_0)^n$。

2.3.4 关于预期偿债费税影响的归纳：一般表达式

预期的偿债费税对于预期可支配劳务收入或人力财富(Y^e)和总净财富或非人力财富(W)的即期影响，也可用一般表达式加以归纳：

以 L_0^D 和 A_0^D 分别代表对 Y^e 和 W 的即期价值的影响，R_0 和 i 仍分别代表即期的资金市场利息率和政府举债 ΔD_0 利息率，则对 Y^e 的影响可写成：

$$L_0^D = -J_0 \sum_{\lambda=1}^{n} \frac{C_\lambda}{(1+R_0)^\lambda} \quad (2.16)$$

其中，$\sum_{\lambda=1}^{n} \frac{C_\lambda}{(1+R_0)^\lambda} = i\Delta D_0/(1+R_0) + i\Delta D_0/(1+R_0)^2 + ... + (1+i)\Delta D_0/(1+R_0)^n$。$n$ 决定于国债期限。J_0 为一参数，它代表微观经济主体因未来的偿债费税而引起的对其可支配劳务收入预期的变化率，$0 \leq J_0 \leq l_0$。l_0 仍代表劳务收入获得者的收入生命周期的有限性。J_0 与 I_0 负相关，对未来偿债费税会减少可支配劳务收入的预期越是普遍，国债幻觉的程度越低，J_0 的值越高；反之，则越低。如果国债发行时随之立法并公布的偿债费税以劳务收入为税源，J_0 值将较高；反之，将较低。如果偿债费税法规所涉及的税种以净资产收入为税源，或不影响要素收入，J_0 值为 0。

对 W 的影响可写成：

$$A_0^D = -J'_0 \sum_{\lambda=1}^{n} \frac{C_\lambda}{(1+R_0)^\lambda} \quad (2.17)$$

式中，$\sum_{\lambda=1}^{n} \frac{C_\lambda}{(1+R_0)^\lambda} = i\Delta D_0/(1+R_0) + i\Delta D_0/(1+R_0)^2 + ... + (1+i)\Delta D_0/(1+R_0)^n$。$n$ 决定于国债期限。J'_0 也是一参数，它代表微观经济主体受未来偿债费税的影响而对其可支配资产收入预期的变化率，0

≤J'_0≤1。J'_0亦与I_0负相关,对未来偿债费税会减少可支配资产收入的预期越是普遍,国债幻觉的程度越低,J'_0的值越大;反之,则越小。如果国债发行时伴随有偿债费税立法,且以净资产收入为税源,J'_0值会较高;反之,将较低。如果偿债费税法规所涉及的税种以劳务收入为税源,或不影响要素收入,J'_0值为0。

J_0和J'_0的和满足 0≤J_0+J'_0≤1。

2.3.5 国债的滚动循环:更贴近现实的分析

到目前为止,本节关于预期偿债费税的影响的分析,都是在国债还本付息的资金来源依赖增税解决的约定下进行的。于是,可能会提出这样的问题:如果一个国家将举借国债视为一种长期的国策,从而有可能通过不断地发新债来还旧债的办法实现国债的"滚动"循环,使国债成为一种可以"永不偿还"的债,[①]上述的结论还能否适用?也就是说,如果放松这一约定条件,情况又将是怎样的?

应当肯定,国债归根到底是要通过税收的增加才能偿清的。从本质上说,一切政府债务的清偿都必须立足于国内税源的开发,这一点无论在传统的计划经济体制下,还是在新型的市场经济体制下,或是在现时的过渡性体制下,都是适用的。换言之,微观经济主体对于偿债费税的预期总是会存在的,有所差别的仅是它的影响程度。在以增税作为国债清偿的资金来源的条件下,预期偿债费税的影响较大。而在以不断地发新债来还旧债的条件下,这种影响有可能相对较轻。

基于这种认识,可以在(2.16)式和(2.17)式的基础上,将以借新

---

① 必须指出,这里所说的"滚动"循环是一种良性循环,而不是恶性循环。也就是通过发新债所解决的仅是国债本金的偿付,而不包括国债利息的偿付,因而可以排除国债规模由此越滚越大的可能。

债来还旧债条件下的预期偿债费税经济影响的一般表达式写成：

$$L_0^D = -\frac{J_0 i \Delta D_0}{R_0} \qquad (2.18)$$

$$A_0^D = -\frac{J'_0 i \Delta D_0}{R_0} \qquad (2.19)$$

易于看出，(2.18)式和(2.19)式同(2.16)式和(2.17)式的区别在于，前两式没有将国债本金的偿付纳入视野，所以，在这两式中，预期的偿债费税所意味的仅是国债的利息支付额，只不过它被视为一种永久性的支付。而在后两式中，预期的偿债费税不仅包括国债的利息支付额，也包括国债的本金偿付额。

清楚地认识这一点是非常重要的，说以借新债来还旧债条件下的预期偿债费税的经济影响有可能小于以增税作为国债清偿的资金来源条件下的预期偿债费税的经济影响，其道理也就在于此。

总之，以增税作为国债清偿的资金来源条件下的预期偿债费税的经济影响同以借新债来还旧债条件下的预期偿债费税的经济影响基本相仿。区别仅在于程度的不同：(1)在前一种条件下，预期偿债费税的量既包括国债的利息支付额，也包括国债的本金偿付额，故其对即期人力财富(Y^e)和非人力财富(W)的影响分别为 $L_0^D = -J_0 \sum_{\lambda=1}^{n} \frac{C_\lambda}{(1+R_0)^\lambda}$ 和 $A_0^D = -J'_0 \sum_{\lambda=1}^{n} \frac{C_\lambda}{(1+R_0)^\lambda}$；(2)在后一种条件下，预期偿债费税的量仅包括国债的利息支付额，但它是一种永久性的支付额，故其对即期人力财富(Y^e)和非人力财富(W)的影响分别为 $L_0^D = -\frac{J_0 i \Delta D_0}{R_0}$ 和 $A_0^D = -\frac{J'_0 i \Delta D_0}{R_0}$。

考虑到中国已经将举借国债作为长期国策，并走上了以借新债来还旧债的道路,①本书的分析将以(2.18)式和(2.19)式作为主要依据。

2.4 均衡利息率的变动

前两节关于举借国债所带来的即期税收减少和预期偿债费税的影响的分析,都是在既定的利息率水平上进行的。这个利息率水平也就是将预期可支配劳务收入和预期可支配资产收入的流量加以折现所适用的利息率。然而,当我们把眼光移向举债所涉及的金融市场时,一个显著而且相当重要的影响将被揭示出来:政府举债或政府举债数额的增加很可能导致市场均衡利息率水平的相应上升。

因此,对于举借国债的经济影响的分析,不能忽略均衡利息率(R)由此而发生的变动。

2.4.1 对储蓄的需求的增加与均衡利息率的上升

国债对税收的等额替代($|\Delta D_0|=|-\Delta T_0|$)在增加微观经济主体的可支配收入($|\Delta Y_0|=|-\Delta T_0|$)的同时,也以相等的规模增加了对民间储蓄的需求($\Delta D_0$)。这时,由于对民间储蓄的供给不能按照对其需求的增加幅度而相应增加,②市场均衡利息率肯定要随之上升。

不妨以图2-1来说明这一点。

在图2-1中,初始的情况是一个无政府举债条件下的市场均衡状态。横轴代表储蓄、投资和政府举债的数额,纵轴代表利息率。I线(即民间投资)代表对储蓄的需求,S线(即民间储蓄)代表对储蓄的供给。I线与S线相交于E点,由此决定的市场均衡利息率水平为R_0。

---

① 这可以从近几年中国国债的年发行额与年债务支出额的对比中得到证实。关于这一点,本书下篇将给出较详细的分析。

② 通常的情况是,对民间储蓄的需求的增加幅度大于对其供给的增加幅度。

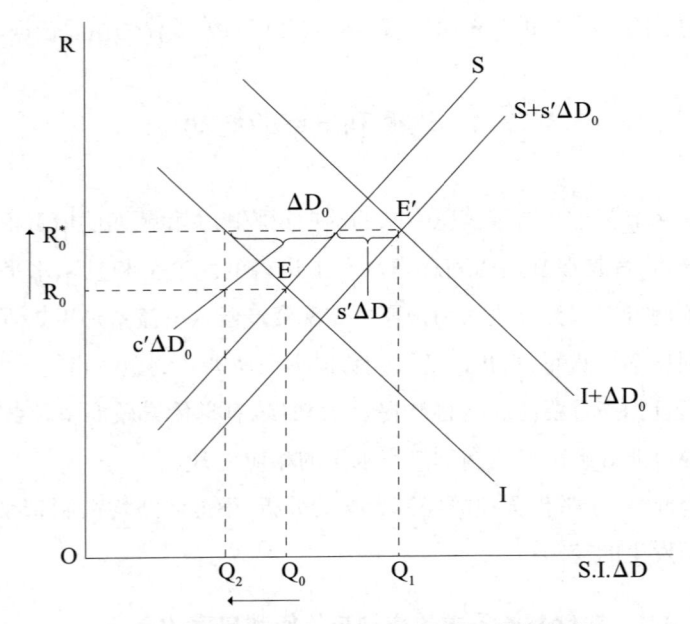

图 2-1 对储蓄的供给与需求：均衡利息率的决定

政府举债后，一方面增加了对储蓄的需求（以 ΔD_0 代表），使得对储蓄的需求曲线向右上方平行移动，即由 I 线移至 $I+\Delta D_0$ 线。另一方面，也以相等的数额增加了微观经济主体的可支配收入（$|\Delta Y_0|=|\Delta D_0|$），并通过这一途径增加了对储蓄的供给（以 $s'\Delta D_0$ 代表，$s'\Delta D_0$ 为微观经济主体所增加的可支配收入 ΔY_0 中用于储蓄的部分，这里的 s' 代表边际储蓄倾向），从而使得对储蓄的供给曲线向右下方平行移动，即由 S 线移至 $S+s'\Delta D_0$ 线。$s'\Delta D_0 = \Delta D_0 - c'\Delta D_0$（$c'\Delta D_0$ 为微观经济主体所增加的可支配收入 ΔY_0 中用于消费的部分，$c'=1-s'$，这里的 c' 代表边际消费倾向），对储蓄的需求的增加幅度（ΔD_0）大于对其供给的增加幅度（$s'\Delta D_0$），于是，形成了对市场利息率上升的强大压力。如图 2-1 所示，$I+\Delta D_0$ 线与 $S+s'\Delta D_0$ 线的相交点 E' 所决定的市场均衡利息

率水平为 R_0^*，$R_0^* > R_0$。①

这表明,在政府举债或政府举债数额增加的条件下,市场利息率的上升几乎是一件不可避免的事情。

2.4.2 均衡利息率的上升与可能的利息引致效应

一旦承认政府举债或政府举债数额的增加会带来市场利息率水平的上升,随市场利息率变动而可能产生的影响自然要进入我们的分析过程。

在前两节的分析中,我们所使用的利息率都是一种既定或不变的利息率。很显然,如果利息率不是不变的,而是可变的,适用于预期可支配劳务收入和预期可支配资产收入流量的折现率也要相应变化,从而可能对即期人力财富和非人力财富的价值发生影响。由于这种影响系因利息率的变化所致,它在本书中被称作"利息引致效应"。

先来看一下发生在非人力财富(W)上的利息引致效应。

如果微观经济主体的预期可支配收入的流量价值因政府举债而引起的调整已经完成,但未考虑到市场利息率变化的因素,那么,随着市场利息率由 R_0 上升到 R_0^*，非人力财富(W)的即期价值将发生如下变化:

$$-\frac{W_0^{R_0}(R_0^* - R_0)}{R_0^*} \quad (2.20)$$

其中,$W_0^{R_0}$ 代表在利息率(折现率)为 R_0 时的即期非人力财富价值,R_0 为无政府举债条件下的市场利息率,R_0^* 为政府举债之后的上升了的市场利息率。

可以清楚地看出,市场均衡利息率上升带给 W 的利息引致效应,

---

① 随着 R_0 上升至 R_0^*，I 也出现了变化,由原来的 Q_0 减少至 Q_2。这一点在后面将作较详细的分析。

是其即期价值的相应减少。

再来看发生在人力财富(Y^e)上的利息引致效应。

同样的道理,如果微观经济主体的预期可支配劳务收入的流量价值因政府举债所引起的调整已经完成,但未引入市场利息率可能发生的变化,那么,随着市场利息率由 R_0 上升至 R_0^*,人力财富 Y^e 的即期价值将发生如下变化:

$$-\frac{Y_0^{e(R_0)}(R_0^* - R_0)l_0}{R_0^*} \quad (2.21)$$

在这一表达式中,$Y_0^{e(R_0)}$ 代表在利息率(折现率)为 R_0 时的即期人力财富价值,R_0 和 R_0^* 仍分别为无政府举债条件下的市场利息率和政府举债后上升了的市场利息率。l_0 大于0,小于1,且与 R_0^* 无关,代表劳务收入获得者的获得收入时限的有限性。

(2.21)式也告诉我们,市场均衡利息率上升带给 Y^e 的利息引致效应,是其即期价值的相应减少。

2.4.3 一般表达式

为了加以简化,并与来自其他方面的影响相综合,可以 L_0^M 和 A_0^M 分别代表均衡利息率变动对 Y^e 和 W 的即期价值的影响,R_0 和 R_0^* 仍分别代表无政府举债条件下的市场利息率和政府举债之后上升了的市场利息率,并令 $R_0^* = R_0 + \Delta R_0$ 或 $\Delta R_0 = R_0^* - R_0$,从而将(2.20)和(2.21)式分别改写成如下两个一般表达式:

对 W 的影响为:

$$A_0^M = -\frac{W_0^{R_0} \Delta R_0}{R_0 + \Delta R_0} \quad (2.22)$$

对 Y^e 的影响为:

$$L_0^M = -\frac{Y_0^{e(R_0)} \Delta R_0 l_0}{R_0 + \Delta R_0} \qquad (2.23)$$

2.5 举借国债与民间消费:初始性影响

在前面几节的分析中,我们已经逐一考察了因政府举债所引起的即期的税收减少、预期的偿债费税以及均衡利息率的变动对消费函数的诸种因素,即对 Y、Y^e 和 W 的初始性影响。现在则到了将这些影响综合在一起,进而说明对民间消费的影响的时候了。

2.5.1 对民间消费的影响:一个简单的模型

我们首先进行单因素的归纳,然后再作复合因素的综合。

1. 对即期可支配收入(Y)的影响

举借国债对微观经济主体的 Y 的影响可由(2.6)式直接给出:

$$\Delta Y_0 = \Delta D_0 \qquad (2.24)$$

2. 对预期可支配劳务收入或人力财富(Y^e)的影响

举借国债对微观经济主体的 Y^e 的影响来自于下述三方面影响的综合:

即期的税收减少所带来的影响[(2.7)式]:

$$L_0^T = \frac{\beta_0 i \Delta D_0}{R_0}$$

预期的偿债费税所带来的影响[(2.18)式]:

$$L_0^D = -\frac{J_0 i \Delta D_0}{R_0}$$

均衡利息率的变动所带来的影响[(2.23)式]:

$$L_0^M = -\frac{Y_0^{e(R_0)} \Delta R_0 l_0}{R_0 + \Delta R_0}$$

由此,对 Y^e 的综合影响可以写成:

$$\Delta Y_0^e = \frac{(\beta_0 - J_0) i \Delta D_0}{R_0} - \frac{Y_0^{e(R_0)} \Delta R_0 l_0}{R_0 + \Delta R_0} \quad (2.25)$$

3. 对总净财富或非人力财富(W)的影响

举借国债对微观经济主体的 W 的影响来自于下述三方面影响的综合:

即期的税收减少所带来的影响[(2.8)式]:

$$A_0^T = \frac{\beta'_0 i \Delta D_0}{R_0}$$

预期的偿债费税所带来的影响[(2.19)式]:

$$A_0^D = - \frac{J'_0 i \Delta D_0}{R_0}$$

均衡利息率的变动所带来的影响[(2.22)式]:

$$A_0^M = - \frac{W_0^{R_0} \Delta R_0}{R_0 + \Delta R_0}$$

将上述影响加以综合,可得出对 W 的综合影响:

$$\Delta W_0 = \frac{(\beta'_0 - J'_0) i \Delta D_0}{R_0} - \frac{W_0^{R_0} \Delta R_0}{R_0 + \Delta R_0} \quad (2.26)$$

在这个基础上,便可将诸因素由此而发生的变化综合在消费函数中。

为了描述的方便起见,可以仿效莫迪利亚尼(Modigliani,1963)的做法,将(2.4)式略加变化,而改写成如下的消费函数形式:[①]

[①] F. 莫迪利亚尼(1963)曾根据储蓄的生命周期假说把消费函数表述为如下形式:
$$C_t = \alpha'_1 Y_t + \alpha'^2 Y_t^e + \alpha'_3 A_{t-1}$$
其中,Y_t 代表即期税后非财产收入,Y_t^e 代表预期年平均非财产收入,A_{t-1} 代表总净财富。可以看出,(2.27)式不过是莫迪利亚尼消费函数的翻版。

$$C_t = \Phi_1 Y_t + \Phi_2 Y_t^e + \Phi_3 W_t \qquad (2.27)$$

在这一表达式中,Φ_1、Φ_2 和 Φ_3 分别为 Y_t、Y_t^e 和 W_t 的系数,其值取决于多种因素,如消费者的效用函数、利息率、人口的年龄结构以及 Y_t、Y_t^e 和 W_t 在各年龄段的分布状况等等。各符号下角的 t 代表时间,即 t 期。

由(2.27)式可将举借国债所引起的民间消费的初始性变化表示为

$$\Delta C_0 = \Phi_1 \Delta Y_0 + \Phi_2 \Delta Y_0^e + \Phi_3 \Delta W_0 \qquad (2.28)$$

不难发现,ΔY_0、ΔY_0^e 和 ΔW_0 已经分别由(2.24)式、(2.25)式和(2.26)式给定。

所以,把(2.24)式、(2.25)式、(2.26)式分别代入(2.28)式,我们便可得到一个关于举借国债对即期民间消费影响的简单模型:

$$\Delta C_0 = \Phi_1 \Delta D_0 + \frac{i\Delta D_0 [\Phi_2(\beta_0 - J_0) + \Phi_3(\beta'_0 - J'_0)]}{R_0}$$
$$- \frac{\Delta R_0(\Phi_2 Y_0^{e(R_0)} l_0 + \Phi_3 W_0^{R_0})}{R_0 + \Delta R_0} \qquad (2.29)$$

若令 $\quad M_0 \equiv \Phi_2(\beta_0 - J_0) + \Phi_3(\beta'_0 - J'_0)$
$\quad\quad N_0 \equiv \Phi_2 Y_0^{e(R_0)} l_0 + \Phi_3 W_0^{R_0}$

则(2.29)式可简写成如下形式:

$$\Delta C_0 = \Phi_1 \Delta D_0 + \frac{i\Delta D_0 M_0}{R_0} - \frac{\Delta R_0 N_0}{R_0 + \Delta R_0} \qquad (2.29')$$

2.5.2 对民间消费的影响:示意性图解

(2.29)式告诉我们:因政府举债所引起的民间消费的变化(ΔC_0)同均衡利息率的变化(ΔR_0)负相关。这一点同经济理论界关于储蓄行为的解释大体上是一致的(周慕冰,1991,第118页)。因此,可以用表示市场利息率与民间消费关系的坐标图来描绘举借国债带给民间消费的这种初始性影响请看图 2-2。民间消费的变化（ΔC_0）与均衡利息率的变化（ΔR_0）之间的关系由一条向右下方倾斜且呈凹状的曲线即 $\Delta C_0 = f(\Delta R_0)$①来代表。这条曲线的变化以 $\Phi_1 \Delta D_0 - N_0$ 和 $\Delta R_0 = -R_0$ 两条虚线为界，并与横轴在 $\Phi_1 \Delta D_0 + \dfrac{i \Delta D_0 M_0}{R_0}$ 点相交。

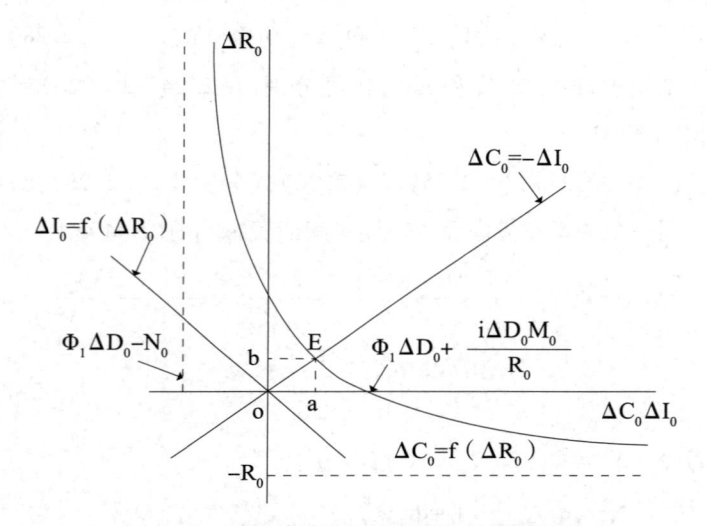

图 2-2　举借国债对民间消费的初始性影响

在此基础上，假定投资函数 $I = I(R)$ 既定，民间投资的变化（ΔI_0）和均衡利息率的变化（ΔR_0）之间的关系可以用一条向右下方倾斜且通过原点的线即 $\Delta I_0 = f(\Delta R_0)$ 来代表。根据这条曲线，我们可以确定满足前面的约定条件（2.3）式②的 ΔC_0 和 ΔR_0 值的位置，并作出一条与 $\Delta I_0 = f(\Delta R_0)$ 线对称的 $\Delta C_0 = -\Delta I_0$ 线。这时，$\Delta C_0 = -\Delta I_0$ 线与 $\Delta C_0 = f(\Delta R_0)$ 线在 E 点相交。E 点即为我们所寻找的关于举借国债对民间

---

① $\Delta C_0 = f(\Delta R_0)$ 系由（2.29'）式简化而来。
② 参见本章第 2 节。第三个约定条件为 $\dfrac{\partial P}{\partial T} dT + \dfrac{\partial P}{\partial D} dD = 0$。

消费初始性影响的结论。

从与 E 点相对应的两个点 a 和 b 可以清楚地看出,举借国债的初始性影响是:民间消费增加 oa(民间投资减少 oa),均衡利息率水平上升 ob,即 $\Delta C_0 = oa$,$\Delta R_0 = ob$。

这一结论并不出人意料。这是因为,国债和税收毕竟是形式特征截然不同的两种财政收入形式。既然微观经济主体将纳税视为对其所拥有的财富的一种强制割让,而将认购国债视为一种自愿的储蓄或投资行为,从而并不影响其所拥有的财富总量,那么,面对由后者转向前者所带来的即期可支配收入的增加,他们所能做出的最初反应肯定是拿出一定的份额(这取决于其边际消费倾向,一般说来,边际消费倾向都大于 0),用于增加即期的消费。对所增加的可支配收入视而不见或将其全部用于增加储蓄,在具有理性的微观经济主体身上一般是不可能发生的。

再往深里说,即使举借国债仅仅意味着即期税负向未来税负的时间上的推移,且不说这种在时间上发生转移的税负额度有可能因为国债的滚动循环而人为减少,国债的利息费用也有可能在国民经济的增长中自然消化,单就经济发展水平、社会成员的文化素质、政府所愿意并可能发布的信息的传播状况等因素对微观经济主体的制约来说,无论其对即期可支配收入增加的暂时性的认识程度,还是其对未来偿债费税的预期程度,或是其对市场均衡利息率上升所可能做出的反应程度,绝不会大到足以将微观经济主体眼前即期可支配收入增加的影响抵消掉的地步。因此,说举借国债会导致民间消费的增加,是合乎逻辑的。

2.5.3　民间消费的增加幅度:参数 β_0、β'_0、J_0 和 J'_0 的值

当我们欣然接受上述结论时,一个与其密切相关的问题会接踵而来:因政府举债所引起的民间消费的增加幅度是怎样的?

这的确是一个不那么容易回答的问题。不过,仔细观察一下图 2-2,就会发现,民间消费的增加幅度取决于 $\Delta C_0 = f(\Delta R_0)$ 线在坐标图上的位置:位置越高,ΔC_0 的增加幅度越大;反之,则越小。进一步看,在(2.29)式中的 $Y_0^{e(R_0)}$、$W_0^{R_0}$、l_0、R_0 和三个系数值 Φ_1、Φ_2 和 Φ_3 既定①的条件下,$\Delta C_0 = f(\Delta R_0)$ 线的位置决定于参数 β_0、β'_0、J_0 和 J'_0 的值的大小。也就是说,决定于微观经济主体对即期可支配收入变化的暂时性的认识程度和对未来偿债费税的预期。

为此,我们可以循着 $M_0 \equiv \Phi_2(\beta_0 - J_0) + \Phi_3(\beta'_0 - J'_0)$ 而分别求得它的最大值和最小值,从而找到 $\Phi_1 \Delta D_0 + \dfrac{i \Delta D_0 M_0}{R_0}$,即 $\Delta C_0 = f(\Delta R_0)$ 线与横轴 ΔC_0 的最大截距点和最小截距点。

那么,在什么条件下 $M_0 \equiv \Phi_2(\beta_0 - J_0) + \Phi_3(\beta'_0 - J'_0)$ 的值可以分别达到最大和最小呢?不难推知,当各个参数值分别为 $J_0 = 0$、$J'_0 = 0$、$\beta_0 = 0$ 和 $\beta'_0 = 1/i$ 时,即微观经济主体的预期可支配收入完全不受未来偿债费税的影响,政府举债所替代的税收只增加即期的可支配资产收入,微观经济主体又将它视为一种长期性的现象的时候,M_0 将取最大值,从而 $\Delta C_0 = f(\Delta R_0)$ 线与横轴 ΔC_0 的截距最大。当各个参数值分别为 $J_0 = 0$、$J'_0 = 1$、$\beta_0 = 0$ 和 $\beta'_0 = 0$ 时,即微观经济主体将未来的偿债费税视为仅减少其预期的可支配资产收入,并把因政府举债替代税收所带来的即期可支配收入的增加视为暂时性的时候,M_0 将取最小值,从而 $\Delta C_0 = f(\Delta R_0)$ 线与横轴 ΔC_0 的截距最小。

图 2-3 与图 2-2 同构,它分别给出了上述两个截距点,并据此绘出了两条 $\Delta C_0 = f(\Delta R_0)$ 曲线,分别标以 $\Delta C'_0$ 和 $\Delta C''_0$。当 M_0 取最大值时,$\Delta C'_0$ 线与横轴在 $\Delta D_0(\Phi_1 + \Phi_3/R_0)$ 点相交,这个截距点就是即期民

---

① 这几个数值仅影响该线的凸状。

间消费增加的最高限。而当 M_0 取最小值时，$\Delta C''_0$ 线与横轴在 ΔD_0 $(\Phi_1-\Phi_3 i/R_0)$ 点相交，这个截距点就是即期民间消费增加的最低限。

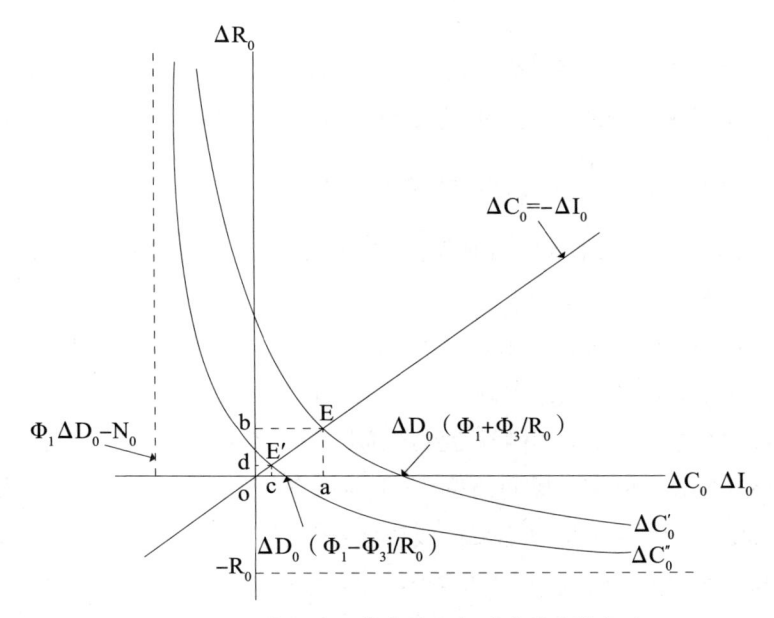

图 2-3 举借国债所带来的民间消费的变化幅度

在 $\Delta C'_0$ 和 $\Delta C''_0$ 线之间，便是与各个参数如 β_0、β'_0、J_0 和 J'_0 的可能值相对应的民间消费增加的可能幅度：oc-oa（均衡利息率的上升幅度为：od-ob）。

由图 2-3 还可以观察到另一个重要的现象：如果举借国债不会带来均衡利息率的上升，或者由此而带来的利息率上升的压力为其他政策因素所完全抵消，即 $\Delta R_0=0$ 时，民间消费的增加额有可能超过政府的举债额或税收的减少额，即 $\Delta D_0(\Phi_1+\Phi_3/R_0) > \Delta D_0$ 或 $|-\Delta T_0|$。其中的原因在于：举借国债有可能带来的不仅是即期可支配收入的增加，预期可支配收入亦会因此增加并折现为即期可支配收入的进一步增加。当然，这是现实生活中极为罕见的现象。

2.6　举借国债与民间投资:初始性影响

上一节关于举借国债对民间消费的影响的分析,实际上已经触及了对民间投资的影响。不过,那是根据财政收入来源的变化不影响民间总需求水平即 $\frac{\partial P}{\partial T}dT + \frac{\partial P}{\partial D}dD = 0$ 的严格约定而进行的。由此得出的结论是:举借国债在带来民间消费增加的同时,也以相等的规模减少民间投资,即 $|\Delta C_0| = |-\Delta I_0|$。

这一结论显然需要修正。(1)财政收入来源的变化不影响民间总需求水平并非经济生活中的现实。一旦我们放松这一假设,举借国债对民间总需求水平的影响肯定要显现出来。(2)民间投资并不是以一种被动的方式取决于民间消费,它是利息率的函数,并与利息率负相关,即 $I=I(R)$, $dI/dR<0$。民间投资固然要随因政府举债所引起的均衡利息率的上升而减少,但其减少的幅度究竟有多大,要依其对利息率的弹性及其与民间储蓄对利息率弹性的力量对比而定。因此,它同民间消费并不必然存在一种简单的等额替代关系。(3)影响民间投资需求的因素主要是利息率,但又不仅仅是利息率。当其他与民间投资相关联的因素,如对投资收益率的预期发生变动时,民间投资需求曲线就会发生位移。这就意味着,即使利息率保持不变,民间投资需求也可能发生变动。举借国债恰恰对即期的均衡利息率和预期的投资收益率均有影响。

2.6.1　均衡利息率变动对民间投资的影响:三种不同的情况

让我们放松民间总需求水平不受国债与税收相替代影响的这一假设。现在,民间总需求水平不再是不变的,而有随政府举债发生增减的可能。但货币供给量不能随之变动。①

首先要指出，民间投资固然表现为利息率的函数，但它的实现是以有相应的民间储蓄为前提的。这即是说，民间投资实质上代表着对民间储蓄的需求。正如市场利息率的高低是由对民间储蓄的供给和需求双方的力量对比决定的一样，面对市场利息率因政府举债而出现的上升，民间投资的反应也要依其对利息率的弹性大小及其与民间储蓄对利息率弹性的力量对比而定。这可以归纳为三种不同的情况：

第一种情况：民间投资（I）对利息率无弹性，而民间储蓄（S）对利息率有弹性。在这种情况下，面对市场利息率水平的上升，微观经济主体对投资的支出计划保持不变，而对储蓄的供给计划相应调增。其结果，市场利息率的上升由民间储蓄的节节递增相伴随，一直持续到民间储蓄的增加达到足够的程度时为止。

对此，可用图2-4加以说明。图2-4中的横轴表示储蓄、投资和政府举债的数额，纵轴表示利息率。I线和S线分别代表民间投资和储蓄。I线与横轴垂直，表示其无弹性。S线向右上方倾斜，表示其有弹性。I线和S线相交于E点，表明初始的均衡状况是，利息率为R_0，民间投资和储蓄水平为Q_0。政府举债ΔD_0后，对储蓄的需求曲线由原来的I线向右平行移至I+ΔD_0线。对储蓄的供给曲线由原来的S线向右下方平行移至S+s′ΔD_0线（s′ΔD_0仍代表微观经济主体所增加的可支配收入中用于储蓄的部分，s′为边际储蓄倾向）。于是，在I+ΔD_0线和S+s′ΔD_0线的相交点E′形成了新的均衡点。这时的利息率水平为R_0^*，$R_0^* > R_0$；民间投资仍为Q_0；但民间储蓄为Q_1，Q_0和Q_1之差即为政府举债额ΔD_0；民间消费的增加额为c′ΔD_0（c′为边际消费倾向，c′=1-s′）。

---

① 我们在前面约定，财政收入形式的变动不影响民间总需求水平，是以其影响为货币政策的相应变化加以抵消为前提的。随着这一假设的放松，货币政策相应变化的约定也要随之取消。这样，可使我们的分析专注于民间投资以及民间总需求的可能变化。

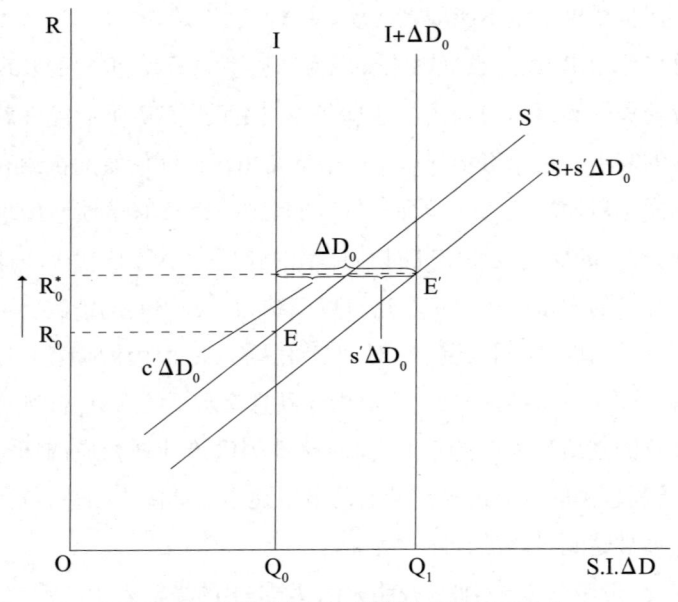

图 2-4　S 有弹性而 I 无弹性下的民间投资

这表明,在民间投资对利息率无弹性,而民间储蓄对利息率有弹性的条件下,政府举债所带来的均衡利息率上升不会造成民间投资的减少,$\Delta I_0 = 0$。

第二种情况:民间投资(I)对利息率有弹性,而民间储蓄(S)对利息率无弹性。在这种情况下,面对市场利息率水平的上升,微观经济主体对储蓄的供给计划保持不变,而对投资的支出计划相应调减。其结果,市场利息率的上升由民间投资的节节递减相伴随,一直持续到民间投资的减少达到足够的程度时为止。

图 2-5 表示了这种情况。图 2-5 与图 2-4 是同构的,区别是 I 线向右下方倾斜,S 线则与横轴垂直,分别表示其有弹性和无弹性。初始的均衡点位于 I 线与 S 线的相交点 E,利息率为 R_0,民间投资和储蓄水平为 Q_0。政府举债 ΔD_0 后,对储蓄的需求曲线由原来的 I 线向右上方平行移至 $I+\Delta D_0$ 线,对储蓄的供给曲线由原来的 S 线向右平行移至

S+s′ΔD₀ 线。I+ΔD₀ 线与 S+s′ΔD₀ 线的相交点 E′为新的均衡点：利息率为 R_0^*，$R_0^* > R_0$；民间投资为 Q_2，Q_2 与 Q_0 之差为民间投资的减少额；民间储蓄为 Q_1，仅增加 s′ΔD₀；Q_2 与 Q_1 之差为政府举债额 ΔD₀。

这表明，在民间投资对利息率有弹性，而民间储蓄对利息率无弹性的条件下，政府举债所带来的均衡利息率上升会造成民间投资的减少，其减少额等于民间消费的增加额，$|-\Delta I_0| = |\Delta C_0|(= |c'\Delta D_0|)$。

第三种情况：民间投资（I）和民间储蓄（S）对利息率均有弹性。在这种条件下，面对市场利息率水平的上升，微观经济主体对投资的支出计划和对储蓄的供给计划均要相应调整，且调整的方向相反。其结果，市场利息率的上升由民间投资的节节递减和民间储蓄的节节递增相伴随，一直持续到减少之后的民间投资加上政府举债额与增加之后的民间储蓄相等时为止。

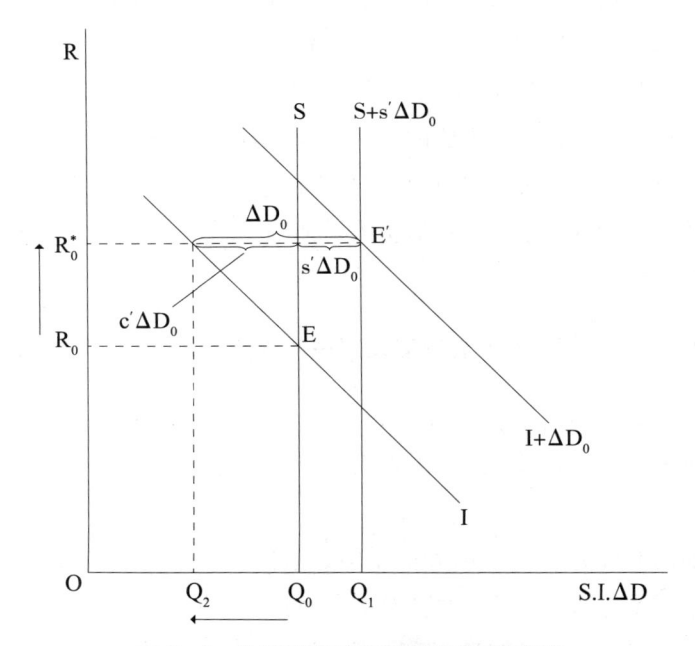

图 2-5 S 无弹性而 I 有弹性下民间投资

为了说明这一点,可回过头来看图 2-1。图 2-1 与图 2-4 或图 2-5 也是同构的,区别仅在于 I 线和 S 线都分别向右下方和右上方倾斜。初始的均衡状况是,利息率为 R_0,民间投资和储蓄水平为 Q_0。政府举债 ΔD_0 后,对储蓄的需求曲线由原来的 I 线向右上方平行移至 $I+\Delta D_0$ 线,同时对储蓄的供给曲线由原来的 S 线向右平行移至 $S+s'\Delta D_0$ 线。最后在 $I+\Delta D_0$ 和 $S+s'\Delta D_0$ 线的相交点 E' 形成新的均衡。新的均衡利息率水平为 R_0^*,$R_0^*>R_0$;民间投资为 Q_2,Q_2 与 Q_0 之差为民间投资的减少额;民间储蓄为 Q_1,Q_1 与 Q_0 之差为民间储蓄的增加额;Q_1 与 Q_2 之差为政府举债额 ΔD_0。

这表明,在民间投资和民间储蓄对利息率均有弹性的条件下,政府举债所带来的均衡利息率上升会造成民间投资的减少,其减少额小于民间消费的增加额,$|-\Delta I_0|<|\Delta C_0|(=c'\Delta D_0)$。

易于看出,只有在第二种情况下,才有 $|-\Delta I_0|=|\Delta C_0|$ 的出现。但严格说来,前两种情况都是一种理论上的假定,在现实生活中是罕见的。第三种情况才是经济生活中的现实。

由此可以获得一个重要的结论:举借国债一方面会带来民间消费的增加,另一方面也会通过均衡利息率的上升而减少民间投资。但民间投资的减少幅度小于民间消费的增加幅度,故其综合影响是民间总需求的扩张。

2.6.2 预期投资收益率变动对民间投资的影响:投资曲线的位移

迄今为止,我们的分析还未涉及预期投资收益率因政府举债而可能发生的变动。如果将这一因素引入分析过程,上述结论会不会发生变化呢?

前面的分析已经表明,政府举债会对微观经济主体的预期可支配资产收入产生方向相反的两种影响:一种是因即期的税收减少而带来的"正效应",可以 $\beta'_0 i \Delta D_0$ 表示[(2.8)式],另一种是因预期的偿债费税而带来的"负效应",可以 $-J'_0 i\Delta D_0$ 表示[(2.19)式]。两种影响相综合,如果其净效应是来自于实质资产①的预期可支配收入的增加,或说是预期投资收益率的提高,那么,微观经济主体便会乐于增加投资。这时,一些原在既定的市场利息率下不拟进行的投资可能变得值得考虑了。由于这种投资的增加与利息率无关,在表示市场利息率与民间投资关系的坐标图上便会表现为投资曲线的向右移动;如果情况相反,其净效应是预期投资收益率的下降,那么,微观经济主体便会倾向于减少投资。这时,一些原在既定的市场利息率下打算进行的投资可能变得无利可图了。由于这种投资的减少也与利息率无关,在表示市场利息率与民间投资关系的坐标图上便会表现为投资曲线的向左移动。

不妨以图2-6和图2-7来分别说明。

图2-6系由图2-1加工而来,故分析可以在后者的基础上进行。原来的均衡点(政府举债后)为 $I+\Delta D_0$ 线与 $S+s'\Delta D_0$ 线的相交点 E',利息率为 R_0^*,民间投资为 Q_2,民间储蓄为 Q_1。现假定微观经济主体对投资收益率的预期因政府举债而上升了,并乐于在既定的利息率水平上增加投资。这时,其投资曲线 I 便要向右上方平行移动,而为 I′ 所替代,这又进一步推动了 $I+\Delta D_0$ 线向右上方平行移至 $I'+\Delta D_0$。移动后的 $I'+\Delta D_0$ 线与 $S+s'\Delta D_0$ 线相交于新的均衡点 E'',由此决定的均衡状况为:民间投资 Q′,Q′>Q_2;民间储蓄 Q″,Q″>Q_1;市场利息率仍为 R_0^*;Q′和Q″之差为政府举债额 ΔD_0。

这表明,如果政府举债在带来均衡利息率上升的同时,又导致了预期投资收益率的提高,其结果将是民间投资水平较之未引入预期投资收益率因素时为高。

---

① 前面说过,微观经济主体所拥有的净财富可分作金融资产和实质资产两个部分。

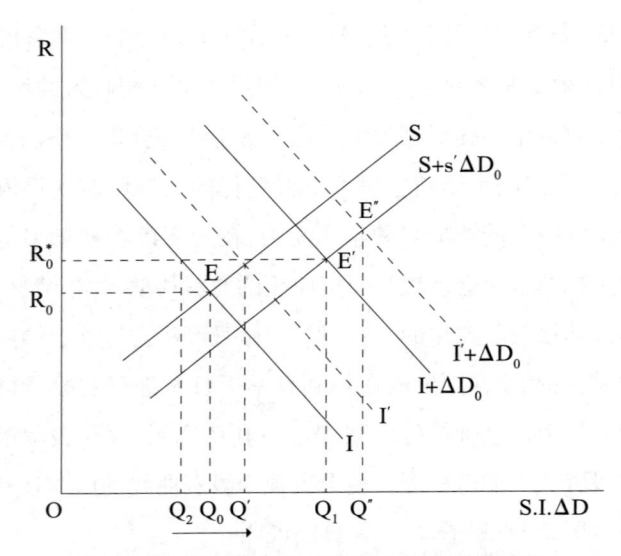

图 2-6 预期投资收益率的上升与民间投资

图 2-7 也是在图 2-1 的基础上加工而成的。原来的均衡状况（政府举债后）同图 2-6 相同。现假定微观经济主体对投资收益率的预期因政府举债而下降了,并倾向于减少原在既定的利息率水平上打算进行的投资。这时,其投资曲线 I 便要向左下方平行移动,而为 I′所替代,这又进一步拉动了 I+ΔD_0 线向左下方平行移至 I′+ΔD_0 线。于是,I′+ΔD_0 线与 S+s′ΔD_0 线在新的均衡点 E″相交,由此决定的均衡状况为:民间投资 Q′,Q′>Q_2;民间储蓄 Q″,Q″<Q_1;市场利息率不变,仍为 R_0^*;Q′和 Q″之差为政府举债额 ΔD_0。

这表明,如果政府举债在带来均衡利息率上升的同时,又导致了预期投资收益率的下降,其结果将是民间投资水平较之未引入预期投资收益率因素时为低。

就我们关于举借国债具有扩张民间总需求水平影响的结论而言,前一种情况(图 2-6)显然是一种"加强效应",后一种情况(图 2-7)则无疑是一种"削弱效应"。问题在于,现实生活中是前一种情况居多,还是后一种情况居多？或者,再进一步,是因即期的税收减少而对预期投资收益率带来的正效应大一些,还是因预期的偿债费税而对预期投资收益率带来的负效应大一些？

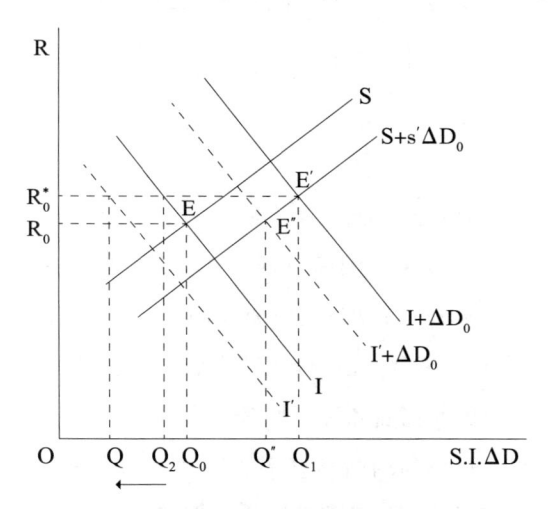

图 2-7　预期投资收益率的下降与民间投资

这实际上是要求我们对两种效应的对比情况作出判断。不过,这个问题在上一节的分析中已经涉及了。对于具有理性的微观经济主体来说,因即期的税收减少所带来的即期可支配收入的增加,他们是可以直接且百分之百地感受到的。而对未来的偿债费税所意味的预期可支配收入的减少以及即期可支配收入增加的暂时性,他们的感受就不那么直接。加之经济发展水平、社会成员的文化素质、政府所愿意并可能发布的信息的传播情况等因素的制约,这种感受可能还要打一定折扣,甚至大打折扣。对比之下,前一种效应(正效应)显然要比后一种效应(负效应)来得大。

所以,合乎逻辑的判断是：预期投资收益率因举借国债而可能发生的变动,带给民间投资的净影响是扩张性的。不言而喻,它对举借国债具有扩张民间总需求水平影响的结论,是一种"加强效应"。

第三章 国债的经济影响：
偿付期的考察

  政府举债，总要牵涉到前后两个阶段的活动：前一个阶段可称作发行期，政府要将既定规模的国债，按照一定的条件、方式和渠道推销出去；后一个阶段可称作偿付期，政府要在国债的存在期间内，按期向债券持有者支付利息。并且，在国债到期之后，如数偿还本金。就发行期来说，举借国债对民间消费和民间投资的影响，主要是通过即期的税收减少、预期的偿债费税和均衡利息率的变动等因素来传导的。就偿付期来说，这一影响则基本是随偿债费税的课征、国债的借新还旧以及国债利息的支付等方面的活动而产生的。前一阶段的影响是初始性的，后一阶段的影响是继发性的，两者具有明显的不同。

  因此，在对国债发行期的各种初始性影响作了一番考察后，应当随之进入对国债偿付期的诸种继发性影响的分析过程。

  本章以国债的偿付期（$t \geqslant 1$）[①]作为考察区间。第1节讨论随国债偿付期到来而产生的各种继发性影响，如偿债费税的课征、国债的借新还旧、国债利息的支付、均衡利息率的可能变动等。在此基础上，接下来的两节将这些继发性影响分别归结为对民间消费的影响和对民间投资的影响。最后一节将对上一章和本章的研究成果加以综合，进而给

---

  ① 偿付期的长短决定于国债期限的长短。本书假定国债的期限在1年以上，故以 $t \geqslant 1$ 表示。

出关于举借国债的长期影响的结论。

3.1 偿债费税的开征和国债利息的支付

本章的分析仍可按照上一章的思路来进行。首先对上一章作出的约定条件加以修正,使之适合于本章的分析。修正后的各种约定是:

1. 政府可供选择的财政收入形式只有两种:税收和国债。财政支出的规模较之国债发行期增加,增加的幅度决定于所需进行的国债还本付息额(以 ΔG 代表)。于是,政府预算的平衡条件为:

$$\overline{G} + \Delta G = T + D \qquad (3.1)$$

其中,$\Delta G = (1+i)\Delta D_0$,$i$ 为国债利息率,ΔD_0 为 $t=0$ 期的国债发行额。G、T 和 D 仍分别代表财政支出、税收和国债。

2. 国债的期限在 1 年以上,其还本的资金来源以发新债来解决,而付息则依赖于增税。

3. 经济处于封闭条件下的稳定状态,既无通货膨胀和失业,亦无出口和进口。经济保持稳定的条件为:

$$C + I + G = Y \qquad (3.2)$$

在这一公式中,C、I、G 和 Y 仍分别代表民间消费、民间投资、财政支出和国民收入。

4. 财政收入来源的变化不影响民间的总需求水平,即:

$$\frac{\partial P}{\partial T}dT + \frac{\partial P}{\partial D}dD = 0 \qquad (3.3)$$

其中,P 为民间总需求,$P = C + I$。

在上述约定的条件下,分析仍可围绕决定民间消费和民间投资的诸种因素,即 Y、Y^e、W 和 R 的变化而展开。

3.1.1 偿债费的影响实质是一个国债利息问题

在发行期($t=0$)所举借的国债,到了偿付期($t\geqslant1$)便要进行还本付息。尽管还本付息的方式可以多种多样——如在付息上,可采用按期分次支付法,把应付利息在债券存在期限内分作几次支付;也可采用到期一次支付法,将债券应付利息同偿还本金结合起来,在债券到期时一次支付。在还本上,既可采用分期逐步偿还法,对一种债券规定几个还本期,每期还本一定比例,直至债券到期时,本金全部偿清;也可采用到期一次偿还法,对发行的国债在债券到期时按票面额一次全部偿清;还可采用市场购销偿还法,在债券存在期限内通过定期或不定期地从证券市场上购回(或称赎回)一定比例债券,购回后再不卖出,以致在这种债券期满时,已全部或大部被政府所持有,从而债券的偿还实际上已变成一个政府内部的账务处理问题——但不管怎样,政府总要面临一个偿债费如何筹措的问题。

如果政府可供选择的财政收入形式只有税收和国债两种,那么,显而易见的是,偿债费的资金来源不是来自课征税收,就是依赖举借国债。再进一步,如果不包括国债还本付息项目的财政支出规模是既定的,可取得的税收在现行税制下也是基本固定的,并且,财政支出和税收能够大体平衡,那么,由此带来的结果便是,偿债费的筹措只能依靠增课税收和举借新债来解决。

不言而喻,以举借新债作为偿债费的资金来源并不意味着到期国债的偿清,而是一种无限期的"滚动式"的循环。然而,问题恰恰在于,在现代经济条件下,国债的偿清或称完全偿清既无必要,也无可能。

说它没有必要,是因为国债实质是储蓄的延长形式。任何储蓄,从个别讲,有存有取,但从总体上看,则是只存不取的。几乎所有地方的银行储蓄余额都是逐月增长的(严重通货膨胀等非常时期除外)。虽然每天都有取有存,但存款总是大于取款。如果我们只看余额总量来作每季、每年的比较,就是"只存不取"。国债同样如此,从单项或某一笔债务看,当然要归还,它有偿还期;但从债务总体讲,则可以不断地用借新债还旧债的办法,无限长时间地延续下去。因此,它实际上并不存在偿还期。

说它没有可能,是因为现代经济条件下的财政支出大都具有"刚性"的特征,其趋势几乎可以说是只增不减的。让具有如此特征和趋势的财政支出为偿债费支出让位,通常是不可能的;税收的人为提高有一定的限度,过度了就要引起社会经济的震荡。搞不好,还可能引发政治上的或经济上的危机。因此,除非经济增长异常迅速,使得税收的自然增加大大超过财政支出的增加,或者,前期举债的数额非常之小以致偿债费支出微不足道,否则,企图通过削减财政支出或增加税收来换取国债的完全偿清,只是一种不切实际的幻想。

不过,这里有一点值得特别注意,以举借新债的办法来为偿债费支出筹措资金,其规模不应超过国债的本金偿还额,也就是不应把国债的利息支付额也包括在内。否则,国债的规模可能会越滚越大,从而陷入一种"恶性循环"。这是因为,排除通货膨胀的因素不论,时间上的推移不会带来一笔特定国债本金的变化,但由此而发生的利息支付额却是日益增大。在发新债抵旧债的循环中,正是利息支付会使新债越滚越大。

这提醒我们,偿债费的资金来源应当"一分为二":国债本金的偿还费用可以通过举借新债的办法解决,并以这种办法使之成为一种"永不偿还"的债;国债利息的支付费用则应当通过增课税收的途径来筹措。唯其这样,才能一方面保证国债本息的按期足额偿付,另一方面又不会使国债本息的偿付成为诱发国债规模越滚越大的原因。

基于这种判断,可以将偿债费的经济影响进一步区分为:为偿还国债本金而举借新债的影响以及为支付国债利息而增课税收的影响。不过,从其同民间消费和民间投资的关系来说,前一种影响所带来的仅仅是微观经济主体所拥有的资产构成或净财富构成的相应变化,而不会带来总量上的增减。这一点笔者在前面已做过交待。① 后一种影响则会带来微观经济主体所拥有的即期可支配收入的变化,并进一步引起其预期可支配收入以及净财富总量的相应增减。这样看来,偿债费带给民间消费和民间投资的影响主要来自后一个方面。它实质是一个国债利息费用的筹措和支付问题。

3.1.2 偿债费税的开征

依上述推论,国债偿付期的到来便意味着一种额外的税收即偿债费税的开征。

不言而喻,偿债费税是因筹措国债利息支付费用而开征的。但其可能的表现却有如下几种情形:(1)新的税种被增设;(2)既有税收的税率被提高,或者既有税收的扣除项目被压缩以至取消,从而税基得以人为扩大;(3)本可停征或减征的税收继续课征或者仍按原有税率课征。②

不论其表现如何,偿债费税开征的同时便是微观经济主体的 t 期(这里的 t 期指的是偿付期,即 t≥1)可支配收入的相应减少,$|\Delta T_t|=|-\Delta Y_t|$,从而形成一种与发行期(t=0)方向相反的连锁反应:筹措债息费用($i\Delta D_0$)→t 期税收增加(ΔT_t)→t 期可支配收入减少($-\Delta Y_t$)。t 期可支配收入的减少额等于国债利息的支付额,即:

$$|-\Delta Y_t| = |i\Delta D_0| \qquad (3.4)$$

同前面的道理一样,因偿债费税开征所带来的 t 期可支配收入的

---

① 参见本书第二章第 2 节。
② 除此之外,在某种程度上,还可以将第(4)种情形包括在内,即其他财政支出项目因支付国债利息而被挤占或削减。

减少,会导致微观经济主体的预期可支配收入的减少,并由此对预期可支配劳务收入或人力财富(Y^e)和总净财富或非人力财富(W)产生"收入引致效应"。

进一步看,偿债费税可能来自于资产收入,也可能来自于劳务收入。若以 b'_t 代表 t 期来自于资产收入的税收增加额占整个偿债费税的比例,以 $(1-b'_t)$ 代表 t 期来自于劳务收入的税收增加额占整个偿债费税的比例,并以 L_t^D 和 A_t^D 分别代表对人力财富和非人力财富的 t 期价值的影响,则偿债费税开征对 Y^e 和 W 的影响可分别表示为:

$$L_t^D = -\frac{(1-b'_t)\,l'_t i \Delta D_0}{R_t} \quad (3.5)$$

$$A_t^D = -\frac{b'_t i \Delta D_0}{R_t} \quad (3.6)$$

在上述两式中,$-(1-b'_t)i\Delta D_0$ 为预期可支配劳务收入的减少额,$-b'_t i\Delta D_0$ 为预期可支配资产收入的减少额。l'_t 为对劳务收入获得者的收入生命周期有限性的校正数。R_t 则为 t 期的资金市场利息率。

3.1.3 偿债费税与债息支付:综合影响

(3.4)、(3.5)和(3.6)式显然不是对 Y、Y^e 和 W 影响的全部。t 期的经济影响既然是由国债利息费用的筹措和支付所引起的,那么,我们在关注偿债费税开征影响的同时,也不能忽略问题的另一方面:与偿债费税数额相等的国债利息($i\Delta D_0 = \Delta T_t$)进入了家庭和企业。

无须赘言,国债利息支付肯定会增加微观经济主体的 t 期可支配收入,$i\Delta D_0 = \Delta T_t$。这就意味着它与偿债费税所带来的影响是方向相反的。加入这一影响,则预期可支配资产收入①的变动额为 $-b'_t i\Delta D_0 +$

---

① 债息收入是可支配资产收入的一种类型。

$i\Delta D_0$(而不是$-b'_t i\Delta D_0$)。于是,t 期偿债费税和国债利息支付对 Y、Y^e 和 W 的综合影响,可在(3.4)、(3.5)和(3.6)式的基础上进一步修正为:

$$\Delta Y_t = -i\Delta D_0 + i\Delta D_0 = 0 \quad (3.7)$$

$$L_t^{D'} = L_t^D = -\frac{(1-b'_t)\, l'_t\, i\Delta D_0}{R_t} \quad (3.8)$$

$$A_t^{D'} = -\frac{(1-b'_t)\, i\Delta D_0}{R_t} \quad (3.9)$$

其中,$L_t^{D'}$ 和 $A_t^{D'}$ 分别代表 t 期偿债费税和国债利息支付对 Y^e 和 W 的综合影响。

由此可以引出如下推论:

t 期国债利息费用的筹措和支付对微观经济主体 t 期可支配收入(Y)的影响为 0。但对预期可支配劳务收入或人力财富(Y^e)和总净财富或非人力财富(W)的影响怎样,则要取决于 b'_t 值的大小。

如果偿债费税完全来自于资产收入,即 $b'_t = 1$,那么,t 期国债利息费用的筹措和支付带给 Y^e 和 W 的影响为 0,即 $L_t^{D'} = A_t^{D'} = 0$。

如果偿债费税部分来自于资产收入,即 $b'_t < 1$,那么,t 期国债利息费用的筹措和支付带给 Y^e 和 W 的影响分别表现为减少和增加,但增加额大于减少额,故综合影响为 Y^e 和 W 总量的增加,即 $A_t^{D'} > -L_t^{D'} > 0$。其所以如此,原因在于劳务收入获得者的收入生命周期的有限性,也就是 $l'_t < 1$。

3.1.4 均衡利息率的可能变动

迄今为止,我们还未引入均衡利息率(R)的变动因素。上一章已经说明,在政府举债或政府举债数额增加的条件下,市场利息率的上升不可避免。由此而想到的是,偿付期的市场利息率依然面临着来自两个方面的上升压力:一方面,发行期的较高利息率水平可能会延伸或波及偿付期;另一方面,为偿付国债本金而举借的新债也可能进一步抬高利息率。其结果,偿付期的市场利息率非但不会下降,还可能进一步上升。

这就是说,将均衡利息率变动的因素引入国债偿付期的分析过程,同样是合乎逻辑的。

在偿付期,市场利息率上升带给微观经济主体的预期可支配劳务收入或人力财富(Y^e)和总净财富或非人力财富(W)的影响,同样表现为"利息引致效应"。因此,可以仿照(2.22)和(2.23)式,将偿付期市场利息率上升对 Y^e 和 W 的利息引致效应分别写成如下两个一般表达式:

$$L_t^{M'} = -\frac{Y_t^{e(R_t)} \Delta R_t l'_t}{R_t + \Delta R_t} \qquad (3.10)$$

$$A_t^{M'} = -\frac{W_t^{R_t} \Delta R_t}{R_t + \Delta R_t} \qquad (3.11)$$

式中,$L_t^{M'}$ 和 $A_t^{M'}$ 分别代表利息率变动对 Y^e 和 W 的影响,$Y_t^{e(R_t)}$ 和 $W_t^{R_t}$ 分别表示 t 期在利息率(折现率)为 R_t 时的人力财富价值和非人力财富价值,ΔR_t 为利息率的变动幅度。

从(3.10)和(3.11)式也可以清楚地看出,市场均衡利息率上升带给人力财富和非人力财富的利息引致效应,是其 t 期价值的相应减少。这与发行期的情况是相仿的。

3.2 举借国债与民间消费:继发性影响

上一节的分析旨在说明,在国债偿付期,政府举债对消费函数和投资函数诸种因素的影响依然存在,只不过它是通过偿债费税的课征、国债的借新还旧、国债利息的支付以及均衡利息率的变动来传导的。接下来的任务是将这些继发性影响加以综合,进而说明对民间消费和民间投资的影响。这分别构成了本节和下一节的主题。

3.2.1 对民间消费的影响:一个简单的模型

前面已经指出,国债偿付期的还本付息活动对微观经济主体的 t 期可支配收入(Y)的综合影响为 0[(3.7)式],因此,对民间消费影响的分析可以将 Y 的变化放在一边,而仅围绕着 Y^e 和 W 的变化来进行。

先看对 Y^e 的影响。它来自于下述两方面影响的综合:国债利息费用的筹措和支付所带来的影响[(3.8)式]:

$$L_t^{D'} = -\frac{(1-b'_t)\, l'_t i \Delta D_0}{R_t}$$

均衡利息率的变动所带来的影响[(3.10)式]:

$$L_t^{M'} = -\frac{Y_t^{e(R_t)} \Delta R_t l'_t}{R_t + \Delta R_t}$$

所以,对 Y^e 的综合影响可以写成:

$$\Delta Y_t^e = L_t^{D'} + L_t^{M'}$$

$$\Delta Y_t^e = -\frac{(1-b'_t)\, l'_t i \Delta D_0}{R_t} - \frac{Y_t^{e(R_t)} \Delta R_t l'_t}{R_t + \Delta R_t}$$

(3.12)

再看对 W 的影响。它来自于下述三方面影响的综合:国债利息费用的筹措和支付所带来的影响[(3.9)式]:

$$A_t^{D'} = \frac{(1-b'_t)\, i \Delta D_0}{R_t}$$

均衡利息率的变动所带来的影响[(3.11)式]:

$$A_t^{M'} = -\frac{W_t^{R_t} \Delta R_t}{R_t + \Delta R_t}$$

发行期(t=0)民间储蓄变动所带来的影响:

第三章 国债的经济影响:偿付期的考察　73

$$\Delta Y_0 - c'\Delta D_0 = s'\Delta D_0 = \Delta S_0$$

引入 ΔS_0 对 W 的影响是完全必要的。这是因为,微观经济主体在国债发行期(t=0)所增加的可支配收入(ΔY_0),通常是要依其边际消费倾向(c')或边际储蓄倾向(s')的大小而一分为二的,即一方面增加民间消费 $c'\Delta D_0$,另一方面也要增加民间储蓄 $s'\Delta D_0$,$\Delta Y_0 = c'\Delta D_0 + s'\Delta D_0$。t=0 期的民间储蓄的增加额,便是 t≥1 期的净财富的增加额。

由此可将对 W 的综合影响写成:

$$\Delta W_t = A_t^{D'} + A_t^{M'} + \Delta S_0$$

$$\Delta W_t = \frac{(1-b'_t)i\Delta D_0}{R_t} - \frac{W_t^{R_t}\Delta R_t}{R_t + \Delta R_t} + \Delta S_0 \quad (3.13)$$

为了简便起见,并与发行期来自预期偿债费税的影响相比较,可引入参数 J_t 和 J'_t。其中,$J'_t = b'_t$,由于 $0 \leqslant b'_t \leqslant 1$,故 $0 \leqslant J'_t \leqslant 1$。$J_t = (1-b'_t)l'_t$,且 $0 \leqslant J_t \leqslant l'_t$。

由此可将(3.12)和(3.13)式简写成:

$$\Delta Y_t^e = -\frac{J_t i\Delta D_0}{R_t} - \frac{Y_t^{e(R_t)}\Delta R_t l'_t}{R_t + \Delta R_t} \quad (3.12')$$

$$\Delta W_t = \frac{(1-J'_t)i\Delta D_0}{R_t} - \frac{W_t^{R_t}\Delta R_t}{R_t + \Delta R_t} + \Delta S_0 \quad (3.13')$$

由于 $J_t = (1-J'_t)l'_t$,故 $l'_t \leqslant J_t + J'_t \leqslant 1$,且 $(J_t + J'_t) < 1$。

现在到了将国债偿付期 Y^e 和 W 由此而发生的变化综合在消费函数中,从而说明对民间消费的影响的时候了。这同样要借助于莫迪利亚尼的消费函数形式:

$$\Delta C_t = \Phi_2 \Delta Y_t^e + \Phi_3 \Delta W_t \quad (3.14)$$

在此基础上,把(3.12')和(3.13')式分别代入(3.14)式,我们便可得到一个举借国债对偿付期民间消费影响的简单模型:

$$\Delta C_t = -\frac{i\Delta D_0[\Phi_2 J_t - \Phi_3(1 - J'_t)]}{R_t} -$$

$$\frac{\Delta R_t(\Phi_2 Y_t^{e(R_t)} l'_t + \Phi_3 W_t^{R_t})}{R_t + \Delta R_t} + \Phi_3 \Delta S_0 \quad (3.15)$$

或者

$$\Delta C_t = \frac{i\Delta D_0 M_t}{R_t} - \frac{\Delta R_t N_t}{R_t + \Delta R_t} + \Phi_3 \Delta S_0 \quad (3.15')$$

其中，$M_t \equiv \Phi_2 J_t + \Phi_3(1 - J'_t)$

$$N_t \equiv \Phi_2 Y_t^{e(R_t)} l'_t + \Phi_3 W_t^{R_t}$$

3.2.2 对民间消费的影响：示意性图解

从(3.15)式可知，国债偿付期民间消费可能发生的变化(ΔC_t)同均衡利息率的变化(ΔR_t)同样是负相关的。因此，在揭示市场利息率与民间消费的坐标图上，民间消费的变化(ΔC_t)和均衡利息率的变化(ΔR_t)之间的关系同样可以用向右下方倾斜且呈凸状的曲线即 $\Delta C_t = f(\Delta R_t)$①来代表。这与国债发行期的情形很相似。只不过 ΔS_0 即 t=0 期民间储蓄变动因素的引入，意味着 $\Delta C_t = f(\Delta R_t)$ 线的变化以 $\Phi_3 \Delta S_0 - N_t$ 和 $\Delta R_t - \Delta R_t$ 为界，而且可能使得该曲线的位置发生相应移动。

所以，举借国债给民间消费带来的继发性影响要分两种情况来考察：

一种情况是 $\Delta S_0 = 0$，即国债发行期的民间储蓄的变动额为 0，民间消费的增加额恰好等于政府举债额($\Delta S_0 = \Delta D_0 - \Delta C_0 = 0$)。这样，分析可以不涉及 ΔS_0 的可能变化。

请看图 3-1。它与图 2-2 是同构的。易于看出，基于与图 2-2

---

① $\Delta C_t = f(\Delta R_t)$ 系由(3.15')式简化而来。

相同的道理,在(3.15)式中 $Y_t^{e(R_t)}$、$W_t^{R_t}$、l'_t、R_t、Φ_2 和 Φ_3 的值既定的条件下,$\Delta C_t = f(\Delta R_t)$ 线在坐标图上的位置决定于参数 J_t 和 J'_t 值的大小,也就是决定于偿债费税负担的最终归宿状况。

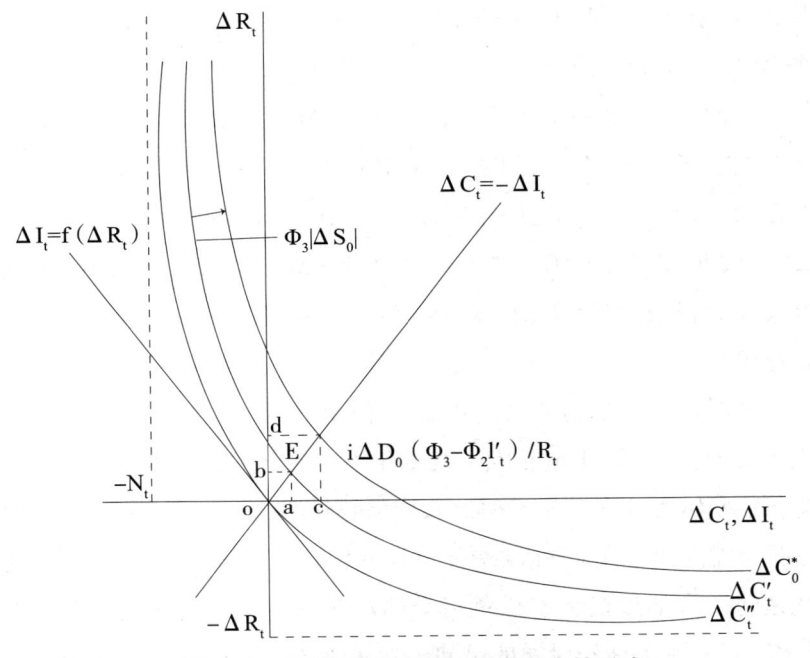

图 3-1 举借国债对民间消费的继发性影响

为此,可设 $\Phi_3 \geq \Phi_2$,并循着 $M_t \equiv \Phi_2 J_t + \Phi_3(1 - J'_t)$ 而分别求得它的最大值和最小值,从而找到 $\Delta C_t = f(\Delta R_t)$ 线与横轴的最大和最小截距点。

可以推知,当 $J_t = l'_t$ 和 $J'_t = 0$,即偿债费税负担全部落在人力财富上时,M_t 将取最大值。这时,$\Delta C_t = f(\Delta R_t)$ 与横轴 ΔC_t 的截距最大,其位置也最高。当 $J_t = 0$ 和 $J'_t = 1$,即偿债费税负担全部落在非人力财富上时,M_t 将取最小值。这时,$\Delta C_t = f(\Delta R_t)$ 线与横轴 ΔC_t 的截距最小,其位置也最低。

图 3-1 分别给出了上述两个截距点,并据此绘出了两条 $\Delta C_t = f(\Delta R_t)$ 线,依次标以 $\Delta C'_t$ 和 $\Delta C''_t$。当 M_t 取最大值时,$\Delta C'_t$ 线与横轴在 $i\Delta D_0(\Phi_3-\Phi_2 l'_t)/R_t$ 点相交。而当 M_t 取最小值时,$\Delta C''_t$ 线则通过原点 o。在 $\Delta C'_t$ 和 $\Delta C''_t$ 线之间,便是与 J_t 和 J'_t 的可能值相对应的各条 $\Delta C_t = f(\Delta R_t)$ 曲线。

再假定投资函数 $I=I(R)$ 既定,ΔI_t 和 ΔR_t 之间的关系用一通过原点且向右下方倾斜的线,即图 3-1 中的 $\Delta I_t = f(\Delta R_t)$ 线来代表。根据这条曲线,可以确定满足(3.3)式的 ΔC_t 和 ΔR_t 的位置,并作出一条与 $\Delta I_t = f(\Delta R_t)$ 对称的 $\Delta C_t = -\Delta I_t$ 线。$\Delta C_t = -\Delta I_t$ 线与 $\Delta C_t = f(\Delta R_t)$ 线的相交点,就是我们所寻求的关于举借国债对民间消费的继发性影响的结论。

从图 3-1 可以清楚地看出,$\Delta C'_t$ 和 $\Delta C''_t$ 线与 $\Delta C_t = -\Delta I_t$ 线分别相交于两个点——E 和 o(原点),均处于第一象限。它告诉我们:(1) 不论偿债费税负担的最终归宿如何,国债偿付期的民间消费水平不会低于且可能高于无政府举债条件下的民间消费水平,oa 即是其可能的变化区间;(2) 如果偿债费税负担全部落在资产收入或非人力财富上($\Delta C''_t$ 线),则国债偿付期的民间消费水平不会因政府举债而受到影响;(3) 如果偿债费税负担有一部分落在人力财富上,国债偿付期的民间消费水平就要因此而增加。而且,落在人力财富上的比例越大,民间消费增加的幅度也就越大。[1] 当偿债费税负担全部落在人力财富上($\Delta C'_t$ 线)时,民间消费的增加幅度达到最大。[2]

---

[1] 这是因为,预期可支配劳务收入的一定变化所引起的整个可支配收入的增减幅度,小于预期可支配资产收入的同等变化($l'_t<1$)。

[2] 需要注意,这里未考虑 $\Delta R_t=0$ 时的情况。前面说过,如果举借国债不会带来均衡利息率的上升,或者由此而带来的利息率上升的压力为其他政策因素所完全抵消,民间消费的增加额有可能超过政府举债额 ΔD 或税收减少额 $-\Delta T$。

总起来说,举借国债对于民间消费的继发性影响至少不是紧缩性的;在大多数情况下,可能都是扩张性的。

接下来我们再考虑另外一种情况:$\Delta S_0 \gtrless 0$。即国债发行期的民间消费增加额小于或大于政府举债额($\Delta S = \Delta D_0 - \Delta C_0 \gtrless 0$)。因此,$\Delta S_0$ 的可能变化要引入上述的分析过程。

那么,ΔS_0 的引入对我们的前述结论会产生什么样的影响呢?

回过头来仔细看一下(3.15)式或(3.15′)式,就会发现,ΔS_0 的引入无非会使 $\Delta C_t = f(\Delta R_t)$ 线发生位移:

如果 $\Delta S_0 > 0$,即国债发行期的民间储蓄有净增加,或说是民间消费的增加额小于政府举债额,那么,图 3-1 中的 $\Delta C'_t$ 线就要向上移动,其移动幅度相当于 $\Phi_3 |\Delta S_0|$ 的垂直距离。

如果 $\Delta S_0 < 0$,即国债发行期的民间储蓄非但没有增加,反而减少,或说是民间消费的增加额大于政府举债额,那么,图 3-1 中的 $\Delta C'_t$ 线就要向下移动,其移动幅度也相当于 $\Phi_3 |\Delta S_0|$ 的垂直距离。

这就是说,国债偿付期的民间消费的变化同国债发行期的民间储蓄的变化正相关。ΔS_0 的正数值越大,ΔC_t 的增加幅度越大,从而 $\Delta C'_t$ 线向上移动的距离也就越大;反之,ΔS_0 的负数值越大,ΔC_t 的增加幅度越小,且可能出现负增长,从而 $\Delta C'_t$ 线向下移动的距离也就越大。

就我们关于举借国债对偿付期民间消费水平影响的前述结论而言,$\Delta S_0 > 0$ 显然是一种"加强效应",$\Delta S_0 < 0$ 则表现为一种"削弱效应"。

不过,严格说来,$\Delta S_0 < 0$ 只是一种理论上的假设。现实生活中 ΔS_0 取负数值的可能性很小。原因很简单,$\Delta S_0 < 0$ 的必要条件是国债发行期民间消费的增加额大于政府的举债额或微观经济主体可支配收入的增加额。这在具有理性的微观经济主体身上,一般是不会发生的。常

识告诉我们,不论导致可支配收入增加的原因①如何,面对可支配收入的任何增加,微观经济主体所能作出的理性选择不外是:依其边际消费倾向或边际储蓄倾向的大小而将增加了的可支配收入"一分为二",一部分用于增加消费,另一部分用于增加储蓄。

如果这种推断能够成立,那么,ΔS_0 的引入将不会改变我们关于举借国债对民间消费继发性影响结论的方向,而且还可能"加强"这种结论,使得 ΔC_t 呈现增势或增幅加大。表现在坐标图上,就是图3-1中的 $\Delta C'_t$ 线向上移动相当于 $\Phi_3|\Delta S_0|$ 的垂直距离并为 ΔC_t^* 线所替代,从而使得国债偿付期民间消费的变化区间由原来的 oa 扩展至 oc。

可以说,这一结论也不出人们的常识之外。

3.3 举借国债与民间投资:继发性影响

上一节的分析是循着 $|\Delta C_t|=|-\Delta I_t|$ 的思路而展开的。然而,我们在第二章第6节曾经指出,举借国债在带来民间消费增加的同时,并不必然以相等的规模减少民间投资。国债发行期是这样,到了国债偿付期也是如此。其原因是相似的:(1)财政收入来源的不同必然带来民间总需求水平的差异。(2)民间投资是利息率的函数。它同民间消费并不必然存在一种简单的等额替代关系。(3)影响民间投资需求的因素主要是利息率,但又不仅仅是利息率。当其他相关因素特别是预期投资收益率发生变动时,民间投资需求便可能发生变动。

所以,正如在 t=0 期 $|\Delta C_0|\neq|-\Delta I_0|$ 那样,在 t≥1 期,$|\Delta C_t|\neq|\Delta I_t|$ 同样是一个必然事件。进一步说,如同国债发行期需就举借国债对民间投资的初始性影响进行专门分析一样,在国债偿付期,就举借国

---

① 其中包括前面所说的预期可支配收入增加而对即期可支配收入的折现效应。

债对民间投资的继发性影响的专门考察,亦是非常必要的。

从上述推论不难看出,国债偿付期导致民间投资发生变动的主要传导因素,仍然是均衡利息率和预期投资收益率。这与发行期的情况是相仿的。因此,本节的分析可在第二章第6节的基础上进行。

3.3.1 均衡利息率的变动与民间投资的趋向

首先取消(3.3)式即 $\frac{\partial P}{\partial T}dT+\frac{\partial P}{\partial D}dD=0$ 的约定条件,以便在关注民间投资可能发生变动的同时,分析民间总需求水平由此而受到的影响。

前面已经指出,国债偿付期的市场利息率依然面临着上升的压力。只不过这种压力既可能来自于发行期的较高利息率水平的延伸或波及,也可能来自于偿付期为偿付国债本金举借新债对民间资金的挤占。市场利息率的上升势必带来民间投资的减少,但民间投资减少的幅度究竟有多大,一方面取决于其本身对利息率的敏感程度,或说是其对利息率的弹性的大小,另一方面也取决于它对利息率的弹性与民间储蓄对利息率的弹性的力量对比状况。

我们在前面曾根据民间投资对利息率的弹性与民间储蓄对利息率的弹性的对比,将民间投资的变动趋势区分为三种不同的情况:民间投资(I)对利息率无弹性,而民间储蓄(S)对利息率有弹性;民间投资(I)对利息率有弹性,而民间储蓄(S)对利息率无弹性;民间投资(I)和民间储蓄(S)对利息率均有弹性。分析的结果表明,在第一种情况下,均衡利息率的上升不会造成民间投资的减少,$\Delta I_0=0$(见图2-4);在第二种情况下,均衡利息率的上升会造成民间投资的减少,其减少额等于民间消费的增加额,$|-\Delta I_0|=|\Delta C_0|$(见图2-5);在第三种情况下,均衡利息率的上升会造成民间投资的减少,其减少额小于民间消费的增加额,$|-\Delta I_0|<|\Delta C_0|$(见图2-1)。

从分析的意义上说,均衡利息率上升对民间投资变动的传导机制在国债发行期和偿付期是没有什么区别的。因此,可将上述分析结果移植于偿付期。这样,$t \geqslant 1$ 期均衡利息率上升带给民间投资的影响便可展示如下:

若 I 对利息率无弹性,而 S 对利息率有弹性,则 $\Delta I_t = 0$;

若 I 对利息率有弹性,而 S 对利息率无弹性,则 $|-\Delta I_t| = |\Delta C_t|$;

若 I 和 S 对利息率均有弹性,则 $|-\Delta I_t| < |\Delta C_t|$。

由此观之,$|-\Delta I_t| = |\Delta C_t|$ 只有在第二种情况下才有可能出现。而无论第一种情况,还是第二种情况,在现实生活中都是非常罕见的。经济生活中的现实通常是,$|-\Delta I_t| < |\Delta C_t|$。

显然,只要民间投资的减少额小于民间消费的增加额,我们就可以认为:在国债偿付期,举借国债带给民间总需求的综合影响,仍然是扩张性的。

3.3.2 预期投资收益率的变动与民间投资的趋向

尽管偿付期均衡利息率变动对民间投资的影响同发行期基本相仿,但预期投资收益率的变动趋势及其带给民间投资的影响却与发行期有着明显的不同。

在 t=0 期,微观经济主体的预期投资收益率可能受到来自两个方面的方向相反的影响:一种是来自即期税收减少的"正效应" $\beta'_{0i} \Delta D_0$ [(2.8)式],另一种是来自预期偿债费税的"负效应" $-J'_{0i} \Delta D_0$ [(2.19)式]。正负效应相抵,其结果既可能表现为预期投资收益率的下降,也可能表现为预期投资收益率的上升。因此,预期投资收益率变动带给民间投资的,既可能是减少效应,也可能是增加效应。

在 $t \geqslant 1$ 期,微观经济主体的预期投资收益率则只可能受到来自一个方面的影响:偿债费税的课征所带来的"负效应",可以 $-b'_{ti} \Delta D_0$ 代表[(3.6)式]。这就是说,如果偿债费税的负担部分或全部地落在实质资产收入上,微观经济主体来自于实质资产的可支配收入就要因此而减少,这又会进一步造成其预期投资收益率的下降。这时,一些原在既定的市场利息率下打算进行的投资可能变得无利可图了。其结果,无疑是民间投资的减少。如果偿债费税的负担全部地落在劳务收入或非实质资产收入上,或者,部分地落在劳务收入上,部分地落在非实质资产收入上,实质资产收入并未因此而受到影响,微观经济主体来自于实质资产的可支配收入将保持不变,其预期的投资收益率亦不会因此发生变动。这时,偿债费税的课征对民间投资的影响一般为0。

由此可见,在国债偿付期,微观经济主体的预期投资收益率所受到的影响,通常表现为它的下降,而不会表现为它的上升。依此推论,预期投资收益率的变动带给民间投资的,基本上是"减少效应"。反映在坐标图上,那就是,只会有图2-7情形的出现,而不会有图2-6情形的存在。

为了说明这一点,可将图2-7略加变化而为图3-2。原来的均衡状况仍依前述。现在的假定是,为支付国债利息而课征的偿债费税减少了微观经济主体来自于实质资产的可支配收入,从而降低了其对未来的投资收益率的预期,并促使其减少原在既定的利息率水平上打算进行的投资。这时,图3-2中的投资曲线 I 肯定要向左下方平行移动,而为 I′ 所替代。其结果,原来的 I+ΔD_t 线(这里的 ΔD_t 代表偿付期政府举借的新债)亦向左下方平行移至 I′+ΔD_t 线,并与 S+s′ΔD_t 线在新的均衡点 E″ 相交。于是,民间投资由原来的 Q_2 减少至 Q′,民间储蓄由原来的 Q_1 减少至 Q″,但市场利息率仍为 R_t^*。

这表明,即使在均衡利息率保持不变的条件下,预期投资收益率因偿债费税的课征而出现的任何下降,都会带来民间投资的减少。再进一步,如果均衡利息率的上升和预期投资收益率的下降同时发生,民间投资的减少幅度还会因此而加大。

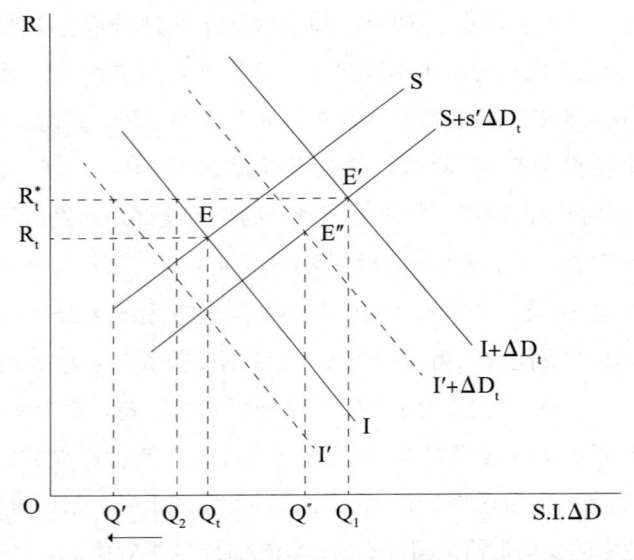

图 3-2 预期投资收益率的下降与民间投资

然而，说民间投资的减少幅度在引入预期投资收益率下降的影响后加大了，并不意味着民间投资的减少额将大于民间消费的增加额。事实上，偿债费税负担完全落在实质资产收入上的可能性很小。即使部分地落在实质资产收入上，由此而带来的对预期投资收益率以至对民间投资的"负效应"，也难以达到足以扭转 $|-\Delta I_t|<|\Delta C_t|$ 之趋势的程度。更何况，从促进经济增长的角度着眼，刺激投资往往是政府最重要的政策目标之一。包括偿债费税在内的整个税制的设计，当然不能与这个政策目标相悖。这就意味着，课征偿债费税而可能带给预期投资收益率以至民间投资的"负效应"，肯定是政府所要竭力加以避免的。

根据以上分析，似乎可以说，举借国债对民间总需求水平的继发性影响，在大多数情况下，可能都是扩张性的。这与国债发行期的结论基本一致。

3.4　综合考察：举借国债的长期影响

现在,我们来总结一下已经取得的结果。

第二章以国债的发行期(t=0)作为考察区间,分析了举借国债的初始性影响。结果表明,在发行期,举借国债对民间消费和民间投资的影响,主要通过即期的税收减少、预期的偿债费税和均衡利息率的变动来传导,其结果是民间消费的增加与民间投资的减少同时发生。但民间消费的增加幅度大于民间投资的减少幅度,故综合影响是民间总需求的扩张。

本章的考察区间为国债的偿付期(t≥1),分析的是举借国债的继发性影响。得到的结论与发行期基本一致:在偿付期,伴随着偿债费税的课征、国债的借新还旧、国债利息的支付以及均衡利息率的变动而来的,除了极少的例外,在大多数情况下,仍将是民间消费的增加和民间投资的减少。而且,民间消费的增加幅度仍大于民间投资的减少幅度。所以,举借国债带给民间总需求的影响,仍然是扩张性的。①

现在的问题是,上述结论能否由此推广到长期?换言之,当把政府举债作为一个长期的过程(t→∞)来考察时,国债的经济影响又将是怎样的?

在对举借国债的初始性影响和继发性影响分别作了考察之后,再来分析其长期影响,将不是一件十分困难的事情。

易于看出,以上所揭示的实际是我们就某一笔特定数额的国债的

---

① 可以在此顺便指出,如果政府举债陷入"恶性循环",即它不仅为偿还国债本金而举借新债,而且国债利息的支付也依赖于举债,那么,国债偿付期的民间总需求的扩张程度还会进一步扩大。其原因在于,对民间总需求发生"负向影响"的传导因素——偿债费税的课征,为对其发生"正向影响"的传导因素——国债发行规模加大而取代。

运行过程进行"跟踪考察"的结果。很显然,如果举借国债是政府的一种临时性的权宜之计,它只是在某一特定财政年度出于某种特殊需要而发行了一定数额的国债。其后,仅是为支付既发国债的利息而增课税收,为偿还既发国债的本金而举借新债,并且,国债的累积额不因此而扩大,那么,举借国债的长期影响便是国债偿付期的经济影响的自然延伸。也就是说,关于举借国债的继发性影响的上述结论,就是举借国债的长期影响。但是,如果举借国债是政府的一项长期国策,国债的发行已被作为政府岁入的一部分。就某一特定的财政年度来说(如 t=n),它既需为支付既发国债的利息而增课税收,为偿还既发国债的本金而举借新债,还要为筹集当年的财政收入而扩大举债(=举债的规模-还债的规模),并由此而带来了国债累积额的扩大,那么,举借国债的长期影响便是国债发行期和国债偿付期的经济影响的有机结合。也就是说,将关于举借国债的初始性影响和继发性影响的上述结论叠加在一起,就是举借国债的长期影响。

前一种情况虽然相对简单,但并非经济生活的现实。后一种情况虽然相对复杂,却是我们所要面对的经济世界。说得透彻一点,当把考察的镜头对准举借国债的长期影响时,国债的发行期与偿付期并不是那么泾渭分明。事实上,我们总是处于国债发行与偿付的交融环境之中。

现令 t=n,并假定政府在这一财政年度同时面临三个方面的任务:(1)为支付以往财政年度所累积下来的既发国债的利息而增课税收并支付债息;(2)为偿还以往财政年度所累积下来的到期既发国债的本金而举借新债;(3)为筹集当年的财政收入而扩大举债,则这时的举借国债的经济影响不外来自第(1)、(3)方面活动影响的叠加。[①]

[①] 此处将第(2)方面的活动忽略不计,原因同前一样,它所带来的仅仅是微观经济主体所拥有的资产构成或净财富构成的相应变化,而不会带来总量上的增减。参见本书第二章第 3 节。

参照本章及上一章的分析,以 ΔC_0 和 ΔI_0 分别代表来自第(3)方面的活动对民间消费和民间投资的影响,以 ΔC_t 和 ΔI_t 分别代表来自第(1)方面的活动对民间消费和民间投资的影响,那么,$t=n$ 时举借国债带给民间消费 C_n 和民间投资 I_n 的影响便可以写成如下两个表达式:①

$$\Delta C_n = \Delta C_0 + \Delta C_t \qquad (3.16)$$

$$\Delta I_n = \Delta I_0 + \Delta I_t \qquad (3.17)$$

由前面的分析结果可以看出,ΔC_0 和 ΔI_0 实际上是举借国债对民间消费和民间投资的初始性影响,ΔC_t 和 ΔI_t 则实际上是举借国债对民间消费和民间投资的继发性影响。既然初始性影响和继发性影响均表现为民间总需求的扩张,那么,两种影响的叠加或综合($\Delta C_n+\Delta I_n$),其结果,$t=n$ 时民间总需求仍将呈现为扩张趋势,就是一件不言而喻的事情了。

循着相同的思路不难证明,当 $t=n-1$ 或 $t=n+1$ 时,举借国债同样会对民间总需求施加扩张性影响。

将这一结论推而广之,当 $t\to\infty$ 时,说举借国债带给民间总需求的长期影响也是扩张性的,无疑是站得住脚的。

---

① 这两个表达式显然不够规范,只可视作一种近似或大致的表述。

第四章　国债的经济影响：
宏观上的考察

　　前面两章围绕政府举债条件下的微观经济主体的经济行为,就举借国债对民间消费和民间投资的经济影响以及这些影响的作用机制作了分析。分析过程中虽不免触及宏观问题,但主要的着眼点还是限在民间部门。

　　前面的分析显然不是问题的全部。社会总需求除了民间消费和民间投资之外,还包括政府支出。在举借国债对民间总需求产生扩张性影响的同时,财政支出呈现何种变化,将最终决定社会总需求的整体走势。因此,当我们基本把握了举借国债对民间总需求的影响之后,分析的进程自然要跃上一层:举借国债带给包括民间消费、民间投资和财政支出在内的整个社会总需求的影响是怎样的？此外,从总体上看,财政支出包括消耗性支出和转移性支出两大类,消耗性支出又是由经常性(消费性)支出和投资性支出所组成的。因政府举债所导致的财政支出变化的归宿如何,将直接影响整个社会的消费-投资结构。举借国债是否对社会消费-投资结构产生影响,以及产生怎样的影响,无疑也是应给予说明的。再有,举借国债实质上是一种以政府部门为主体的融资活动。在这一过程中,社会的货币供给状况不可避免地要受到影响。关于举借国债对国民经济运行的影响机制的分析,自然不可忽略货币供给由此而发生的变化。

　　显而易见,上述三个方面的问题都是属于宏观层次的,它们将分别构成本章和下一章的研究主题。本章的任务在于解决前两个方面的问题。第 1 节研究举借国债对财政支出规模的影响。在此基础上,将财政支出的变动与社会总需求联系起来,第 2 节考察举借国债对社会总需求的总量效应,第 3 节进行举借国债对社会总需求的结构效应分析。第 4 节则以小结作为标题,对我国经济理论界长期流行的有关举借国债作用的若干观点,进行了适当反思。至于第三个方面的问题,留待下一章讨论。

4.1 举借国债与财政支出规模的膨胀

4.1.1 偿债费支出

国债发行之后,除短期者外(一般通过折价发行预扣利息),在其存在的期间内,必须依照约定的条件,按时付息。不论政府采取的付息方式如何,是到期一次支付,还是按期分次支付,也不论其资金来源怎样,是通过增税的途径筹措,还是以举借新债的办法筹措,支付国债利息的费用总要形成政府财政的一个出项——国债利息支出。

国债到期之后,就要依发行时的规定,如数偿还本金。同样的道理,不论政府采取的还本方式怎样,是分期逐步偿还,还是到期一次偿还,或是通过市场购回的办法偿还,也不论其资金来源如何,是通过举借新债的渠道筹措,还是依赖增税、预算盈余或其他别的什么途径来解决,偿还国债本金的费用也总要形成政府财政的又一个出项——国债还本支出。

无论国债利息支出,还是国债还本支出,从某种意义上说,均带有"额外"的性质。就是说,由国债利息支出和国债还本支出构成的偿债费支出,是因政府举债所引致的,它只是在政府举债的条件下才会发生。① 进一步说,偿债费支出还同政府举债的规模正相关,国债的发行规模越大,对市场利息率上涨的压力越大,国债利息支出和国债还本支出的额度也就越大。举中国的情况为例,在那"既无内债,又无外债"的年代,中国的财政支出中是没有"债务支出"的位置的。而在1979年以后,随着国债"空白"状况的结束,"债务支出"不仅出现了,而且随着国债发行规模的增加而逐渐膨胀了起来。

既然偿债费支出是因政府举债所引致的,其额度的大小又与国债的发行规模正相关,我们完全可以认为:举借国债导致了政府财政支出规模的膨胀。

4.1.2 预算约束的弱化

以 J. M. 布坎南(Buchanan)为代表的公共选择学派,曾在解释政府机构和政府官员的政治行为的基础上分析过政府财政支出的发展趋势,并得出了追求公共机构权力极大化的政府必然带来财政支出规模的极大化的结论(布坎南,1992)。其分析思路可简述如下:

政府部门提供公共物品或服务同民间部门提供私人物品或服务②之间,有着很大的差别:

第一,在政府官僚机构中,并不存在着提供同种公共物品或服务的竞争。缺乏竞争即意味着缺乏刺激,从而会降低政府部门的服务效率。

第二,政府机构的官员们并不以利润作为其工作目标。不以营利

---

① 这里的暗含意义是,如果政府不举债,而只以税收及其他财政收入形式来融资,也就是未发生国债与税收及其他财政收入形式的替代,偿债费支出也就没有存在的可能。

② 公共物品或服务和私人物品或服务系公共财政学中的一对概念:前者由政府部门通过政治程序提供,具有效用的不可分割性、受益的非排他性和消费的非竞争性;后者由非政府部门通过市场体系提供,具有效用的可分割性、受益的排他性和消费的竞争性。

为目的的政府机构所提供的公共物品或服务,往往要与相对较高的成本相伴随。

第三,公共物品或服务通常不以价格形式出售。因此,社会成员对政府部门工作的评价,不能像市场价格那样敏感。

第四,政府官员们所追求的是高薪、特权、公共声誉、权力、容易改变事物、容易管理机构等等,换言之,他们是将公共机构的权力极大化作为追求的目标。

将上述各方面总括起来看,政府部门的低效率、高成本以及政府官员们对公共权力极大化的追求的结果,肯定是政府财政支出规模的极大化。社会成员对政府部门工作评价的有欠敏感,则又使政府财政支出规模极大化的倾向进一步加强了。

再往深里说,政府财政支出规模的极大化也就意味着公共物品或服务的供给量呈过剩状态,而高于其最佳的产量水平(Niskanen,1971)。

可用图4-1来说明这一点。

图4-1A分别给出了一定产量水平下的公共物品或服务的社会边际成本(MSC)和社会边际效益(MSB)曲线。MSC和MSB相交于E点(即MSC=MSB),由此决定了最佳的产量水平为Q^*。

然而,追求公共机构权力极大化的政府官员们不会满足于Q^*的产量水平,他们企图获得通过的却是由图4-1B中的社会总成本(TSC)和社会总效益(TSB)曲线的相交点(即TSC=TSB)所决定的产量水平Q_B。很明显,Q_B高于最佳的产量水平Q^*(图4-1B中在与Q^*相对应的点上,TSC和TSB曲线的斜率恰好相等,并与图4-1A中的MSC线与MSB线相交点正好对应)。[1]

---

[1] 还可以从中注意到,图4-1A中的阴影EAB的面积,便是因公共物品或服务的供给量过剩而造成的整个社会的净效益损失。

从图 4-1B 中还可看出另外一点,政府机构通常拥有提供公共物品或服务的垄断权。如环境保护、国防、社会保险等,就是由专门的政府机构负责提供的。在正常情况下,只有政府机构本身才能掌握有关这些物品或服务的信息。这就有可能使得政府官员们在财政支出规模的极大化方面更上一层楼:将公共物品或服务的社会效益人为夸大,如人为将图 4-1B 中的 TSB 线向左上方移至 TSB′,从而使得社会成员(或投票者)所允许的公共物品或服务的产量水平进一步由 Q_B 增至 Q'_B。

这就是说,现实生活中的政府,往往具有一种本能的扩张财政支出规模的倾向。用布坎南的话说,政府就像大阔佬一样,总是不负责任地尽情支出,花光所有可资运用的资金(布坎南,1992)。

然而,政府具有扩张财政支出规模的倾向并不意味着它可不受任何限制地随意增加财政支出。现实经济生活中,还是存在着可对财政支出的规模构成制约的因素的。其中,政府可取得的财政收入有无弹性及其弹性的大小,就是一个最为主要的约束条件(缪勒,1992,第164页)。如果政府可取得的财政收入的数量是既定不变的,没有多少伸缩的余地,那么,对政府增加财政支出的能力就会形成较强的约束,政府扩张财政支出规模的势头也会相对减弱。相反,如果政府可取得的财政收入的数量不是既定不变的,可以扩大,那么,对政府增加财政支出的能力就形不成较强的约束,政府扩张财政支出规模的势头也会因此而增强。

进一步推论,如果政府可资运用的取得财政收入的形式只限于税收一种,举借国债的办法不为微观经济主体所接受或被法律严格禁止,那么,政府可取得的财政收入就是一个相对不变的量。[1] 在这种情况下,

---

[1] 实际的情况当然并非如此简单。但是,将国有企业利润上交、规费等其他财政收入形式引入分析,只会带来不必要的麻烦,最终结论却无根本性变化。所以,这里仍以税收作为上述财政收入形式的代表。

图 4-1 政府财政支出规模的极大化

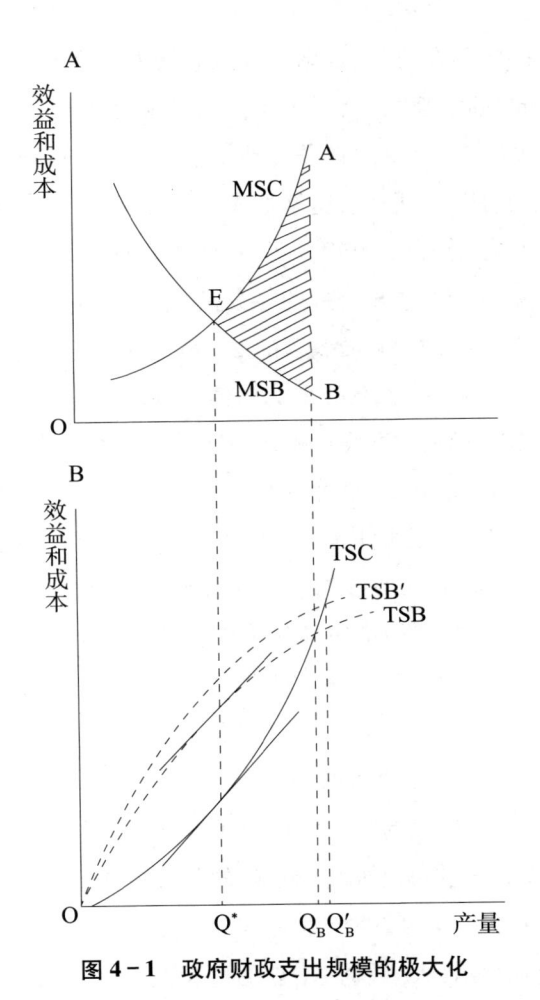

财政收入对政府增加财政支出的能力所形成的约束就是"硬"的。这是因为,税收所具有的"强制性"和"无偿性"决定了微观经济主体对"可容忍的"税收水平的看法是趋向于相对稳定的(阿特金森等,1992,第412页)。在正常情况下,政府增税(提高税率或增设税种)的企图往往会遭到一定的反抗。无论这种反抗是来自政治上的,还是来自经济上的,也无论它是以显性的形式表现出来,还是以隐性的形式表现出

来,它总是对政府"人为"增加财政收入企图的一个制约因素。此外,税收所具有的"固定性"又决定了课税的对象及其比例或数额必须以法律的形式预先确定下来。除非变动税法,否则,政府只能按照预定的标准课征,而不能随意更改。这又形成了对政府"人为"增加财政收入企图的另一个制约因素。显而易见,只要财政收入的"人为"增加[1]受到限制,政府扩张财政支出规模的势头就不能不因此减弱。

但是,如果政府取得财政收入的形式除了税收之外,国债也是可以利用的,那么,增税的办法便可能为举债所替代,增税的目的也可由举债去实现。这时,政府可取得的财政收入就不再是一个相对不变的量了,而是有可能增加的。在这种情况下,财政收入对政府增加财政支出的能力所形成的约束就可能是"软"的。其中的道理前面已经说过,国债具有不同于税收的三个形式特征。它所具有的"自愿性"和"有偿性"决定了它可为微观经济主体作为储蓄或投资的一种对象加以认购。在正常情况下,政府以举借国债来增加财政收入的做法一般不会招致微观经济主体的不满。无论国债的发行是缘于税收的相应减少,[2]还是用作既定税收收入的补充,它总是可为政府带来一种"额外的"收入,使得财政收入的"人为"增加成为可能。再有,国债所具有的"灵活性"又决定了它可以视政府财政的状况而相应调增或调减发行量,以至在某种程度上可以做到何时需要,何时发行,需要多少,发行多少。这又使得财政收入"人为"增加的可能性进一步加大了。不言而喻,只要财政收入有"人为"增加的可能,政府扩张财政支出规模的势头就可能因此而增强。

更重要的问题还在于,一旦政府的财政支出在举借国债的条件下

---

[1] 这里所说的财政收入的"人为"增加,是相对于财政收入的"自然"增加即财政收入随着经济增长而出现的增加而言的。

[2] 其意义参见本书第二章第 2 节。

得以扩大,财政支出所具有的"刚性"很可能会带来国债发行量的逐年上升,从而使国债具有一定程度的"经常收入性"。① 其结果,当然是财政支出规模的进一步膨胀。这一方面是因为财政支出往往增加容易压缩难,增加财政支出肯定会给相当一部分微观经济主体带来直接的或间接的利益,压缩财政支出则肯定会招致既得利益者的抵制和反对。为了维持既定规模的财政支出,国债不仅每年要发行,而且还要保证每年国债发行额扣除了偿债费支出之后的净收入额不致下跌,甚至要在上一年的基础上有所增长。国债发行额的只增不降显然会对财政支出的增加起到推波助澜的作用。另一方面也是因为,如前所述,因举借国债而产生的偿债费支出以及随举债规模扩大而逐年增加的偿债费支出,本身就是导致财政支出规模膨胀的一个因素。

考察一下国内外的历史文献,肯定会进一步印证我们的上述分析。国债作为一种财政收入形式之所以能够出现且在历史时序上比税收晚得多,其中的一个重要原因就在于,政府职能的不断扩大要求财政支出日益增长,仅靠税收又不能满足财政支出的这种日益增长的需要。在财政支出的增长越来越受到政府课税能力的限制和预算收支平衡的约束的条件下,作为打破或弱化这种"限制"或"约束"的一种手段,国债才为政府所青睐并在各国流行开来。王传纶教授在《资本主义财政》(1981,第210页)一书中曾明确指出,"支出不断增加,资金筹措更加困难,必须从课税这种基本的收入形式之外寻找其他可能的办法",是资本主义国家信用得以发展并占到相当重要地位的主要因素。

也许正因为如此,经济学家们对于财政支出增长现象的解释,总离

---

① 事实正是如此。包括中国在内的许多国家的国债,已经不再是具有"临时收入性"的财政收入形式了。

不开财政收入的相应跃增这个基础。① 对于财政支出规模的控制,也总是要从财政收入来源(特别是举借国债)的制约上去寻求办法。布坎南(1992)甚至认为,缩减政府的财源是控制政府支出规模的唯一可行方法。

由以上分析可以引出如下两点互为联系的结论:(1)举借国债使得政府的预算约束弱化了。(2)举借国债所带来的政府预算约束的弱化,对财政支出有扩张之效。

总起来说,政府举债在导致民间总需求增加的同时,其本身的支出(财政支出)规模也因此而出现了膨胀。

4.2　举借国债与社会总需求:总量效应

根据上一节的分析,我们已经知道,在政府举债的条件下,财政支出规模的膨胀不可避免。但是,我们还没有说明,财政支出规模的膨胀带给社会总需求的影响是怎样的?本节和下一节就来解决这个问题。

4.2.1　财政支出规模的膨胀并不意味着社会总需求的等额增加

前面的分析表明,举借国债对财政支出规模的影响是通过两个方面表现出来的:一是举借国债引致了偿债费支出,另一是举借国债弱化了政府的预算约束。

这一现象是富有启发意义的。它实际上提醒我们,随政府举债而膨胀出来的财政支出对社会总需求可能有不同的影响方式。

---

① 例如,皮考克和魏斯曼曾用英国 1890—1955 年间的统计资料,对公共支出不断增长的原因进行研究(Peacock and Wiseman,1967)。他们发现,公共支出的增长只是由于公共收入的增加而造成的。除非既有的公共收入水平构成对政府扩大支出欲望的约束,否则,公共支出的上升必然会同公共收入的增加成线性关系。

政府的财政支出总是由不同项目的支出所构成的。对此,经济学家们常常基于不同的目的,采用不同的方法进行分类。其中,颇具经济分析意义的是依财政支出的经济性质,将其分为消耗性支出和转移性支出(陈共,1991,第245页)。①

消耗性支出直接表现为政府购买物品或服务的活动,包括购买进行日常政务活动所需的或用于进行国家投资所需的物品或服务的支出。前者如政府各部门的行政管理费,后者如政府各部门的投资拨款。这些支出的目的和用途当然有所不同,但却具有一个共同点:政府一手付出了资金,另一手相应地获得了物品或服务,并运用这些物品或服务,来履行政府的各项职能。就是说,在这样的一些支出安排中,政府如同其他经济主体一样,在从事等价交换的活动。转移性支出则与此不同,它们直接表现为资金的无偿的、单方面的转移。其中主要包括政府部门用于养老金、补贴、捐赠、失业救济金、债务还本付息等方面的支出。这些支出的目的和用途当然也有不同,但却有一个共同点:政府付出了资金,却无任何资源可得。在这里,不存在任何交换的问题。

消耗性支出的结果,是政府所掌握的一部分资金和微观经济主体所提供的物品或服务相交换。在这里,政府直接以物品或服务的购买者身份出现在市场上,它直接反映了公共部门要占用社会经济资源的要求。由政府部门运用这些资源,就排除了民间部门运用它们的可能性。因而政府的消耗性支出是社会总需求的一个组成部分。转移性支出的结果,则是政府所掌握的一部分资金无偿地、单方面地注入到民间部门之中,形成微观经济主体的可支配收入。它只是资金使用权的转移,并不反映公共部门占用社会经济资源的要求。相反,转移只是在社会成员之间的资源再分配,公共部门所扮演的是中介人的角色。至于

---

① 也有人把它称作政府采购支出和转移支付。

这些资金的最终投向,要取决于转移性支出的对象——家庭和企业的边际消费倾向和对投资收益率的预期。也就是说,这些资金是否用于购买物品或服务以及有多大的比例用于购买物品或服务,并不由政府所控制。因而,政府的转移性支出虽然对社会总需求的最终形成有重大影响,但它并不直接构成社会总需求的一部分。

注意到上述区别,我们可以得到这样的认识:随政府举债而膨胀出来的财政支出对社会总需求有两种不同的影响方式。一种是作为新的需求要素而直接叠加到原有社会总需求水平之上,如政府的消耗性支出;另一种是以资金使用权转移的方式嵌入到原有社会总需求之中,如政府的转移性支出。前者会使社会总需求的总量扩张,后者则只改变社会总需求的主体结构,而一般不会增加其总量。[1]

联系上一节的分析来看,举借国债所引致的偿债费支出,显然不过是政府的转移性支出的一部分,它不应也不能直接叠加到原有社会总需求水平之上。[2] 可以对社会总需求产生"叠加"效应的,只能来自后一个方面即举借国债所带来的政府预算约束弱化的影响。亦即,只有随政府举债所带来的政府预算约束弱化而膨胀出来的财政支出,才是有可能使社会总需求总量呈现扩张的因素。

当然,随政府举债所带来的政府预算约束弱化而膨胀出来的财政支出,仍是可以进一步区分为消耗性支出和转移性支出的,因而也不会完全叠加到原有社会总需求水平之上。至于它可在多大的程度

---

[1] 王高潮在对中国财政赤字所作的分析中,也曾有过类似的表述(1993)。他在将财政赤字区分为作为政府预算收支逆差的赤字和作为总需求组成部分的赤字的基础上,认为财政赤字可能以两种不同的方式加入总需求。导致的结果也是不同的:一种方式是,在某种条件下作为新的需求因素叠加在原有总需求水平之上,可以使总需求扩张;另一种方式是,通过不同的弥补方式,替代其他部门的支出而构成总需求的一部分。它只改变总需求结构,不会增加总需求总量。

[2] 关于偿债费支出对民间总需求的影响,本书第三章第1节已作分析。

上表现为社会总需求的增加,自然要视膨胀出来的这部分财政支出中消耗性支出的所占比重而定。如前所述,由于在实践上政府往往是将各种形式的财政收入捆在一起使用的,我们只能从政府财政支出的总体结构上来大致推断这部分财政支出在消耗性支出和转移性支出之间的布局。然而,消耗性支出和转移性支出占总支出的比重,在各个国家是有所不同的。即使在同一国家的不同发展时期,情况也在发生变化。陈共教授在其主编的《财政学》一书中曾就此作了如下描述(1991,第247页):

"一般地说,经济发达国家,由于政府较少直接参与生产活动,财政收入较为充裕,转移支出(即本书所说的转移性支出)占总支出的比重较大,往往同购买支出(即本书所说的消耗性支出)平分秋色。发展中国家,由于政府较多地直接参与生产活动,财政收入相对匮乏,购买支出占总支出的比重较大。"

就中国的情况而论,作为一个发展中国家,中国财政支出结构具有同一般发展中国家相同的特征。但是,作为一个正处于市场化取向改革中的发展中国家,中国财政支出结构又有了显著的变化。在全部财政支出中,消耗性支出所占比重逐年下降,转移性支出所占比重迅速上升,的确是可以观察到的基本事实。

不过,常识告诉我们,不管政府财政支出总体结构的特征如何,也不论经济的发展会使其出现怎样的变化,财政支出中总会有一部分是由消耗性支出所构成的。进而可以推论,随政府举债所带来的政府预算约束弱化而膨胀出来的财政支出,总会有一部分可以直接叠加到原有的社会总需求水平之上。

所以,下述结论显然是可以成立的:在举借国债的条件下,政府的消耗性支出增加了,从而包括民间消费需求、民间投资需求和政府的消耗性需求在内的整个社会总需求呈现了扩张之势。

4.2.2 政府消耗性支出的增加和财政支出乘数

事情并没有就此结束。宏观经济理论(夏皮罗,1985)告诉我们,政府的消耗性支出的增加会带来国民收入的增加,但国民收入的增加必定大于最初的政府消耗性支出的增加额。其间的关系链条就是"财政支出乘数"。

财政支出乘数的原理可以简单概述为:各个经济部门是相互关联的。政府消耗性支出增加的每一个货币单位可购买 1 个货币单位的物品和服务,并转变为这些物品和服务的生产者的家庭收入(工资、利息、地租、利润等),这些增加的收入的相当部分又会被重新支用。假定收入获得者从所增加的每 1 个货币单位收入拿出 4/5 用于购买消费品(即其边际消费倾向为 4/5),那么,这些消费品的生产者便会有 1 个货币单位×4/5 的增加收入;如果这些消费品的生产者的边际消费倾向也是 4/5,他们也会从所增加的收入中拿出 4/5 用于购买消费品,这又会为这些消费品的生产者带来 1 个货币单位×(4/5)^2 的增加收入;这些家庭也会拿出其中的 4/5 用于下一轮的消费品购买。如此下去,国民收入的增加额(ΔY)总计为:

$$\Delta Y = 1 \text{ 个货币单位} + 1 \text{ 个货币单位} \times \frac{4}{5} + 1 \text{ 个货币单位} \times \left(\frac{4}{5}\right)^2 + 1 \text{ 个货币单位} \times \left(\frac{4}{5}\right)^3 + \cdots\cdots$$

$$= 1 \text{ 个货币单位} \times \left[1 + \frac{4}{5} + \left(\frac{4}{5}\right)^2 + \left(\frac{4}{5}\right)^3 + \cdots\cdots\right]$$

$$= 1 \text{ 个货币单位} \times \frac{1}{1 - 4/5}$$

$$= 5 \text{ 个货币单位}$$

因此,对于所增加的每 1 个货币单位的政府消耗性支出来说,整个国民收入将增加5个货币单位。这种国民收入的变动量与所引起这种变动的政府消耗性支出的变动量之间的比率,就是"财政支出乘数"。乘数的大小,显然是由边际消费倾向所决定的。

阿图·埃克斯坦(Eckstein,1979)曾将这一乘数过程绘制成图(见图4-2),并用数字表明了随着国民收入接近新的均衡水平而相继发生的循环数。

在图4-2中,C+I+G线代表社会总支出(社会总需求),ΔG^*代表政府消耗性支出的增加额,C+I+G+ΔG^*线代表政府消耗性支出增加后的社会总支出(社会总需求)。可以清楚地看出,由于政府消耗性支出增加ΔG^*,国民收入的均衡水平由原来的OA增加至OF。AF显然是ΔG^*的数倍。

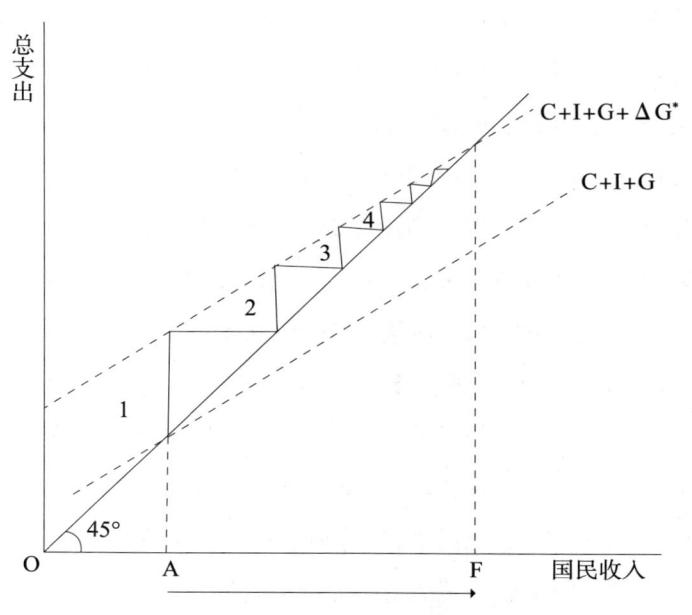

图4-2 政府消耗性支出增加所带来的乘数过程

就本书的分析意义而言,若以ΔG^*代表政府消耗性支出的增加额,以 ΔY 代表国民收入的增加额,并仍以 c' 代表边际消费倾向,则政府消耗性支出的增加,对社会总支出从而对社会总需求产生的扩张性影响可表示为:

$$\Delta Y = \frac{1}{1-c'}\Delta G^* = \frac{\Delta G^*}{1-c'} \quad (4.1)$$

其中,
$$\frac{1}{1-c'} = \frac{\Delta Y}{\Delta G^*} \quad (4.2)$$

从(4.1)式可以看出,ΔG^* 的任何增加都将引起 ΔY 的增加;并且,ΔY 的增加额等于 ΔG^* 的增加额乘以乘数 $\frac{1}{1-c'}$。这就意味着,政府消耗性支出的增加对社会总需求具有扩张性的"乘数效应"。

然而,(4.1)式显然还没有考虑到与政府消耗性支出相对应的财源因素。不过,我们是根据政府消耗性支出的增加源于政府举债所带来的政府预算约束的弱化这一线索来展开分析的。因此,可以认为,政府消耗性支出的增加是以举借国债的收入作为资金来源的。

如所周知,国债主要是向民间部门发行、由微观经济主体来认购的。因而,举借国债所带来的主要是民间消费和民间投资的变化。前面两章的分析已经表明,在国债的发行期,举借国债的初始性影响表现为民间消费的增加和民间投资的减少。两者相抵,其综合影响是民间总需求的扩张;在国债的偿付期,举借国债的继发性影响也表现为民间消费的增加和民间投资的减少。两者相抵,带给民间总需求的综合影响照样是扩张性的;如果把政府举债作为一个长期的过程来考察,举借国债的长期影响表现为初始性影响和继发性影响的叠加。其结果,民间总需求仍将呈扩张之势。显而易见,向民间部门发行国债的经济影响是扩张性的。

如果有一部分国债是在政府部门内部发行、由除财政机关之外的其他政府机构来认购,①举借国债所带来的将仅是政府部门内部的资金转移,或说是政府各部门银行存款账户之间的资金余缺调剂。用西方经济学家的话说,"是从政府的一个口袋转入另一个口袋",一般是不会对国民经济产生扩张或紧缩性影响的。只不过随着政府机构认购国债而将其一部分资金转交财政机关,财政机关与各政府机构的支出模式或倾向不可能完全一致,因而有可能在资金的使用方向或具体用途上发生细微的变化。显然,向政府机构发行国债的经济影响基本是"中性"的。

由此可以得到的推论是,如果上述两种情况同时存在,那么,政府消耗性支出的增加以举借国债的收入作为资金来源的结果,不会减小其对社会总需求(或社会总支出)所带来的扩张性效应,反会使其进一步加大。

根据以上分析,我们可以肯定地说,举借国债对社会总需求在总量上有扩张之效。

4.3 举借国债与社会总需求:结构效应

关于随政府举债而膨胀出来的财政支出对社会总需求的影响的分析,我们已经完成了一半,即说明了它是如何影响社会总需求的总量的。接下来的任务,是要说明它对社会总需求的结构有无影响? 如果有,又表现为怎样的影响?

说到举借国债对社会总需求结构的影响,自然要牵涉到两个方面的问题:一是微观经济主体用以认购国债的资金的来源是什么?② 是

---

① 关于政府机构认购国债的问题,本书还要在后面详细讨论。
② 前面说过,现实生活中有一部分国债可能由政府机构认购。考虑到它所涉及的仅是政府部门内部的资金转移,对社会总需求结构的影响不大,故这里的分析从略。

出自它们的储蓄、投资,还是出自于它们的消费?另一是政府以举借国债方式筹措的资金投向何处?是用于其消耗性支出,还是用于其转移性支出?再进一步,是用于其消耗性支出中的经常性支出,还是用于其消耗性支出中的投资性支出?

4.3.1 认购国债的资金来源

微观经济主体用以认购国债的资金的来源是一个不那么容易说清的问题。而且,困难主要是基础性的。在国民收入的循环流程中,居民家庭的可支配收入虽然无非是被分割为消费和储蓄两个部分,但消费资金和储蓄资金在可支配收入中各自占据多大比例,则要取决于其边际消费倾向和边际储蓄倾向的大小。显然,实际经济生活中社会边际消费倾向和社会边际储蓄倾向的判断,是一件十分复杂的事情。况且,即使我们知道这一比例,并可据此确定消费资金和储蓄资金的大体规模,但是,由于储蓄在国民收入的循环流程中是一个"漏出"量,它是有可能转化为企业的投资的,而储蓄资金在多大程度上被转化为投资资金,也是一件难以把握的事情。再者,前面说过,微观经济主体用以认购国债的资金并不一定完全来自于其可支配收入的流量,也可能来自于其资产的存量,这又给理论分析增加了困难。

然而,循着我们以往的分析思路,并加以必要的假设,还是有可能大致揣测出这一问题的来龙去脉的。

为了分析的简化起见,我们约定,在国民收入的循环流程中,作为"漏出"量的储蓄全部转化为作为"注入"量的投资,也就是储蓄=投资。因此,只要我们有可能知道居民家庭可支配收入在消费和储蓄之间的分割比例,我们也就能够基本把握这些资金的原本投向:用于消费支出和投资支出的各自份额。

在前面讨论举借国债的初始性影响时,我们把国债发行视为对税收课征的一种替代,因而,政府举借国债的同时便是即期税收的相应减少以及微观经济主体的即期可支配收入的相应增加。既然国债的发行同微观经济主体即期可支配收入的增加是同步的,且规模相等,微观经济主体用以认购国债的资金显然不会全部出自其原有的可支配收入,有一部分可能来源于其所增加的可支配收入。因而,微观经济主体的原有可支配收入及其在消费和储蓄之间的分割比例因政府举债所受到的"冲击",肯定小于国债的发行量。由于认购国债对微观经济主体来说是一种储蓄行为,其认购资金出自原有可支配收入的部分自然主要来源于储蓄的份额。所以,原有可支配收入中的储蓄资金加上增加的可支配收入中被用于储蓄的部分,将首当其冲地被微观经济主体作为认购国债的资金来使用。只有在这部分资金的数量不足以满足其认购国债所需的条件下,微观经济主体才可能考虑挤用消费资金来认购国债。

凯恩斯的绝对收入理论(凯恩斯,1963)表明,随着人们可支配收入的增加,其边际消费倾向和边际储蓄倾向将发生方向相反的变动:边际消费倾向趋于下降,边际储蓄倾向趋于上升。再进一步,边际消费倾向的下降会拖动平均消费倾向随之下降,边际储蓄倾向的上升也会拉起平均储蓄倾向一同上升。这又意味着,因政府举债而发生的微观经济主体即期可支配收入的增加,有可能带来其平均消费倾向的下降和平均储蓄倾向的上升。随着这一变动过程,微观经济主体可支配收入中用于储蓄的份额会相对加大,用于消费的份额会相对缩小。联系我们前面关于微观经济主体将首先动用储蓄资金认购国债的推论,其消费资金因政府举债所可能受到的"冲击"程度进一步减轻了。

在第二章第3节谈到微观经济主体认购或持有政府债券是否会给其净财富带来增加效应的问题时,我们曾指出,微观经济主体通常是以其所拥有的现金或银行存款作为认购国债的支付手段的,其中大头儿还是银行存款。虽然不能说银行存款所代表的都是储蓄资金,但说银行存款中的主要部分不属于微观经济主体用于即期消费的资金,或是有可能通过银行这个中介而转化为投资的资金,恐怕没有问题。此外,在那里我们还曾指出,微观经济主体也可能通过变卖其他有价证券或实质资产的办法来筹措国债的认购资金。显而易见,这些有价证券或实质资产所代表的主要是微观经济主体以往的积累或存量,它们本来就是作为储蓄资金或投资资金而转化来的。这就告诉我们,形成微观经济主体认购国债资金来源的大头儿,不是消费资金。

第二章和第三章的研究结论,也可以作为这一问题的一种佐证。那里的分析已经表明,无论是从国债的发行期来看,还是从国债的偿付期来看,或是把政府举债作为一个长期的过程来看,举借国债带给民间部门的经济影响都表现为民间消费的增加和民间投资的减少。

基于上述几点,可以看出,微观经济主体用以认购国债的资金来源,大头儿在于储蓄资金或原本用于投资支出的资金。当然也有一部分出自消费资金或原本用于消费支出的资金。但相比之下,前者一般大于后者。

4.3.2 举借国债收入的投向

政府以举借国债方式所筹措的资金投向何处,显然只能从政府财政支出的总体结构上来大致推断。其中的原因前面也说过,在实践中政府往往是将各种形式的财政收入捆在一起使用的。既然如此,作为第一步的工作,我们还是先依据财政支出的经济性质分类,看一下消耗性支出和转移性支出在财政支出总额中的各自分布情况。

请看表4-1。它表明了发达国家和发展中国家政府消耗性支出和转移性支出所占比重的差别。

表 4-1　发达国家和发展中国家政府消耗性支出
和转移性支出所占比重的对比(%)

类别	发达国家	发展中国家
消耗性支出	45.2	61.5
其中:经常性支出	34.9	50.1
投资性支出	10.3	11.4
转移性支出	41.0	22.5
其中:国债利息	5.6	5.5
补助金	35.4	17.0
其他	13.8	16.0
合计	100.0	100.0

资料来源:转引自陈共主编《财政学》,四川人民出版社 1991 年版,第 247 页。

　　略去其他支出不论,在发达国家中,消耗性支出和转移性支出在财政支出总额中的占比分别为 45.2% 和 41.0%,大体上是平分秋色的。而在发展中国家,两类支出在财政支出总额中的占比分别为 61.5% 和 22.5%,前者几乎是后者的 3 倍。造成这种差异的原因,当然在于政府直接参与生产活动和财政收入充裕程度的不同。但若深一步探究,则不能不说是同它们所处的经济体制环境的不同直接相关的。

　　一般说来,在发达国家中,市场化程度比较高,社会资源的主要配置者是市场,而不是政府。只有在"市场失灵"的领域,政府的介入才是必要的。政府财政所要解决的多是通过市场不能解决,或者通过市场不能解决得令人满意的问题。既然政府财政直接配置社会资源的能力较低,其对社会物品或服务所形成的直接需求——消耗性支出所占的比重,自然相对不高。[①] 而在发展中国家,市场化程度比较低,社会资源的配置在很大程度上还是由政府来完成的,通过市场配置的比重是较低的。政府既是社会资源配置的主体,它所担负的财政职能范围

---

① 从某种意义上说,这也正是实行市场经济国家的财政叫作"公共财政"的原因所在。

自然大而宽,由此也就决定了其对社会物品或服务所形成的直接需求——消耗性支出所占的比重,是相对较高的。

那么,社会主义市场经济体制下的中国财政支出的格局,又将呈现哪一种特征呢? 安体富教授和笔者曾在《社会主义市场经济体制与公共财政的构建》一文(1993)中就此做过说明。按照市场经济的要求,重新界定财政的职能范围,从而实现由"生产建设财政"到"公共财政"的转变,是中国财政的前行方向所在。这就是说,处于本书上篇分析的体制前提下的中国财政支出,虽然与现时发达国家的财政支出在格局上不一定完全相同,但说两者之间将具有一定程度的相似性,恐怕是可以成立的。况且,前面已经说过,伴随着市场化取向的改革进程,中国财政支出结构已经发生了逐步由消耗性支出向转移性支出倾斜的变化。①

如果以上判断基本不错,那么,可以说,政府以举借国债所筹措的资金,大约有一半要用于转移性支出,另一半则要形成消耗性支出。换言之,在随政府举债而膨胀出来的财政支出中,消耗性支出和转移性支出大约各占一半。

进一步来看,转移性支出基本上是从民间部门中来,又回到民间部门中去,本身并不构成对社会物品或服务的直接需求。它既不会增加社会总需求总量,对其结构的影响也就不大。② 因此,这里的考察重点还是放在另一半可对社会物品或服务构成直接需求的支出——消耗性支出上。

显然,仅仅知道举借国债收入大约有一半投向消耗性支出是不够的,政府的消耗性支出还可以进一步区分为经常性支出和投资性支出

---

① 本书下篇还将详细说明这一点。

② 这里未考虑累进课税收入转作转移性支出的影响,而仅就举借国债收入用于转移性支出的情况而言。

两个亚类。所以,分析还必须在此基础上深入一步:以举借国债收入为来源的那部分消耗性支出分割为经常性支出和投资性支出的情况如何?

为此,可以回过头来再看表4-1。可以看出,颇有趣味的是,就消耗性支出在经常性支出和投资性支出之间的分割情况而言,发达国家和发展中国家有着惊人的相似。这就是,经常性支出所占的比重甚高,投资性支出所占的比重则较低。以消耗性支出为100%,发达国家的经常性支出占77.2%,投资性支出占22.8%;发展中国家的经常性支出占81.4%,投资性支出占18.6%。总之,经常性支出与投资性支出之比大约是8∶2。

既然发达国家和发展中国家的情况均是如此,处于社会主义市场经济体制下的中国财政,看来也不会有太大的出入。就此而言,说以举借国债收入为来源的那部分消耗性支出的大头儿,表现为经常性支出,其余的小头儿表现为投资性支出,似乎是能够成立的。再进一步,由于经常性支出就是消费性支出,所以,说举借国债收入的投向,除了转移性支出之外,主要在于消费性支出,也是没有什么问题的。

4.3.3 来源和投向的综合

现在,我们把认购国债的资金来源和举借国债收入的投向联系起来考察。

举借国债无非是把民间部门的一部分资金转移给政府部门去使用。既然微观经济主体用以认购国债的资金来源,大头儿在于民间部门的储蓄资金或原本用于投资支出的资金,并且,既然政府部门随举债而膨胀出来的财政支出,大约有一半表现为转移性支出,另一半表现为消耗性支出,以举借国债收入为来源的那部分消耗性支出的主要部分,又在于经常性(消费性)支出,那么,这一过程的结果将不外乎是:由民间消费支出和政府直接消费支出所构成的社会总消费支出趋于增加，而由民间投资支出和政府直接投资支出所构成的社会总投资支出趋于减少。①

也可换一种表述方式：如果把社会总支出（社会总需求）作为一个整体，把社会总消费和社会总投资作为构成这一整体的两个部分，那么，可以说，政府举借国债使得整个社会的消费-投资结构发生了有利于社会总消费一方的变化。

4.4 小结

本章结合前两章的分析结果，就举借国债对社会总需求的影响分别从总量和结构两个角度进行了考察。

从总量上看，政府举债条件下的财政支出规模的膨胀不可避免，随政府举债而膨胀出来的财政支出中也总有一部分表现为消耗性支出。而政府消耗性支出的增加额，不仅可以直接叠加到原有的社会总需求水平之上，还可以通过"财政支出乘数"效应的传导使得社会总支出的增加大于政府消耗性支出本身的增加额。所以，举借国债带给社会总需求总量的影响是扩张性的。

从结构上看，由于微观经济主体用以认购国债的资金，主要来源于民间部门的储蓄资金，随政府举债而膨胀出来的政府消耗性支出中的大头儿又在于经常性支出，所以，举借国债带给社会总需求结构的影响，是社会总消费的增加和社会总投资的减少同时发生。

上述分析结论多少有些出人意料。这是因为，它同我国理论界关

---

① 之所以在此称作政府直接消费支出和政府直接投资支出，而不叫政府消费支出和政府投资支出，主要是考虑到政府通过转移性支出而注入民间部门的那部分资金，也要由微观经济主体分别用于消费和投资，从而形成政府的间接消费支出和间接投资支出。

于举借国债所能发挥的作用的带有倾向性的观点,是有所不同的,有些甚至是迥然相异的。

例如,在谈到举借国债对控制社会购买力的作用时,人们往往认为,发行国债可以把民间的购买力转移给政府,由此安排财政支出或弥补赤字不会增加社会购买力总量。而且,由于政府的行为要受宏观经济政策所左右,在面临通货膨胀压力的形势下,通过由发行国债到财政支出的安排过程,还可能使得整个社会购买力的水平得以压缩(如傅继军,1989)。

还如,当说起举借国债对调节消费和积累之间比例关系的作用时,人们也总是把将一部分消费基金转化为积累基金,进而减轻市场消费品供应的压力,保持市场的供求平衡,归结为政府发行国债的初衷之一(如邓子基,1987,第 257 页;范德军,1989)。

笔者本人也曾持有上述看法(高培勇,1989,第 50 页)。

现在看来,包括笔者在内的许多人之所以会产生如此的认识,全部问题可能在于,当时看漏了这样两个基本事实:

事实之一,举借国债与课征税收①之间具有一种相应的相互替代关系。只要政府举借国债与所课税收的相应减少同时发生,微观经济主体即期可支配收入的相应增加就是必然的。在微观经济主体可支配收入增加的条件下,尽管随之产生的种种因素有可能施加与之方向相反的影响,民间消费的增加总是不可避免的。与此同时,虽然民间投资可能呈减少之势,但在均衡利息率和预期投资收益率的双重作用下,民间投资的减少势头远不如民间消费增加的势头来得强劲。所以,举借国债带给民间部门的影响,非但不是民间总需求的下降,反而是它的上

---

① 这里仍以税收作为除国债之外的其他财政收入形式的代表,这样做既可以简化分析,同时,也不会导致最终结论的实质性变化。

升,非但不是民间消费的减少,反而是它的增加。

事实之二,政府以举借国债方式取得的收入总是要使用的,并且总是要与以其他财政收入形式取得的收入捆在一起使用的。只要政府将举债收入用于其支出,财政支出规模的膨胀就不可避免;只要财政支出规模因此而出现了膨胀,便总会有一部分直接叠加到原有的社会总需求水平之上。再进一步,只要政府将各种形式的财政收入捆在一起使用,举借国债的收入就不必然地用之于投资性支出;只要举借国债收入所面对的是包括转移性支出和消耗性支出在内的整体的财政支出,举借国债的收入便不免于为政府的经常性支出所占用。[①] 也正因为如此,举借国债带给社会总需求的影响,非但不是其总量的下降,反而是它的上升,非但不是社会总消费的减少,反而是它的增加。

以上论断的引申意义在于,当经济面临通货膨胀和物价上涨的威胁时,如果我们寄希望于通过发行国债来减缓社会购买力过旺的势头,并以此将一部分消费基金转化为积累基金,从而保持市场供求的大体平衡,其结果很可能事与愿违。

---

① 陈旭潜(1994)在谈到财政投资资金来源的问题时也曾指出:"财政投资虽然资金筹集有多种形式,但同出一源——财政收入。"这就从另一角度印证了本书关于各种形式的财政收入在质上无差别,实际上是捆在一起使用的分析。

第五章 国债的经济影响：
从货币供给角度所作的考察

从第二章至第四章，我们已经按照社会总需求的各个构成要素，逐一分析了举借国债对民间消费、民间投资和政府支出的影响，并在将这些影响加以综合的基础上，说明了举借国债对作为一个整体的社会总需求所能发生的影响。在本章中，我们将换一个角度，把货币供给因政府举债而受到的影响引入分析过程。毫无疑问，货币供给量的变动，同样可对社会总需求的形成施加影响，尽管这一影响的传导过程可能是间接的。但是，合乎逻辑的结论是，只要举借国债可以影响到货币供给，分析的视界就不能不将其纳入其中。

5.1 财政收支过程对货币供给的影响：一个简要的考察

国债是作为政府取得财政收入的一种形式而加入到财政收支过程中，并通过财政收支过程对货币供给量发生影响的。关于举借国债对货币供给影响的分析，由财政收支过程与货币供给的决定机制之间的关系来入手，似乎是很自然的事情。

周慕冰(1991)曾在财政收入不包括举债收入的约定下，就财政收支过程对货币供给的总量张缩（即扩张和收缩）作用问题作过说明。在现代银行制度下，微观经济主体的货币收支活动通过商业银行进行，政府财政机关的货币收支活动经由中央银行进行。财政的收入过程既表现为微观经济主体把自己所拥有的资金交给政府财政机关支配，它就意味着货币要由商业银行账户流入中央银行账户;财政的支出过程既表现为政府财政机关把自己所拥有的资金交给微观经济主体支配,①它就意味着货币要由中央银行账户流入商业银行账户。

从表面上看,随着财政收支过程所带来的,仅仅是货币在各个银行账户之间的流动,不是由商业银行账户流入中央银行账户,就是由中央银行账户流入商业银行账户,如此的流动似乎是不会引起货币供给量的变动的。但是,深入一步看,中央银行账户上的货币与商业银行账户上的货币有着质的区别。中央银行账户上的货币作为非银行部门和商业银行所持有的中央银行的负债凭证,是基础货币。在货币供给的决定中,它具有倍数扩大的高能作用。商业银行账户上的货币作为非银行部门所持有的商业银行的负债凭证,是存款货币。在货币供给的决定中,它是在基础货币的基础上派生出来的。正是由于基础货币和存款货币在性质上的这种差别,财政收支活动对货币供给的总量张缩作用,便表现出来了。

5.1.1 财政的支出过程:基础货币扩张为存款货币

财政的支出过程,既是货币由中央银行账户流入商业银行账户的过程,那么,它实际上也就是基础货币扩张为存款货币的过程。

不妨用事例来说明这一过程。

假定财政机关通过中央银行以签发支票的方式向微观经济主体拨付款项 100 万元,②中央银行和商业银行的账户将因此而发生如下变化:

(1)中央银行账户负债方财政金库存款减少 100 万元,资产方准备金减少 100 万元。

(2)微观经济主体将中央银行支票送存自己的开户商业银行 A,则商业银行 A 通常会对此作出双重反应:一方面在微观经济主体的存

---

① 不管财政支出是属于转移性支出,还是属于消耗性支出,其结果均是如此。
② 既可用作向微观经济主体购买物品和服务,也可用作向微观经济主体的转移支付。

款账户上加记一笔相应的货币,形成微观经济主体所持有的商业银行负债(存款货币);另一方面,将微观经济主体交存的中央银行支票寄存中央银行,中央银行将签发支票转作商业银行存款,形成商业银行所持有的中央银行负债(存款准备金)。其结果,商业银行A账户资产方准备金增加100万元,负债方公众存款增加100万元。中央银行账户资产方准备金增加100万元,负债方商业银行存款增加100万元。

(3)依据现代货币银行理论,假定法定存款准备金比率为20%,商业银行A所持有的100万元新增存款准备金在经过整个商业银行系统的资产业务运用之后,将会被倍数扩张为大约500万元的存款货币。

上述财政支出过程所带来的货币供给量的倍数扩张过程,可用图5-1来反映。

中央银行
××××
(1)准备金-100万元
(2)准备金+100万元

××××
(1)财政金库存款-100万元
(2)商业银行存款+100万元

商业银行A
××××
(2)准备金+100万元

××××
(2)公众存款+100万元

整个商业银行系统
××××
(3)准备金+100万元
(3)贷款和投资+400万元

××××
(3)公众存款+500万元

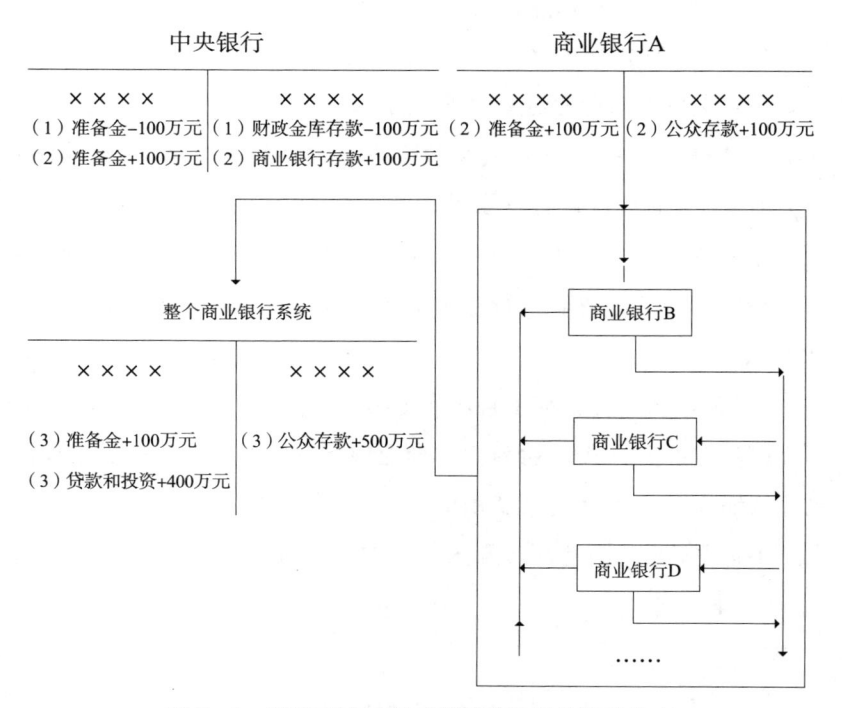

商业银行B
商业银行C
商业银行D
……

图5-1 财政支出过程对货币供给量的扩张效应

5.1.2 财政的收入过程:存款货币收缩为基础货币

财政的收入过程,既是货币由商业银行账户流入中央银行账户的过程,那么,它实际上也就是存款货币收缩为基础货币的过程。

仍可以事例来说明这一点。

假定微观经济主体通过商业银行 A 以签发支票方式向财政(税务)机关缴纳税款 100 万元,中央银行和商业银行账户将因此而发生的变化如下:

(1)商业银行账户负债方公众存款减少 100 万元,资产方准备金减少 100 万元。

(2)微观经济主体将商业银行支票交送财政(税务)机关,财政(税务)机关转送中央银行。中央银行则对此作出双重反应:一方面在财政机关的财政金库存款账户上加记一笔相应的货币,形成财政机关所持有的中央银行负债(财政金库存款);另一方面,将财政(税务)机关交存的商业银行支票冲减商业银行 A 在中央银行的存款,商业银行 A 所持有的中央银行负债(存款准备金)减少。其结果,中央银行账户负债方商业银行存款减少 100 万元,财政金库存款增加 100 万元。

(3)假定法定存款准备金比率为 20%,商业银行 A 所持有的 100 万元存款准备金的减少,会对整个商业银行系统的资产业务运用规模产生收缩作用,从而使存款货币倍数收缩大约 500 万元。

上述财政收入过程所带来的货币供给量的倍数收缩过程,可以用图 5-2 来反映。

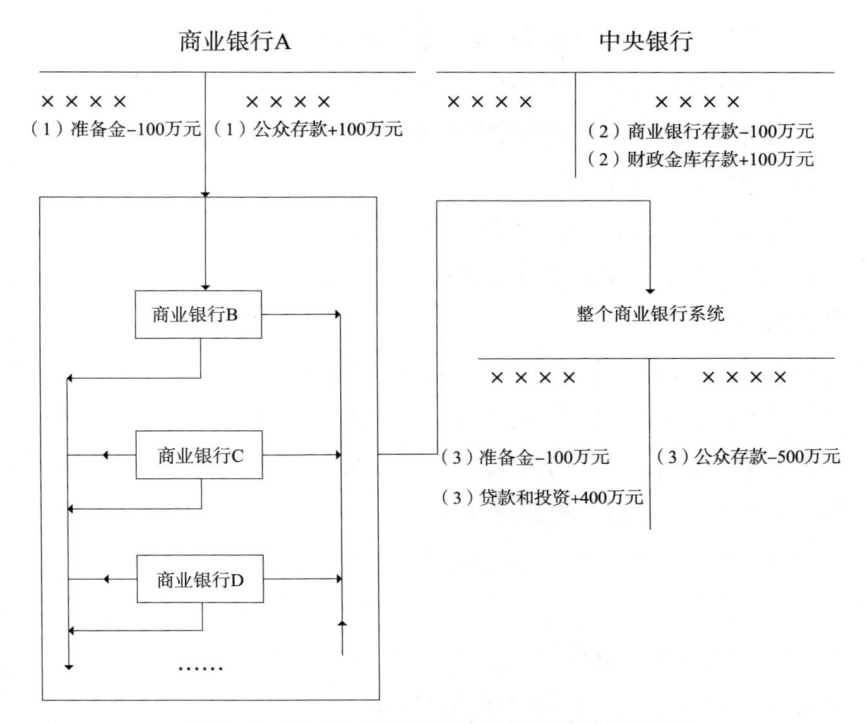

第五章 国债的经济影响:从货币供给角度所作的考察　115

```
        商业银行A                          中央银行
    ××××      ××××          ××××         ××××
（1）准备金-100万元 （1）公众存款+100万元  （2）商业银行存款-100万元
                                       （2）财政金库存款+100万元


          商业银行B                  整个商业银行系统
                                    ××××         ××××
          商业银行C            （3）准备金-100万元  （3）公众存款-500万元
                             （3）贷款和投资+400万元

          商业银行D

           ……
```

图 5-2　财政收入过程对货币供给量的收缩效应

5.1.3　财政收入与财政支出过程的综合效应:扩张还是收缩?

从上述分析中可以看出这样一个事实:撇开其他方面因素的影响不论,财政支出过程实际上就是商业银行的存款准备金相应增加的过程,而商业银行存款准备金的增加,通过货币乘数效应的传导,会造成整个社会的货币供给量多倍增加;财政收入过程实际上就是商业银行的存款准备金相应减少的过程,而商业银行存款准备金的减少,通过货币乘数效应的传导,会造成整个社会的货币供给量多倍减少。

进一步看,如果法定存款准备金比率是一定的,并且,财政收入和财政支出在量上是平衡的,那么,等量的财政收入从商业银行账户流入中央银行账户所带来的货币供给总量的收缩效应和等量的财政支出从中央银行账户流入商业银行账户所带来的货币供给总量的扩张效应，就是对称的。如此的总量收缩效应和总量扩张效应相互抵消后，货币供给总量将保持不变。

这就是说，在财政收支平衡，并且，财政收入的来源不包括举借国债收入①的条件下，财政收支过程对货币供给的决定，在总量上是没有什么影响的。

问题在于，事实上，如前所述，包括中国在内的现代经济条件下的政府财政，已经离不开国债的支持，政府的财政收支过程通常不可能与举债无缘。因此，只要政府财政收入的一部分（哪怕是很小的一部分）是以发行国债的形式取得的，财政收支过程不对货币供给总量构成影响的说法便可能被打破，而不再成立。②

一旦国债被作为政府取得财政收入的一种形式而引入财政收支过程，货币供给量将因此而发生怎样的变化呢？是表现为总量扩张，还是表现为总量收缩？下一节我们便来回答这个问题。

5.2 国债的认购主体与货币供给

为了分析上的方便起见，我们先作出如下两点约定：

1. 举借国债收入是政府财政收入的来源之一。

2. 政府财政支出的规模既定，并且与包括举债收入在内的财政收入在量上相平衡。

---

① 到目前为止，本节的分析正是基于财政收入不包括发行国债收入这一假定条件而展开的。

② 也可换一种表述，只要政府财政收入中发生了国债与其他财政收入形式的替代，财政收支过程便可能对货币供给总量的决定发生影响。无论采取哪一种表述，均与本书的研究思路相吻合。

在上述约定的条件下,举借国债究竟会对货币供给产生什么样的影响,主要视国债的认购主体而定。前面曾说过,国债主要是向民间部门发行、由微观经济主体来认购的。但微观经济主体是一个统称,就性质来说,它可以分为企业和家庭两个部门,其中企业又可以进一步区分为银行企业部门和非银行企业部门。在银行企业部门项下的主要是商业银行,在非银行企业部门项下的自然是除商业银行之外的其他企业,如工商企业、非银行金融机构等。不过,就对货币供给所带来的影响而言,非银行企业部门和家庭部门认购国债的区别是不大的,因而不妨将它们统称为社会公众而放在一起来考察。这样,社会公众和商业银行便可以分别作为国债的认购主体,进入我们的分析视界。

除此之外,主要出于政策方面的考察,现实经济生活中,中央银行和政府机构(财政机关除外)通常也要加入到国债认购者的行列中。尽管这两个部门作为国债认购主体的行为方式与微观经济主体有着显著的不同,但由此而带来的货币供给效应,同样是不能忽略的。所以,我们在讨论了社会公众和商业银行认购国债的经济影响之后,考察的镜头还将转到中央银行和政府机构认购国债的情形上。

5.2.1 社会公众作为国债的认购主体

根据前面的分析,社会公众认购国债实质是一种储蓄行为,它用以认购国债的资金无非来源于两个方面:一是出自储蓄资金或原本用于投资支出的资金,另一是出自消费资金或原本用于消费支出的资金。不论两种来源的各自占比如何,当社会公众认购国债时,意味着货币由商业银行账户向中央银行账户转移;而当财政机关将发行国债所得收入用于支出时,又意味着货币由中央银行账户向商业银行账户转移。联系上一节的分析,前者表现为货币供给的总量收缩,后者表现为货币供给的总量扩张。如果两者的变动规模相等,但方向相反,其结果,除有可能引起市场利息率的短时波动外,一般只会造成政府支出和民间支出的转换,而不会增加或减少经济中的货币供给量。

举例说明。

假定社会公众通过开户商业银行以签发支票方式向财政机关认购国债 100 万元,①商业银行和中央银行账户将因此而发生如下变化(见图 5-3):

中央银行		商业银行A	
××××	××××	××××	××××
	(2)财政金库存款+100万元	(1)准备金-100万元	(1)公众存款-100万元
	(2)商业银行存款-100万元	(3)准备金+100万元	(3)公众存款+100万元
	(3)财政金库存款-100万元		
	(3)商业银行存款+100万元		

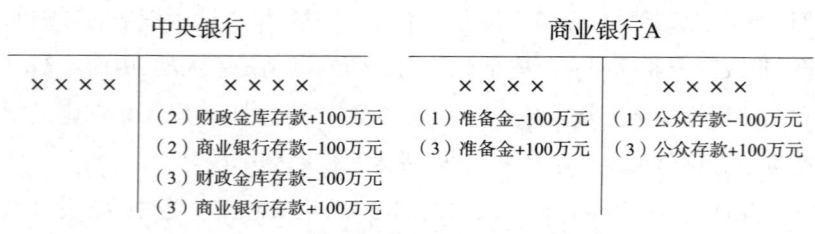

图 5-3　社会公众认购国债对货币供给的影响

(1)商业银行为支付提款,一方面其账户负债方公众存款减少 100 万元,另一方面其账户资产方准备金亦减少 100 万元。

(2)社会公众将代表国债认购款的支票交送财政机关,财政机关又将其转送中央银行。中央银行对此作出两种反应:一方面在财政机关的财政金库存款帐户上加记 100 万元,即中央银行账户负债方财政金库存款增加 100 万元。另一方面将财政机关交存的商业银行支票冲减商业银行在中央银行的存款,即中央银行账户负债方商业银行存款减少 100 万元。

如果这时商业银行拥有超额准备金,则社会公众的提款不会引起货币供给收缩。如果这时商业银行并无超额准备金,则社会公众的提款将使商业银行发生准备金不足,而只能通过收回部分贷款或变卖库

---

① 社会公众从商业银行提取存款并以现金形式认购国债与以签发支票的形式认购国债的经济影响,没有实质上的区别。故为简化分析起见,这里假定社会公众以后一种形式认购国债。

存有价证券的办法,以资填补。这时,货币供给将因此而收缩并出现紧俏,市场利息率随之上升。

不过,这种紧缩现象的出现只是一时性的,一旦进入第(3)步,紧缩的现象便会自动解除或缓和。

(3)财政机关支用其新存款,签发支票将100万元分别拨付给居民家庭或工商企业等社会公众。社会公众又将财政机关所签支票交存各自开户商业银行。于是,商业银行一方面在其账户负债方加记公众存款100万元,另一方面将社会公众交存的中央银行支票寄送中央银行,待中央银行将支票冲减财政金库存款并转作商业银行存款后,又在其账户资产方加记准备金100万元。

到这时,商业银行的公众存款额和存款准备金额又会恢复到原有的水平。也就是,与社会公众认购国债之前相比,商业银行存款准备金没有变动,公众存款总额也没有变动。前述的紧缩现象随之消除,市场利息率回降至原有水平。

由此我们可以认为,社会公众作为国债的认购主体带给货币供给的影响,一般是"中性"的。①

5.2.2 商业银行作为国债的认购主体

商业银行之所以要认购国债,一方面是因为持有政府债券可以获得稳定的利息收入,在资金方面安全可靠,是它作为企业的一项有利的投资。另一方面,是因为政府债券的流动性较高。当第一线储备资产(现金)不足时,随时可通过出售一定数量的政府债券来换取现金,它是银行的一种可靠的第二线储备资产。但是,商业银行认购国债对货

---

① 不过,这里有一点须注意,公众存款的持有人可能发生变化。在财政机关支用其存款后,新增公众存款的所有人可能并不是认购国债的人,而这两种人花掉存款的模式或倾向可能有所不同。

币供给的影响如何，当视其用以认购国债的资金是否来源于超额准备金而定。

如果商业银行的超额准备金未全部用于其资产业务，它便可以用超额准备金来认购国债。当商业银行用超额准备金认购国债时，意味着货币由商业银行账户向中央银行账户转移；而当财政机关将发行国债所得货币支用出去时，又意味着货币由中央银行账户向商业银行账户转移。在这一过程中，由于用以认购国债的超额准备金系商业银行原未动用的准备金，所以前者不会带来货币供给的总量收缩，后者却仍表现为货币供给的总量扩张。两者相抵，其结果，便是货币供给量以相当于商业银行认购国债额一倍的规模增加。这一点，同商业银行向工商企业和家庭发放贷款或从事证券投资的情形是类似的。

如果商业银行的超额准备金已经全部用于其资产业务，它便只能用收回贷款或投资的办法来筹措认购国债资金。当商业银行以收回贷款或投资所得货币来认购国债时，其对货币供给的影响便同社会公众认购国债无异了。这是因为，在这一过程中，同样意味着货币由商业银行账户到中央银行账户以及由中央银行账户再到商业银行账户的转移，并相应表现为货币的总量收缩和总量扩张。特别是对商业银行本身来说，购进政府债券和向工商企业或家庭发放贷款或投资，都是其资产业务的构成内容。显而易见，在资产业务总规模不变的条件下，资产业务具体构成项目之间的此增彼减并不会带来货币供给量的变动。

鉴于后一种情况所引起的商业银行和中央银行账户的调整同社会公众认购国债的情形基本无异，这里仅举前一种情况为例说明。假定商业银行动用超额准备金认购国债 100 万元，商业银行和中央银行账户因此而发生的变化如下（见图 5－4）：

（1）商业银行签发支票 100 万元交付财政机关，购入政府债券 100

万元。这时,其账户资产方准备金减少100万元,持有政府债券增加100万元。

中央银行		商业银行A	
××××	××××	××××	××××
	(2)财政金库存款+100万元	(1)准备金-100万元	
	(2)商业银行存款-100万元	(1)政府债券+100万元	
	(3)财政金库存款-100万元	(3)准备金+100万元	(3)公众存款+100万元
	(3)商业银行存款+100万元		

图5-4 商业银行以超额准备金认购国债对货币供给的影响

(2)财政机关将商业银行支票送存中央银行,中央银行遂在财政机关的财政金库存款账户上加记100万元,同时,在商业银行的存款账户上减记100万元。即中央银行账户负债方财政金库存款增加100万元,商业银行存款减少100万元。

(3)财政机关将举借国债收入100万元充作支出财源,以签发支票方式分别拨付给居民家庭和工商企业等社会公众。社会公众又将财政机关所签支票交存各自开户商业银行。商业银行遂在其账户负债方加记公众存款100万元,同时将社会公众交存支票寄送中央银行,待中央银行将支票冲减财政金库存款并转作商业银行存款后,便在其账户资产方加记准备金100万元。

经过以上三步变化,公众存款或说是国民经济中的存款货币净增了100万元。也就是说,有些社会公众比商业银行购进政府债券之前多出100万元的钱,而又没有哪些社会公众的钱因此而减少。

考虑到上述前后两种情况可能会同时存在,我们可以适当地认为,商业银行作为国债认购主体对货币供给产生了扩张性影响。

5.2.3 中央银行作为国债的认购主体

中央银行认购国债,通常是出于下述两种原因:一是中央银行作为货币政策执行机关,要通过在公开市场上买卖政府债券来调节货币供给量和市场利息率(这也就是所谓"公开市场业务"),因而需大量购入政府债券作为执行货币政策的基础;另一是中央银行作为政府财政的支持者,在政府财政面临大量赤字的情况下,要通过认购一定数额的国债为政府财政提供资金援助(尤其在政府不能从其他方面找到足够的国债收入来源时更是如此)。

中央银行认购国债,既可以通过直接途径,从财政机关直接购入,也可以通过间接途径,从公开市场上买进。途径和方式不同,对货币供给的影响及其传导过程也略有区别。

先来看一下中央银行从财政机关直接购入政府债券的情形。

当中央银行从财政机关直接认购国债时,它是以在财政机关的财政金库存款账户上加记一笔相应数额的货币的方式来进行的,这就意味着相应数额的基础货币被"创造"出来了;当财政机关把这笔货币用作支出而拨付出去时,又意味着这笔货币由中央银行账户流入了商业银行账户。将前述道理应用于此,具有高能作用的基础货币的创造及其由中央银行账户向商业银行账户的转移,所带来的肯定是货币供给的倍数扩张。

不妨举例说明这一过程。

假定中央银行以在财政机关的财政金库存款账户加记100万元的方式直接从财政机关购入政府债券100万元,中央银行和商业银行账户将因此而发生如下变化(见图5-5):

(1)中央银行账户资产方持有政府债券增加100万元,负债方财政金库存款增加100万元。

(2)财政机关支用其存款,签发支票将100万元分别拨付给居民家庭或工商企业等社会公众。社会公众将财政机关所签支票送存其开

第五章 国债的经济影响：从货币供给角度所作的考察　　123

户商业银行 A。商业银行 A 一方面在其账户负债方加记公众存款 100 万元，另一方面将社会公众交存的支票寄送中央银行。待中央银行将支票冲减财政金库存款并转作商业银行存款后，遂在其账户资产方加记准备金 100 万元。

　　(3) 到这时，商业银行 A 已经拥有新增存款准备金和公众存款 100 万元。假定法定存款准备金比率为 20%，那么，在经过整个商业银行系统的资产业务运用之后，新增存款准备金将会被倍数扩张为大约 500 万元的存款货币（包括第(2)步所形成的 100 万元公众存款）。

　　再来看中央银行从公开市场间接购入政府债券的情形。

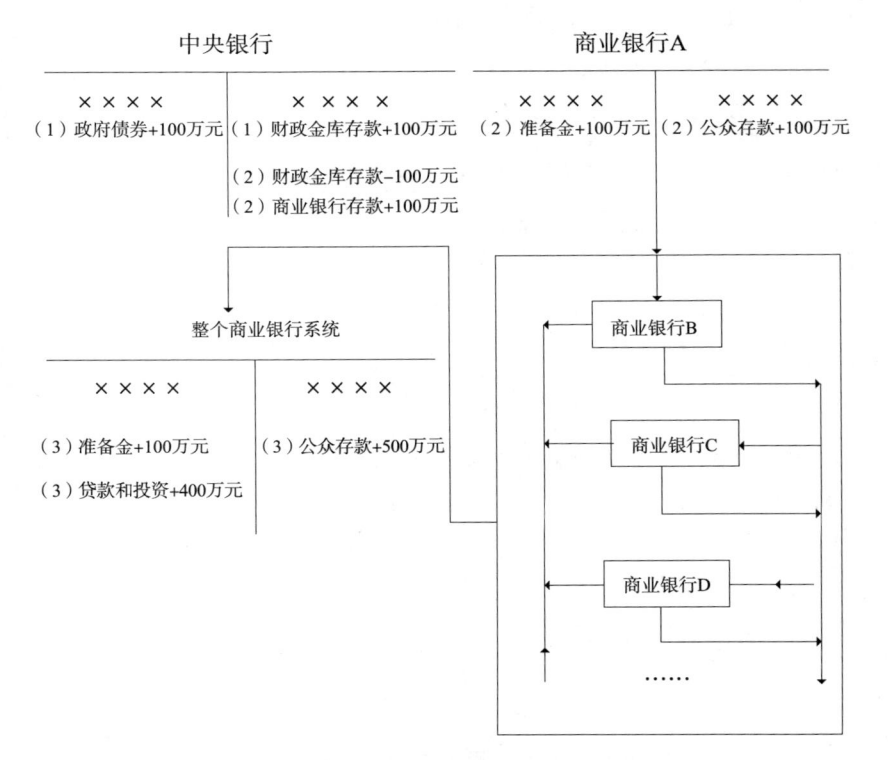

中央银行		商业银行A	
×××× (1) 政府债券+100万元	×××× (1) 财政金库存款+100万元 (2) 财政金库存款-100万元 (2) 商业银行存款+100万元	×××× (2) 准备金+100万元	×××× (2) 公众存款+100万元

整个商业银行系统	
×××× (3) 准备金+100万元 (3) 贷款和投资+400万元	×××× (3) 公众存款+500万元

商业银行B
商业银行C
商业银行D
……

图 5-5　中央银行从财政机关直接认购国债对货币供给的影响

当中央银行从公开市场上购入政府债券时,其可能的交易对象便是社会公众和商业银行。

如果中央银行从社会公众手中购入政府债券,它通常是以签发支票的方式来进行的。当政府债券出售者将中央银行支票交存商业银行并通过商业银行与中央银行的结算而相应形成商业银行持有的中央银行负债时,基础货币便被"创造"出来且由中央银行账户流入了商业银行账户。这时的结果,自然也是货币供给的倍数扩张。

仍可举例说明这一过程。

假定中央银行以签发支票的方式从社会公众手中购入政府债券100万元。中央银行和商业银行账户因此而发生的变化如下(见图5-6):

```
        中央银行                          商业银行A
  ××××      ××××          ××××         ××××
(1)政府债券+100万元  (1)签发支票+100万元  (2)准备金+100万元  (2)公众存款+100万元
              (2)签发支票-100万元
              (2)商业银行存款+100万元

                                        商业银行B

      整个商业银行系统

  ××××      ××××                    商业银行C
(3)准备金+100万元  (3)公众存款+500万元
(3)贷款和投资+400万元
                                        商业银行D

                                         ……
```

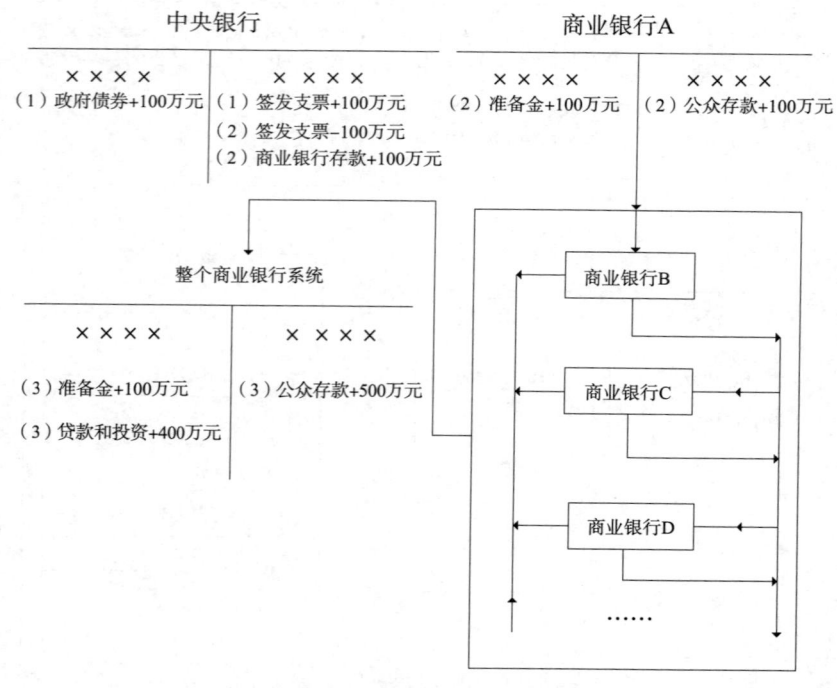

图5-6 中央银行从社会公众手中间接认购国债对货币供给的影响

(1)中央银行账户资产方持有政府债券增加100万元,负债方签发支票增加100万元。

(2)债券出售者将中央银行支票送存开户商业银行A,商业银行A遂在其账户负债方加记公众存款100万元,同时将支票转送中央银行,待中央银行将所签支票转作商业银行存款后,又在其账户资产方加记准备金100万元。

(3)在法定存款准备金比率为20%的条件下,商业银行A所持有的新增存款准备金100万元,在经过整个商业银行系统的资产业务运用之后,将会被倍数扩大为大约500万元的存款货币(包括第(2)步所形成的100万元的公众存款)。

如果中央银行从商业银行手中购入政府债券,它通常是以在商业银行存款准备金账户上加记一笔相应数额的货币的方式来进行的。这时,相应数额的基础货币便被"创造"出来了。当商业银行据此在自己账户的资产方加记这笔相应数额的准备金时,被创造出来的基础货币便由中央银行账户流入了商业银行账户,并进入了倍数扩张的过程。只不过这时的公众存款未直接随中央银行认购国债而马上增加,它所带来的存款货币扩张倍数较之中央银行从其他交易对象手中购入政府债券的情形小1。

请看如下例子。

假定中央银行以在商业银行存款准备金账户加记100万元的方式从商业银行A手中购入政府债券100万元。中央银行和商业银行账户因此而发生的变化如下所示(见图5-7):

(1)中央银行账户资产方持有政府债券增加100万元,负债方商业银行存款增加100万元。

(2)商业银行A将原持有政府债券交付中央银行的同时,在自己

126　国债运行机制研究

账户上进行相应结算。即其账户资产方持有政府债券减少 100 万元，准备金增加 100 万元。①

（3）商业银行 A 新增存款准备金 100 万元，在法定存款准备金比率为 20% 的条件下，经过整个商业银行系统的资产业务运用之后，可以使存款货币倍数扩张大约 400 万元的规模。

```
        中央银行                                商业银行A
  ××××      ××××              ××××        ××××
（1）政府债券+100万元  （1）商业银行存款+100万元  （2）政府债券-100万元
                                        （2）准备金+100万元

                    整个商业银行系统
                                            ┌─商业银行B─┐
       ××××         ××××                │           │
  （3）准备金+100万元   （3）公众存款+500万元        │─商业银行C─│
  （3）贷款和投资+400万元                          │           │
                                            │─商业银行D─│
                                            └─ ……  ─┘
```

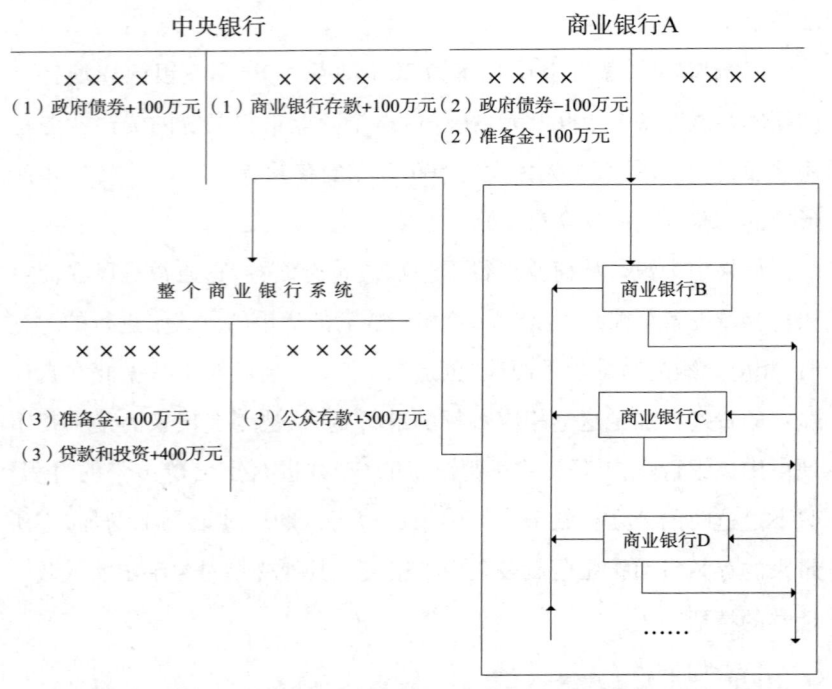

图 5-7　中央银行从商业银行手中间接认购国债对货币供给的影响

从以上分析可以获得一个重要的结论：只要中央银行认购国债，无论是通过直接途径，还是通过间接途径，也无论是从财政机关购入，还是从社会公众或商业银行手中购入，其共同的结果都是商业银行所持

---

① 请注意，这时在商业银行账户上的公众存款未同时发生变化，这是其所带来的存款货币扩张倍数较小的原因所在。

有的中央银行负债(存款准备金)相应增加,并由此带来货币供给量的倍数扩张。①

5.2.4 政府机构作为国债的认购主体

最后一个可能的国债认购主体是除财政机关之外的政府机构。不过,与前有所不同的是,政府机构出任国债的认购主体,一般既不是出于储蓄或投资的动机,也不是基于执行经济政策的考虑,而主要是为了充分利用政府部门内部的资金。

具体来说,就是:(1)政府经费拨付的集中性和政府支出速率的均衡性,通常可使政府机构在经费支出过程中形成一笔暂时存留的资金,其中的大部分可通过投放于为期几个月的短期国债而调剂使用;(2)政府管理的各种社会保障基金(如西方发达国家),往往有自己独立的税款收入,且专款专用,有可能形成部分暂时盈余而调剂给财政机关;(3)地方各级政府掌握的财政资金和预算外资金(如我国)也可能出现盈余而处于暂时闲置状态,完全可以将其中的一部分以认购国债的形式纳入政府财政(主要指中央财政)的收支过程。

但不管原因或目的怎样,前面已经说过,政府机构认购国债实际上仅是政府部门内部的资金转移,或说是政府各部门银行存款账户之间的资金余缺调剂。与这一过程相伴随的,基本是货币在中央银行账户之间的流动。既然如此,它带给货币供给的影响不大,可以将其大致视为"中性"。

5.2.5 各种情形的组合

在现实经济生活中,上述四个部门可能同时出任国债的认购主体,

---

① 当然,这并不排除由此带来的货币供给的扩张倍数有所不同。

也可能非同时加入国债认购者的行列。这显然要取决于当时的经济形势。不过,尽管我们在理论上不容易断定来源于上述部门的资金在举借国债的收入总额中各自占据多大比例,但是,根据以上分析,说举借国债带给货币供给的整体影响,至少不是紧缩性的,在大多数情况下,则可能都是扩张性的,应当不会有什么异议。

这也就是说,只要国债作为财政收入的一种形式加入财政收支过程,财政收支过程便具有了扩张货币供给之效。再一步,由于货币供给增加的过程就是社会总需求扩张的过程,所以,举借国债通过货币供给这一传导因素所带来的,也是社会总需求的扩张。

5.3 国债的流动性与货币供给

举借国债对货币供给的影响,还表现在它所带来的社会流动性状况的变化上。我们仍在上一节的约定条件下来讨论这个问题。

5.3.1 政府债券是一种具有一定程度的流动性的金融资产

在定义国债概念时,笔者曾经指出,国债主要是指政府通过在国内外发行债券的办法来取得财政收入的一种形式。政府所发行的债券,便是其认购者所持有的一种金融资产。金融资产总是要具有一定程度的流动性的。

现代货币银行理论告诉我们,金融资产的流动性指的是它迅速变为货币而在以货币计算的价值上不蒙受损失的能力(钱德勒、哥尔特菲尔特,1980)。本着这种理解,如果一种金融资产的变现能力强,且变现成本低,它就具有较高的流动性。反之,则流动性就较低。依此而论,狭义货币(即由硬币、纸币和活期存款所构成的 M_1)是具有完全的流动性的。既然它已经是货币,在出售它即将它变成货币时就不存在费用和困难,而且一个货币单位的价值就固定是一个货币单位。① 其次是储蓄和定期存款(储蓄和定期存款加之上述的 M_1,构成广义货币 M_2)。它虽然不能直接据此开出支票,但完全可以在事先通知银行后而取得现款。当然,在此过程中其本身的价值也不发生变动,故在流动性程度上仅次于狭义的货币。再往后便是政府债券了。任何持有者都可以把到期的政府债券换成现款,或者,把未到期的政府债券在公开市场上出售来换取现款。尽管出售的价格不是稳定的,而且事先亦难以预测价格的长期波动,因而变现过程中很可能伴随有一定的成本费用。但是,只要持有者持有这种易于换成现款的资产,就能为其开支提供方便。就这个意义来讲,它和银行存款的影响无异。也正因为如此,经济学家们往往将政府债券称为"货币近似物"或"准货币",并主张将其纳入货币供给量的统计范围(萨缪尔森,1979)。② 至于除政府债券之外的其他有价证券,如公司债券、抵押债券、商业票据等,当然也是具有一定程度的流动性的。但不管怎样,这些证券即使是由信誉卓著的公司或银行所发行或签发,也至少总有一点儿不能偿还的风险。它们和根本没有风险的政府债券相比,前者的变现能力和变现成本,肯定分别低于和高于后者。所以,在流动性程度上,它们自然要排在政府债券的后面。

由上述分析不难看出,政府债券是一种具有一定程度的流动性的金融资产。它虽然不如货币那样具有完全的流动性,但作为货币近似物或准货币,也带有货币的许多特点,因而在某种程度上可以说是相当于货币的。联想到国债认购者在交出具有完全流动性的货币以换回具有一定程度的流动性的政府债券的同时,流入政府部门手中的货币并

---

① 这里排除通货膨胀的因素不论。
② 其主张是使用 M_3 的统计口径,即 $M_3 = M_2 +$ 政府债券。从实践上来看,许多国家的政府债券往往分别被列入不同层次的货币供给数量的范围,并成为中央银行监控的目标。

未随之退出流通,①其结果显然是社会上的流动性程度或说是货币供给量因政府举债而增加了。

5.3.2 政府债券的结构性特征与其流动性效应的增大

在上面的讨论中,我们一直是将国债视为一个整体来考察其对社会流动性状况的影响的。事实上,国债是一个总的范畴,一个国家的国债总是由许多不同形式的具体国债所构成的。换言之,在政府债券中,也是可以作进一步的分类的。不同种类的政府债券,在流动性程度上具有差别。

例如,按照能否上市来分类,可将政府债券区分为可转让债券与不可转让债券。可转让债券是能在金融市场上自由流通买卖的政府债券,认购者在购入这种债券后,可视其本身的资金需求状况和金融市场行情,随时将债券拿到市场上出售,转让他人。也就是说,这种债券的认购者不一定是债券的唯一或最终持有者。如各国政府所发行的国库券、财政部债据等,一般均属此类。与之相反,不可转让债券是不能在金融市场上自由流通买卖的债券,认购者在购入这种债券后,即使遇有资金急需或发现金融市场行情变化有利,也不能将债券及时拿到市场上脱手转让。唯一能做到的,是通常可在持有一定期限后将债券拿到财政机关,向政府要求提前兑现(当然要以损失一定的利息为代价)。也就是说,这种债券的认购者就是债券的唯一或最终持有者。如各国政府所发行的专门用于吸收居民家庭所持有的储蓄资金的储蓄债券以及专门用于从特定金融机构筹集财政资金的专用债券等(高培勇,1989,第92—99页)即属此类。毋庸赘言,可转让债券与不可转让债

---

① 参见上一节所述,政府所取得的举债收入总要用于支出,从而从中央银行账户回流至商业银行账户。

券相比,前者具有更大的流动性。

还如,按照偿还期限来分类,可将政府债券区分为短期债券、中期债券和长期债券。国债从发行之日起至归还本金时止,为国债的偿还期限。与之相适应,偿还期限短的政府债券(如1年之内)为短期债券,偿还期限长的政府债券(如10年或10年以上)为长期债券。介于两者之间的(如1年至10年)为中期债券。将中期债券存而不论,单就短期债券与长期债券的比较来说,它们在流动性上的差异十分明显。短期债券,一方面,作为政府的直接债务,几乎没有任何不能按时并充分履行约定的利息支付或偿还本金的风险。另一方面,作为期限较短的债务(大部分只有几个月的期限),市场利息率的任何上涨都只能轻微地影响其价格。这就使得它通常可为人们所乐于接受,从而拥有一个活跃且不间断的市场。长期债券,虽然在作为政府的直接债务,具有高度的安全可靠性这一点上与短期债券无异,但作为期限较长的债务(特别是10年以上或只可按期取息,但没有规定偿还期限的所谓无期债券),随市场利息率的任何上涨而价格大幅跌落的可能性极大。尽管这也同时伴随因市场利息率的任何下降而获得较大的资本收益的另一种可能性,但其市场风险总要较之短期债券为高。所以,除非长期债券提供的利息收益非常之高,否则,在其他条件相同的条件下,人们往往宁愿要短期的而不愿接受长期的债券。相比之下,短期债券的流动性大大高于长期债券是显而易见的,或许这也正是短期的政府债券享有"仅次于现金的凭证"之称的原因所在。这就是说,如果在政府债券中包括有一部分可转让的政府债券。或者,政府债券的一部分是由短期的政府债券所构成的,政府债券作为一种金融资产所具有的流动性,肯定会进一步增大。

事实上,现实经济生活中,出于推销上的顺利以及执行经济政策等方面的考虑,政府所发行的债券,主要的还是可转让的政府债券。而且,其中的大头儿也在于短期的政府债券。①

由此可以推论,举借国债不仅可以增加社会上的流动性或货币供给量,更重要的问题还在于,政府债券上所呈现的可转让债券为主、短期债券居多的这一结构性特征,对举借国债所具有的扩张货币供给之效产生了一种推力。在此条件下,社会总需求因此而出现扩张,更有其必然性了。

5.4 国债的偿付活动与货币供给

前面几节的分析基本上是围绕着国债的发行对货币供给的影响而展开的,国债的偿付与货币供给的关系问题还未提及。但是,如前所述,政府举债总要牵涉到发行和偿付前后两个阶段的活动。如果只注意考察前者,而漏掉了后者,由此而得出的结论显然不能说是全面的。就此而论,我们现在应当把货币供给因国债的偿付活动而受到的影响,引入分析进程。

其实,对前一阶段活动的分析已经潜在地为考察后一阶段的活动打下了基础。

国债的偿付活动既然要纳入政府财政的收支过程,它一方面同财政收入有关,即要通过财政收入过程为国债的偿付费用筹措必要的资金,另一方面同财政支出有关,即要把应付的国债本息通过财政支出过程拨付到国债持有者手中,分析的出发点就应是国债的偿付分别对财政收入和支出两个过程的影响。

从国债的偿付对财政收入过程的影响来看,我们在第三章曾经指

---

① 王传纶教授在《资本主义财政》(1981,第 222—233 页)一书中,就曾指出过这一点:"各国平时大量发行的是各种上市的债券,……国家债券的平均期限缩短,这是战后各国的普遍的趋势。"

出，不论是国债本金的偿还费用，还是国债利息的支付费用，或是两者的某种结合，偿债费的资金来源无非有二：增课税收和举借新债。根据前面的分析，如果以增税的办法为国债的偿付费用筹措资金，就意味着货币要由商业银行账户流入中央银行账户，其结果是商业银行存款准备金的相应减少和货币供给量的多倍收缩；如果以举债的办法为国债的偿付费用筹措资金，不论作为国债的认购主体的社会公众、商业银行、中央银行和政府机构所认购的国债在举债收入总额中的各自占比如何，也不论政府所发行的债券是可转让债券、不可转让债券，还是短期债券、中期债券或长期债券，其结果一般都是货币供给量的相应扩张。由此观之，既然前者表现为货币供给的收缩，后者表现为货币供给的扩张，问题自然就可归结到来自于增税和举债的资金孰多孰少上来了。倘若偿债费的资金来源以增税为主，由此而带来的货币的收缩效应就大于货币的扩张效应，那么，国债的偿付带给财政收入过程的影响就是收缩性的；反之，倘若偿债费的资金来源以举债为主，由此而带来的货币的扩张效应就大于货币的收缩效应，那么，国债的偿付带给财政收入过程的影响就是扩张性的。

然而，问题的复杂之处恰恰在于，偿债费的两种资金来源的力量对比究竟怎样，要取决于当时当地的具体情况。更何况，实践中各种形式的财政收入又是捆在一起使用的。因此，这一问题的理论判断既费周折，也不那么容易说清。看起来，问题的答案还得从国债的偿付对财政收支两个过程影响的综合分析中去寻求。

从国债的偿付对财政的支出过程的影响来看，我们在第四章中说过，偿债费支出虽是因政府举债而引致的，但它是作为政府财政支出的一个项目而存在的。而且，由于它的存在和膨胀，也使得财政支出的规模随之膨胀了起来。从这个意义来说，偿债费支出同财政支出的其他项目对货币供给的影响是一样的。当政府把应付的国债本息拨付给国债的持有者时,同样意味着货币由中央银行账户流入商业银行账户,其结果,同样是商业银行存款准备金的相应增加和货币供给量的多倍扩张。联想到偿债费支出是导致政府财政支出规模膨胀的原因之一,财政支出过程对货币供给的总量扩张效应的大小又与财政支出的规模正相关,所以,说国债的偿付加大了财政支出过程对货币供给的扩张性影响,是很自然的。

将国债的偿付对财政收入和财政支出两个过程的影响联系起来,不难引出如下推论:如果用作偿债费支出的资金全部来源于增课税收,那么,国债的偿付活动对货币供给的影响就是"中性"的;如果用作偿债费支出的资金部分地来源于举借新债,部分地来源于增课税收,那么,国债的偿付活动对货币供给的影响便是扩张性的;如果用作偿债费支出的资金全部来源于举借新债,则国债的偿付活动对货币供给的扩张性影响会进一步加大。

总的来看,现实经济生活中偿债费支出全部来自于增课税收或全部来自于举借新债的可能性,一般是较小的。较为常见的则是部分地来自于增课税收,部分地来自于举借新债。这就意味着,国债的偿付活动带给货币供给以至社会总需求的影响,基本上都是扩张性的。

下　篇

第六章　中国的国债(1950—1994)：
　　　　总体考察

　　前面几章已经在较为抽象的社会主义市场经济体制背景下考察了举借国债的经济影响及其作用机制。接下来的任务，便是将分析进程推向具体的层次：处于变革中的现实过渡性体制背景下的中国国债将成为以下几章的研究主题。

　　本篇旨在对我国20世纪70年代末以来的举借国债实践进行实证考察。它主要着眼于说明这样几个问题：第一，中国国债在经历了长达20年的"空白"之后而于20世纪70年代末80年代初重新被启用的背景是什么？又是什么原因造成了国债发行额几乎与年俱增以至达到了如今这样的规模？第二，中国国债的连年发行对于微观经济主体的行为和政府部门的行为带来了什么影响？包括民间消费、民间投资和政府支出在内的整个社会总需求因此发生了怎样的变化？第三，从宏观经济调控的意义上说，国债管理的操作应当如何行事并做出怎样的贡献？不言而喻，以上问题的研究是建立在上篇所提供的理论分析框架基础上的，因而前面所取得的分析结果也将在这一过程中加以适当的验证。

　　关于处于变革中的现实过渡性体制的特征问题，笔者没有更多的话要说。只是想指出，中国十几年来的改革历程，正是由传统的高度集中的计划经济体制向新型的社会主义市场经济体制转变并逐步逼近的过程。在这一过程中，诸种改革措施的出台虽有先有后，力度亦有大有小,但基本的走势是一致的。这就是,计划调节的成分日益缩小,市场调节的比重日益扩大,市场机制逐步成为我国经济运行中社会资源配置的主要力量。

本章是对中国国债的发生机制、一般特征及其经济影响的总体考察。第 1 节将首先考察传统经济体制下的中国国债问题。这一节将指出,尽管国债的正常运用是在经济体制改革后才发生的,但国债与其他财政收入形式之间的相互替代关系却始终是存在着的,并且以相应的形式表现了出来。在此基础上,第 2 节转入经济体制改革以来中国国债发展过程的描述,初步分析了隐含在这一现象背后的深刻的经济原因。第 3 节和第 4 节则要运用一系列实证材料,在更深的层次上讨论导致中国国债规模呈膨胀状态的两个基本因素。最后,第 5 节将对本章的考察结果进行总结性的说明。

6.1 传统经济体制下的中国国债

当 1979 年中国政府再度举借外债,特别是 1981 年决定在国内发行国库券的时候,它在中国经济生活中引起的震动绝不是轻微的。因为,中国的老百姓毕竟已在"既无内债,又无外债"的环境中生活了 20 年。况且,当时又正值经济体制改革已经起步,国民经济运行状况日渐兴旺的形势之下。在人们的印象中,只有在建国初期的 50 年代,为解决暂时的财政困难,政府才发行过一些国债,此后便同举债无缘了。国债的发行似乎是经济体制改革的产物。

其实,事情并非如此。追溯一下 1949 年以来中国财政走过的历程,便会发现,即使是在传统的计划经济体制下,国债与其他财政收入之间的相互替代关系也是存在着的,只不过它是以与现今有所不同的形式表现出来的。

6.1.1 50年代的中国国债:人民胜利折实公债与国家经济建设公债

中华人民共和国刚刚成立时,政府面对的是一个千疮百孔的烂摊子。一方面,整个国民经济处于瘫痪和崩溃的危急境地,政府必须迅速医治战争创伤,恢复国民经济。另一方面,战争尚未结束,残余的国民党军队还盘踞在西南华南数省和台湾岛、海南岛等岛屿,数量众多的土匪、特务也在猖狂地进行各种破坏活动,政府必须尽快肃清残敌和土匪,解放一切尚被反动派占领的土地。如此严峻形势所带来的一个直接结果,便是政府所能取得的财政收入与其所须担负的财政支出的严重不对称。

由于经济极度困难,新解放区的税收尚需时间整顿,全国统一的税收制度也未及建立,加之土匪骚扰商旅,致使城乡物资交流不畅又造成税源不足,政府所能取得的财政收入极为有限。经过种种努力之后,1949年政府的财政收入也只有303亿斤小米。

与此同时,由于战争尚在继续,军费开支庞大。解放区的扩大既需相应增设管理机构,又需包下旧的军政人员。再加上救济灾民,修复重点工矿企业,抢修公路、铁路、桥梁,恢复和建设城市、海港等等,政府所须担负的财政支出呈现急剧膨胀状态。即使进行了各方面压缩,1949年政府的财政支出仍高达567亿斤小米。

为数近1/2的财政支出(赤字)的弥补,在当时的情况下,除了发行货币之外,几乎没有其他的选择。货币的过量发行又引发了通货膨胀和物价的猛烈上涨。而且,1950年的财政收支概算仍是一个赤字的概算。这使得本来已经十分严峻的形势进一步加剧了。

在这种条件下,人们想到了举债。国债的发行被作为一种填补财政亏空、平抑市场物价,从而安定民生,走上恢复和发展经济轨道的重要措施,提到了1949年12月2日中央人民政府委员会第四次会议上。于是,《关于发行人民胜利折实公债的决定》获得通过,并于次年11月发行了中华人民共和国历史上的第一次国债——为期5年的人民胜利折实公债。

尽管这次国债发行的数额并不大(实际发行额折合人民币2.6亿元,加上东北地区由前东北人民政府发行的"东北生产建设公债"①共折合人民币3.02亿元),计算单位也采用的是实物标准(如大米、面粉、白细布、煤炭等),并且,还带有"临时举债"的性质,②但它毕竟是政府的第一次举债实践,有着不容忽视的意义(见表6-1)。

除了发行人民胜利折实公债之外,1951—1952年间政府还向国外借款15.27亿元。

在胜利完成了国民经济的恢复任务之后,我国从1953年起开始了第一个五年计划,进入有计划的大规模经济建设时期。当时的经济形势是:国民经济的基础十分落后和薄弱,新生的共和国面临着加速工业化进程,在经济建设中赶超资本主义国家的严峻的历史任务。要加速工业化进程,实现赶超,就需要加速积累。因而,"一五"计划的基本任务之一,就是集中力量进行以苏联援建的156个大型工业项目为中心

---

① 1950年,除在全国范围内发行了人民胜利折实公债(东北地区未发行)外,在东北地区,由前东北人民政府发行了东北生产建设折实公债。这次公债原计划发行3,000万折实分,实际完成3,557万折实分。此外,该区又发行了东北榆陶铁路修建公债54万折实分,实际完成72万折实分。两项公债合计,原计划发行3,054万折实分,实际完成3,929万折实分。这些公债折合人民币的数字,是按当年推销公债时,每"分"实际平均折收现款1.16元计算的。

② 当时,在《中央人民政府政务院关于发行1950年第一期人民胜利折实公债的指示》中,有这样一段话:"毫无疑问,人民解放战争不要很久将会完全结束。所接受的国民党部队和其他旧职员,约有四五百万人,在一两年内,军政费用开支便会慢慢地减少下来。1950年经济建设投资,约占全国财政支出的24%,远远超过公债数额,以后投资必然会逐年增加,随着国民经济的恢复,财政状况将逐渐向上好转。到那时,我们国家的困难,当会少于现在。"(中国人民银行国库司编:《国家债券制度汇编(1949—1988)》,中国财政经济出版社1989年版,第5页)

的工业建设,建设我国工业化的初步基础。规模庞大的建设形成了对资金的巨大需求:仅全民所有制企业的基本建设投资就达588.47亿元,其中由财政担负的拨款为531.18亿元,占90.3%。① 与此同时,1953年的国家预算编制,由于缺乏经验,不适当地把上年结余列入当年预算收入,据此安排的基本建设投资支出以至整个预算支出的规模过大,以表面上的收支平衡掩盖了实际上的不平衡,结果进一步加重了财政支出规模的膨胀势头。

对财政资金的需求如此之大,对它的供给却不能以同步的速度来增长。尽管1950年进行了整顿旧税制、统一和建设新税制的工作,发布了《全国税政实施要则》,并实施了《关于统一国家财政经济工作的决定》等若干重要举措,但在国民经济基础依然落后和薄弱的条件下,政府可以取得的财政收入终归是有限的。与当时的财力需要相比,财政收入的量就显得不足了。

工业化的进程不能不加速,必要的财政支出需要也不能不保障,但是,财力需要与可能之间的矛盾却是不能回避的。于是,人们的目光又一次投向了举债。恰好,当时的政治和经济环境对于政府举债都是有利的。一方面,经过恢复过程,国民经济开始走上了正常发展的道路。人民生活已经普遍得到改善,包括工人、店员、公教人员及部队干部在内的各方面人员的实际工资有所增加。加之当时人民群众的政治觉悟和爱国热情甚高这一因素,政府以发行国债的方式将人民群众的一部分收入和储蓄集中起来用作财政支出的需要,是完全可以做得到的。另一方面,当时我国和苏联、东欧国家之间的关系尚处于较为密切的时期,所以也能够从外部取得一些贷款。

正是在这种条件下,1953年12月9日的中央人民政府第29次会

---

① 转引自袁振宇:《财政赤字研究》,中国财政经济出版社1991年版,第201页。

议通过了《1954年国家经济建设公债条例》。此后，又分别在1954年12月26日、1955年11月10日、1956年12月29日、1957年11月6日的全国人民代表大会常务委员会会议上通过并颁发了《1955年国家经济建设公债条例》《1956年国家经济建设公债条例》《1957年国家经济建设公债条例》和《1958年国家经济建设公债条例》。也就是说，1954—1958年期间，我国连续五年发行了五次国家经济建设公债，实际发行总额达35.45亿元（见表6-1）。

表6-1 1950—1958年中国国债发行情况　　　　　单位：千元

国债种类	计划发行数	实际完成数 金额	为计划数的%
合计	3,330,426	3,847,636	115.5
1950年人民胜利折实公债	265,000	260,123	98.2
1950年东北生产建设折实公债	35,426	42,046	118.7
1954年国家经济建设公债	600,000	844,066	140.7
1955年国家经济建设公债	600,000	621,768	103.6
1956年国家经济建设公债	600,000	602,680	100.4
1957年国家经济建设公债	600,000	680,767	113.5
1958年国家经济建设公债	630,000	796,186	126.4

资料来源：财政部国家债务管理司编：《国债工作手册》，中国财政经济出版社1992年版。

除此之外，在此期间还向苏联等国家举借了总额折合人民币约36.35亿元的外债。

图6-1表现了50年代中国国债（内债）收入占财政收入（含债务收入）比重的走势情况。它告诉我们，尽管50年代国债的发行规模并不大，其对同期其他形式的财政收入的替代作用却是明显存在着的。可以说，没有那一时期人民胜利折实公债和国家经济建设公债的发行，国民经济恢复任务和"一五"计划的胜利完成，是不可想象的。

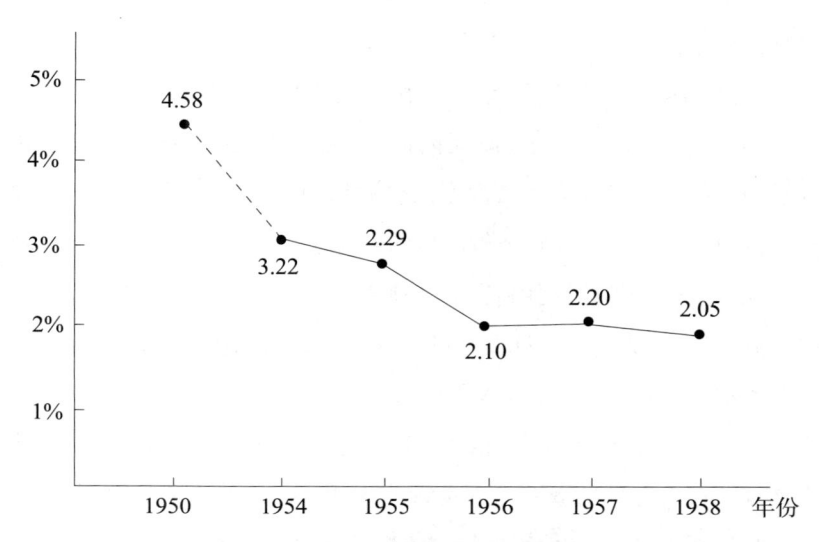

图 6-1　1950—1958 年中国国债收入占财政收入比重的走势

资料来源：同表 6-1。

6.1.2　中国国债的"空白"时期(1959—1978)

1958 年以后，虽然财力需要与可能之间的矛盾依然存在，而且，在连续三年的"大跃进"和随后发生的连续三年的自然灾害的形势下，这一矛盾更为尖锐了。但是，中国政府却分别从 1958 年和 1959 年起先后停止了国外公债和国内公债的举借活动。并且，随之进入了 1959—1978 年为期长达 20 年的"既无内债，又无外债"的国债空白时期。对于这一不解之谜应作何种解释呢？

理论界往往是从当时以及此后的政治和经济环境来寻求答案的。比如：

中国和苏联的关系在 1958 年开始破裂，随后苏联政府停止了对华援助，并且撕毁合同，撤走专家。以美国为代表的西方国家政府也正在对我国进行各种各样的经济封锁。所以，那一时期的国际政治环境不允许我们举借外债。

"左"的错误思想1958年后在我国逐步处于支配地位,社会主义制度的优越性亦被加上了"既无内债,又无外债"这一条,政府举借国债被视为是有损于社会主义国家声誉和形象的事情。所以,那一时期的国内政治环境也不存在举借国债的可能性。

在第一个五年计划胜利完成的刺激下,人们对国民经济的发展前景看好,甚至以为过了许久就可以赶上西方发达国家,并据此对"二五"时期以及其后的财政收入作了较高的预期,因而认为政府举债已无必要。后来,虽随着三年自然灾害的发生和经济困难的加剧,财政收入连续两年出现了负增长,[①]对财政收入的预期已经有所调整,但那时的困难局面之严重,又使得发行国债提不上议事日程了。

凡此种种,确实都是出现国债空白时期的原因所在。但是,有一个更为重要的原因可能被人们忽视了。

这就是,"一五"时期,伴随着对农业、手工业和私人资本主义工商业的社会主义改造的进程,在中国,已经逐步形成了一种特殊的财政收入机制:

1953年,政务院发布《关于实行粮食的计划收购和计划供应的命令》,确定在全国实行粮食统购统销制度。随后,又将统购统销的范围逐步扩大到植物油料和棉花,从而实现了对主要农副产品的统购统销。尽管这一制度涉及的内容较多,但最主要的就是规定,农民要按国家规定的价格标准将剩余农副产品统一卖给国家,并由国家按计划统一供应给城市工业部门和城市居民消费。农副产品统购统销制度使得政府

[①] 1961年财政收入比1960年减少216.33亿元,下降37.8%;1962年财政收入又比1961年减少42.51亿元,下降11.9%(《中国财政统计(1949—1991)》,科学出版社1992年版)。

可以通过农副产品的低价统购从农业中聚集起一大批资源,并以低价统销形式提供给城市工业部门和城市居民消费。来自农业的低价的原材料降低了工业的原材料投入成本,低价的农副产品也使城市居民获得实物福利并降低了工业的劳务投入成本。在低成本的基础上,工业部门获得了高利润。①

1956年,全国第二次工资制度改革时颁发了《国营企业、事业和机关工资等级制度》。这一制度涉及的内容也很多,但其核心就是把工作划分为若干类别,由国家统一规定国营企业、事业和机关单位的工资标准,统一组织这些单位工作人员的升级,并监督其年度工资基金计划的编制、实施。1960年,又实行了对包括国营和集体所有制企事业单位以及国家机关、人民团体在内的几乎所有城镇单位的工资基金监督制度。将这些单位的工资支付及带有工资性质的货币支付纳入国家劳动工资计划,并授权银行加以监督。上述两个制度,使得政府可以通过压低工资标准、减少升级频率来直接或间接地降低工业的劳务投入成本。在低成本的基础上,工业部门又获得了高的利润。

在自中华人民共和国成立初期就已实施下来,且几十年基本未变的财政统收统支管理体制下,企业(其中主要是工业企业)创造的纯收入,基本上都交财政集中分配,企业能够自主支配的财力是极其有限的。这又使得政府可以通过财政上的统收,将工业的高利润集中到国家手中,再通过财政上的统支用于政府所需安排的财政支出。

上述过程可用图6-2表示如下:

不难看出,通过这一特殊的财政收入形成机制,政府完全有可能达到"人为"增加财政收入,进而缓和或解决财力需要与可能之间的矛盾

---

① 有人将此称作看不见的"农业税",并估计农民通过这一形式上交国家的收入,在20世纪70年代每年可达几百亿元(黄苇町、李凡,1990)。

之目的。而这一任务,在正常条件下,是应当且可以通过举借国债来完成的。

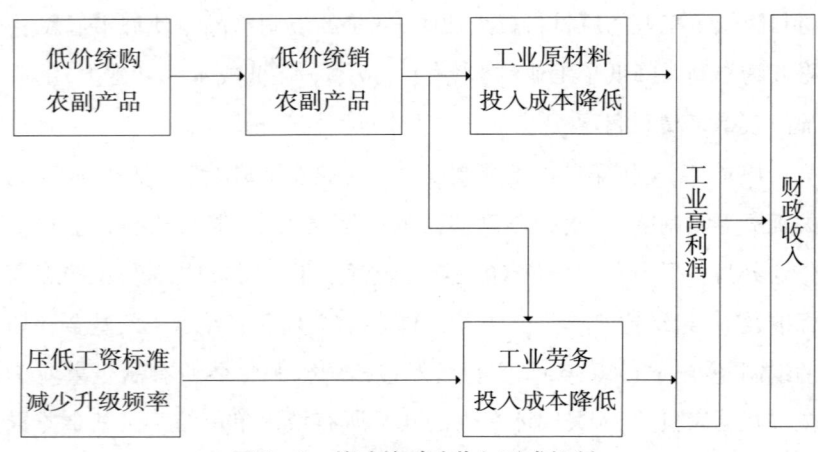

```
┌──────────┐    ┌──────────┐    ┌──────────┐
│低价统购  │───▶│低价统销  │───▶│工业原材料│──┐
│农副产品  │    │农副产品  │    │投入成本降低│  │
└──────────┘    └──────────┘    └──────────┘  │  ┌──┐  ┌──┐
                                              ├─▶│工│─▶│财│
                                              │  │业│  │政│
┌──────────┐                    ┌──────────┐  │  │高│  │收│
│压低工资标准│──────────────────▶│工业劳务  │──┘  │利│  │入│
│减少升级频率│                    │投入成本降低│     │润│  │  │
└──────────┘                    └──────────┘     └──┘  └──┘
```

图 6-2　特殊的财政收入形成机制

事实恰恰在于,在为期长达 20 多年的时间里,中国财政的职能,在很大程度上正是凭借着这样的一种财政收入机制所提供的"超正常"水平的财政收入,才得以正常履行的。

文献考察表明,通过农副产品低价统购这一形式,20 多年间农民承担了总额约 6,000 亿元的这种"价格暗税",为 1953—1980 年全民所有制各行业基本建设新增固定资产总数 5,129 亿元的 117%;[①]在此期间,中国所实行的低工资制度的格局基本未变。更有甚者,在 1956 年以后,职工经常性的升级制度便被中止。作为一个富有深刻意义的结果,城市职工的收入水平,在从 1952 年至 1978 年的 26 年中,年平均工资只增加了 170 元,年平均增长率为 1.3%,而且,其中有 13 年还是较上年下降的。至于农民的收入,到 1978 年,家庭年人均纯收入也只有

---

① 转引自农业部财务司:《中国农业资金问题研究》,中国人民大学出版社 1991 年版,第 307 页。

133.57元。① 无论城市职工的收入水平,还是农民的收入水平,都与这一历史时期的国民经济发展状况相去甚远。

以上分析告诉我们这样一个事实:在1959—1978年这一时期内,中国政府并非没有举债,只不过这一时期的国债是以一种特殊的形式隐含着的。它之所以没有表现为国债,是因为广大人民群众以低工资和农副产品低卖价的形式默默地消化了这笔本应由政府承担的债务。

6.2 经济体制改革以来的中国国债

上一节笔者花了浓重的笔墨来描述传统经济体制下中国国债所走过的历程,意在说明一点:中国国债的发行并非经济体制改革的产物。中华人民共和国历史上也并不存在一个"真正"的国债空白时期。经济体制改革对于中国国债的作用,只不过是使其从后台走向前台,由隐性转为显性罢了。

那么,中国国债是在怎样的背景下被重新启用并发展起来的呢?

6.2.1 中国国债的重新启用:背景何在?

如所周知,中国的经济体制改革是从分配领域入手的。之所以作如此的选择,自然是基于以往的国民收入分配格局严重压抑了微观经济主体的积极性、主动性和创造性,从而使国民经济在很大程度上失去了活力这样一种认识。既然以往的国民收入分配的不合理主要体现在国民收入的分配向财政倾斜、财政收入占国民收入的比重过高上,改革由减少国民收入分配格局中的财政份额起步,以财政"还账"来激发各

---

① 转引自袁振宇:《财政赤字研究》,中国财政经济出版社1991年版,第240页。

方面的积极性,也就成为一种历史的选择。财政"还账"的具体体现就是"减税让利"。

减税让利首先是在农村开始的。1979年,伴随着家庭联产承包责任制的推行,国家较大幅度地提高了农副产品收购价格。农副产品收购价格的提高一方面增加了农民的收入(当年即增加70多亿元),却减少了工业部门的利润,进而减少了财政收入。另一方面,由于农副产品的销售价格并未随之提高,形成购销价格倒挂,财政又需要给予商业部门价格补贴(当年用于这方面的补贴为78亿元,次年又增加至168亿元)。与此同时,政府还通过实施对低产地区农业税的起征点制度,较大幅度地调减了农业税负担(当年免征农业税47亿元),并通过适当提高农村社队企业工商所得税的起征点,适当放宽新办社队企业减免税期限等办法,减轻了农村社队企业的各项税负(当年各项减免税的数额为20亿元)。于是,政府来源于农村的各项税收也减少了。

减税让利随即又扩展到城市。在1978年国有企业实行企业基金制度①的基础上,1979年7月开始了在全国范围内进行利润留成的试点工作。试点企业可以按政府规定的比例,留用一部分利润,用于建立生产发展基金、职工福利基金和职工奖励基金。随后又在次年1月将原规定的全额利润留成办法改为基数利润留成加增长利润留成的办法,进一步扩大了国有企业的财权。在实行利润留成制度的同时,从1980年开始,还对少数国有企业进行了将上交利润改为课征所得税办法的试点。伴随着这些改革举措的陆续出台,企业的留利额和留利息

---

① 1978年,国家对国有企业试行企业基金制度,规定企业在全面完成国家规定的八项年度计划指标(产量、品种、质量、成本、利润、劳动生产率等)以及供货合同后,可按工资总额的5%提取企业基金,少完成一项指标,予以一定比例扣减。

率均出现了较大幅度的增加(分别从1978年的27.5亿元和3.7%增加到1980年的144亿元和21.5%),从而相应减少了财政收入。在此期间,城市职工的工资收入也有了较大的提高,并恢复了企业和行政事业单位的奖金制度。职工工资和奖金收入的增加,又意味着财政要从减少财政收入(工业劳务投入成本加大的结果是工业利润和财政收入的相应减少)和增加财政支出(行政事业单位职工工资和奖金的增加要求财政拨付专款)两个方面给予支持。

可以对上述各项减税让利举措的影响作多视角的考察,但就本书的分析意义来说,有一种影响是不容忽视的,这就是,财政收入(不含债务收入)占国民收入的比重大幅度降低了(由1978年的37.2%下降至1980年的28.3%)。但财政支出并未随之下降,反而因减税让利举措的实施而出现了相应增加(如农副产品购销价格倒挂所带来的价格补贴以及为增加行政事业单位职工工资而增拨的专款等)。其结果,尽管从1979年起政府已开始举借外债,[①]并将其列入了财政收入,1979年和1980年的国家财政还是分别出现了170.67亿元和127.50亿元(政府公布数)的赤字。

连续两年的财政赤字,导致了财政向银行的透支,从而引起了物价较大幅度的上涨。而在改革正继续沿着以减税让利为主调的思路向纵深发展的时候,1981年的财政预算又是一个赤字的预算。

如此严峻的财政形势,迫使人们坐下来冷静地思考:

能否继续完全采用向银行透支的办法来弥补财政赤字?这虽不失为解决问题的一条出路,但绝不是一条好的出路。因为,如果那样做的

---

① 前面说过,本书的研究主题主要是狭义的国债,即国内公债。故这里对经济体制改革以来政府所举借的国外公债,也将存而不论。

话,由此而引发的通货膨胀无异于在已经上涨了的物价上火上浇油。而一旦物价上涨呈现蔓延和奔腾之势,很可能会使已经取得的经济成就化为乌有。

从理论上说,削减财政支出也可作为解决财政赤字问题的一种办法。但是,如前所述,在财政支出具有"刚性"的条件下,其可以削减的余地是不大的。更何况,有些财政支出,如价格补贴支出,在改革初期的大环境中,也是不应当削减且需相应增加的。

于是,还得回过头来在增加财政收入上找出路。既然以往的那种以"人为"压低农副产品卖价和职工工资水平为基本特征的特殊的财政收入形成机制已被打破,恢复它又与以减税让利为主调的改革思路相左;通过向银行透支,增发通货来取得财政收入的办法,也于经济发展有害,那么,剩下的办法就只能是发行国债了。尽管这在当时思想尚有些僵化的条件下还不易为人们所广为接受,从某种意义上说,尚属不得已而为之,国务院还是在 1981 年 1 月 16 日通过并颁发了《中华人民共和国国库券条例》,随后又于 1 月 26 日公布了《关于平衡财政收支、严格财政管理的决定》,决定发行中华人民共和国国库券,以此来平衡财政收支,稳定市场物价。当年即向社会发行了为数 48.66 亿元(计划发行额为 40 亿元)的国库券。

中国的国债,就是在这样一个特定的历史条件下,被重新启用了。

6.2.2 经济体制改革的深入与中国举债实践的飞跃

不过,严格说来,1981 年的国库券,基本上还是被作为一项解决临时需要的权宜之计、暂时措施加以利用的。当时并未有长期发行的打算,其初衷"主要是想把已经分散出去的资金再集中回来一部分"(高坚,1993)。也就是说,当时并未清楚地认识到传统的财政收入形成机制已不复存在和由此而带来的举借国债的必然性。① 这不仅表现在它的认购主体以企业和单位为主,②发行条件的确定对认购者的经济利益考虑不够(如利息率只有年息 4%,当年 5 年期的银行储蓄存款年利息率则为 6.84%)③;也表现在它的发行方式仍依赖传统的政治动员,并通过行政系统加以摊派。而且,推销出去的国库券既不得在二级市场自由买卖,也不得向银行贴现或抵押,从而几乎没有任何流动性可言。显而易见,国债是不能在如此的格局下长期发行下去的。

然而,从 1982 年起,财政困难的日益加剧使得情况发生了戏剧性的变化。

随着经济体制改革的重点逐步由农村转向城市,调整国有企业利润分配制度的改革举措一个接着一个出台。每一个改革举措又几乎无不带有减税让利的成分,从而对以工商税收和国有企业利润上交为主体的中国财政收入形成了更大的冲击:1981 年 12 月,财政部会同国家经委在原实行的利润留成办法的基础上,提出了多种形式的利润留成和盈亏包干方案;1983 年 1 月和 1984 年 9 月,经国务院批准,在全国范围内对国有企业先后实行了第一步利改税、第二步利改税;1986 年年底和 1987 年年初,国务院对多种形式的企业承包经营责任制给予了肯定,并在全国各地推行;1988 年的七届全国人大一次会议,形成了税利分流的改革思路,随后在试点的基础上逐步向税利分流、税后还贷、

---

① 当时的《人民日报》评论员文章《踊跃认购国库券》曾清楚地表明了这一点:"发行国库券,主要是为了适应当前国民经济的调整和稳定经济的需要,目的是平衡国家财政收支,稳定市场物价。在国家财政连续两年出现赤字的情况下,除了努力增产增收、厉行节约、大力压缩基本建设战线外,发行一定数额的国库券,可以把分散的资金适当集中起来,以利于财政收支平衡,保证建设急需。"(《人民日报》,1981 年 3 月 9 日)

② 1981 年的《中华人民共和国国库券条例》对居民家庭认购国库券的提法是"个人也可以自愿认购"。

③ 1981 年发行的国库券,自发行后第 6 年起,一次抽签,按发行额分 5 年作 5 次偿还本金,每次偿还总额的 20%,故其偿还期限为 5—10 年。

税后承包的制度过渡；1994年1月，又以《企业会计准则》和《企业财务通则》的实行以及税收制度的改革为契机，全面实行了国有企业利润分配制度的改革。所有这些改革举措，虽均带有"还账"性质，并且，其目的也都是为了搞活企业、增强企业自我发展、自我改造的能力，但代价却是财政收入（不包括债务收入）占国民收入比重的一降再降（见表6-2）。

表6-2 1978—1992年财政收入占国民收入的比重

年份	国民收入① (亿元)	财政收入（亿元） 不包括债务收入	财政收入（亿元） 包括债务收入	财政收入占国民收入的比重(%) 不包括债务收入	财政收入占国民收入的比重(%) 包括债务收入
1978	3,010	1,121.12	1,121.12	37.2	37.2
1979	3,350	1,067.96	1,103.27	31.9	32.9
1980	3,688	1,042.22	1,085.23	28.3	29.4
1981	3,941	1,016.38	1,089.46	25.8	27.6
1982	4,258	1,040.11	1,123.97	24.4	26.4
1983	4,736	1,169.58	1,248.99	24.7	26.4
1984	5,652	1,424.52	1,501.86	25.2	26.6
1985	7,020	1,776.55	1,866.40	25.3	26.7
1986	7,859	2,122.01	2,260.26	27.0	28.7
1987	9,313	2,199.35	2,368.90	23.6	25.4
1988	11,738	2,757.24	2,628.02	23.5	22.4
1989	13,176	2,664.90	2,947.87	20.2	22.4
1990	14,384	2,937.10	3,312.55	20.4	23.0
1991	16,557	3,149.48	3,610.88	19.0	21.8
1992	19,845	3,483.37	4,153.10	19.1	20.9

①按当年价格计算。

资料来源：《中国财政统计(1950—1991)》，科学出版社1992年版；《中国统计年鉴(1993)》，中国统计出版社1993年版。

与此同时，财政收入还受到了来自另一个方面的冲击：在企业的生产经营活动有了较大的自主权后，新的有效的宏观管理和调控体系未能相应建立，对企业的预算约束日趋弱化，出现了企业随意扩大成本开支范围,乱摊乱挤成本的现象,从而构成了对企业利润以至财政收入的侵蚀;改革过程中,国家的税收制度也在不断调整,由于变化中的税收制度有许多不完善之处,税收的征管工作又未能相应跟上,加之地方领导对局部利益的偏爱,造成了以减免税口子越开越大、越权减免为主要特征的税收流失趋势的形成和蔓延;多种经济成分的发展,特别是三资企业、私营企业和个体经济的发展,对我们长期习惯于同国有企业、集体企业打交道的税收征管体系提出了挑战。在法制尚不健全、征管手段落后以及征管队伍素质有待提高的条件下,全国各地的偷税、漏税、逃税、骗税、欠税、抗税现象十分严重,也使国家税收蒙受了巨大的损失。

问题还不止于此。在财政收入不断受到冲击的同时,财政支出却因此而承受着越来越大的上升压力。前面所说的农副产品收购价格的提高和城市职工工资奖金收入的增加,要求以财政支出的相应增加给予支持,便是一例。更重要的问题还在于,自1986年起,中国的国债进入了偿付期,财政支出中也由此增加了一个新的项目——债务支出。[①] 而且,1990年后偿债高峰的到来,又使得债务支出的规模出现了激增(1986年国内公债的还本付息额为7.98亿元,1992年则达342.42亿元)。

由此而带来的一个必然结果是,1982年财政赤字非但没有消灭,反而进一步加大了(由1981年的98.59亿元增至1982年的112.40亿元),而且,在此之后,又是年复一年的赤字[②]和呈膨胀之势的赤字(见表6-3)。

[①] 在此之前,中国财政支出中虽也有债务支出一项,但那时并未包括国内公债的还本付息,而仅指的是国外公债的还本付息以及归还人民银行的借款和利息。

[②] 按现行统计口径,1985年有结余21.62亿元。但若扣除举债收入,实际上仍有赤字59.23亿元。

表 6-3　中国的财政收支(1979—1993)　　　单位:亿元

年份	财政收入①	财政支出	财政赤字②	政府公布的财政赤字
1979	1,067.96	1,273.94	-205.98	-170.67
1980	1,042.22	1,212.73	-170.51	-127.50
1981	1,016.38	1,114.97	-98.59	-25.51
1982	1,040.11	1,153.31	-112.40	-29.34
1983	1,169.58	1,292.45	-122.87	-43.46
1984	1,424.52	1,546.40	-121.88	-44.54
1985	1,776.55	1,844.78	-59.23	21.62
1986	2,122.01	2,330.81	-208.80	-70.55
1987	2,199.35	2,448.49	-249.14	-79.59
1988	2,357.24	2,706.57	-299.33	-78.55
1989	2,664.90	3,040.20	-375.30	-92.33
1990	2,937.10	3,552.20	-515.10	-139.65
1991	3,149.48	3,813.55	-664.07	-202.67
1992	3,483.42	4,389.70	-906.28	-236.60
1993	4,420.98	5,319.82	-898.84	-205.00

①不含债务收入。
②财政赤字是按国际货币基金组织计算口径计算的,即赤字=经常性收入-全部财政支出。
资料来源：　同表 6-2;《经济日报》,1994 年 3 月 12 日。

现实终于使人们认识到,在中国,举借国债已非一时的权宜之计或暂时措施,而将是一种与我们长期伴随的经济现象。随着思想认识上的转变,中国经济体制改革的清单上便增添了一项新的内容——国债管理制度的改革。

于是,中国的举债实践开始出现质的飞跃:

——国债的发行规模①一再跃增。由 1981—1984 年间的每年 40 亿元,相继增加到 60 亿元(1985—1986)、160 亿元(1987)、250 亿元(1988)、275 亿元(1989)、380 亿元(1992)和 370 亿元(1993)。进入 1994 年,国债的发行规模又跃上了 1,000 亿元的高台,相当于 20 世纪

---

① 计划发行数。

80年代初国债发行量的20多倍(见表6-4)。

——国债的发行种类逐步增多。在名称种类上,由1981—1986年间单一的国库券,逐步增设了国家重点建设债券(1987)、财政债券(1988)、国家建设债券(1988)、特种国债(1989)、保值公债(1989)和转换债(1991);在期限种类上,由1981—1984年间单一的10年期,逐步增设了5年期(1985)、3年期(1988)、半年期、1年期和2年期(1994);除此之外,还从1992年起发行了无实物国库券(见表6-5和表6-6)。

——国债的认购主体由以单位为主逐步转向以个人和金融机构为主。1981年的国库券,基本上是由企事业单位、机关团体、农村富裕社队等认购的,对居民个人未分配任务。但从1982年起,居民个人逐步成为国债的主要认购主体,1983年个人和单位的认购额几乎平分秋色,1985年个人的认购额开始超过单位的认购额。到1989年,除了财政债券和特种国债有特定的发行对象之外,其他的国债券种几乎都是由个人认购的。1992年以后,虽然国债的认购主体有了相应的扩大,如各类基金会和金融机构也被允许加入国债认购者的行列,但国债以居民个人(包括个体工商户)为主要认购主体的这一格局并未因此改变。不过,随着1994年中央银行将结合金融体制改革而开展公开市场业务这一重大举措的出台,国债可望成为全国金融机构资产储备的重要组成部分(刘丽松,1994)。金融机构有可能以此为契机而跃居国债的第一大认购主体(见表6-5)。

——国债的发行方式趋向市场化。1981—1989年间的国债,基本上是以行政手段加以派购的。1990年开始部分采用市场发行的办法,1991年试行了国债的承购包销方式,1992年又在前一年的基础上试办了国债的无券竞争招标发行,1993年推出了国债一级自营商制度。到1994年,已初步实现了国债发行方式的市场化。

表6-4 1981—1994年各种政府债券发行情况

单位:亿元

发行年份	合计 计划数	合计 实际数	合计 占计划%	国库券 计划数	国库券 实际数	国库券 占计划%	重点建设债券 计划数	重点建设债券 实际数	重点建设债券 占计划%	财政债券 计划数	财政债券 实际数	财政债券 占计划%	国家建设债券 计划数	国家建设债券 实际数	国家建设债券 占计划%	特种国债 计划数	特种国债 实际数	特种国债 占计划%	保值公债 计划数	保值公债 实际数	保值公债 占计划%
1981	40.00	48.66	121.65	40.00	48.66	121.65	—	—	—	—	—	—	—	—	—	—	—	—	—	—	—
1982	40.00	43.83	109.58	40.00	43.83	109.58	—	—	—	—	—	—	—	—	—	—	—	—	—	—	—
1983	40.00	41.58	103.95	40.00	41.58	103.95	—	—	—	—	—	—	—	—	—	—	—	—	—	—	—
1984	40.00	42.53	106.33	40.00	42.53	106.33	—	—	—	—	—	—	—	—	—	—	—	—	—	—	—
1985	60.00	60.61	101.02	60.00	60.61	101.02	—	—	—	—	—	—	—	—	—	—	—	—	—	—	—
1986	60.00	62.51	104.18	60.00	62.51	104.18	—	—	—	—	—	—	—	—	—	—	—	—	—	—	—
1987	160.00	144.34	90.21	60.00	62.87	104.78	55	54.29	98.71	—	—	—	—	—	—	—	—	—	—	—	—
1988	250.00	188.77	75.51	90.00	92.16	102.40	—	—	—	80.00	66.07	82.60	80.00	30.54	38.18	—	—	—	—	—	—
1989	275.00	223.91	99.52	55.00	56.07	101.90	—	—	—	—	—	—	—	—	—	50.00	42.84	85.70	—	—	—
1990	195.00	196.99	101.02	80.00	93.50	116.88	—	—	—	70.00	71.10	101.57	—	—	—	45.00	32.39	—	—	—	—
1991	190.00	281.00	147.89	100.00	199.30	199.30	—	—	—	70.00	64.72	92.46	—	—	—	20.00	16.98	—	—	—	—
1992	380.00	486.11	127.92	310.00	422.00	136.12	—	—	—	70.00	64.11	91.59	—	—	—	—	—	—	120.00	125.00	104.20
1993	370.00	380.78	102.91	300.00	314.79	104.93	—	—	—	70.00	65.99	94.27	—	—	—	—	—	—	—	—	—
1994	1000.00			1000.00			—	—	—	—	—	—	—	—	—	—	—	—	—	—	—

注:1990年以其后发行的转换债(含推迟偿还的到期国债)未在表中反映。

资料来源:1981—1989年数字根据财政部国家债务管理司编《国债工作手册》(中国财政经济出版社1992年版)填列;1990—1994年数字根据此期间中央国库券推销委员会编印的《国债工作文件汇编》及有关部门提供的资料填列。

表 6-5　1981—1993 年国债购买者结构

单位：亿元

债券品种	合计	单位购买						个人购买			
^	^	单位小计	中央各部门购买[1]	地方购买[2]				个人小计	职工	农民	军人[3]	其他[4]
^	^	^	^	地方政府	地方企业	机关团体	农村社队	^	^	^	^	^
一、国库券												
1981 年度	48.66	48.66	11.53	6.35	28.41	2.14	0.23	—	—	—	—	—
1982 年度	43.82	24.11	6.30	0.92	25.79	0.82	0.28	19.71	15.24	4.47	—	—
1983 年度	41.60	20.85	6.52	0.60	12.70	0.78	0.25	20.75	15.81	4.94	—	—
1984 年度	42.53	20.45	6.59	0.66	12.26	0.71	0.23	22.08	17.18	4.90	—	—
1985 年度	60.61	21.83	6.50	0.60	13.12	1.20	0.41	38.78	29.38	9.40	—	—
1986 年度	62.51	22.89	6.47	0.55	14.06	1.34	0.47	39.62	30.32	9.30	—	—
1987 年度	62.87	22.60	6.29	0.42	14.14	1.36	0.39	40.27	31.72	8.55	—	—
1988 年度	92.16	34.88	11.36	0.68	20.59	2.60	5.87	57.29	45.07	11.51	—	0.71
1989 年度	56.07	—	—	—	—	—	—	56.07	42.64	11.13	0.45	1.85
1990 年度	93.50	—	—	—	—	—	—	93.50	—	11.55	—	—
1991 年度	199.30	16.64	—	—	—	—	—	182.66	—	8.28	—	—
1992 年度	422.00	—	—	—	—	—	—	—	—	—	—	—
1993 年度[5]	314.79	—	—	—	—	—	—	—	—	—	—	—
二、国家重点建设债券												
	54.00	49.00	—	—	—	—	—	5.00	—	—	—	—
三、财政债券												
1988 年度	66.07	66.07	—	—	—	—	—	—	—	—	—	—

(续表)

债券品种	合计	单位购买							个人购买			
		单位小计	中央各部门购买①	地方单位购买②				个人小计	职工	农民	军人③	其他④
				地方政府	地方企业	机关团体	农村社队					
1990年度	71.10	71.10	—	—	—	—	—	—	—	—	—	—
1991年度	64.72	64.72	—	—	—	—	—	—	—	—	—	—
1992年度	64.11	64.11	—	—	—	—	—	—	—	—	—	—
1993年度	65.99	65.99	—	—	—	—	—	—	—	—	—	—
四、国家建设债券	30.54	—	—	—	—	—	—	30.54	—	—	—	30.54
五、特种国债													
1989年度	42.84	42.84	9.49	—	33.35	—	—	—	—	—	—	—
1990年度	32.39	32.39	—	—	—	—	—	—	—	—	—	—
1991年度	16.98	16.98	—	—	—	—	—	—	—	—	—	—
六、保值公债	125.00	—	—	—	—	—	—	—	—	—	—	—

注：①包括部队系统。
②特种国债未分出细目,地方购买部分暂列地方企业栏。
③1989年以前军人购买部分包括在中央各部门购买栏中。
④柜台发售。
⑤1992—1993年度国库券只有发行合计数,因无准确资料而未分出单位和个人购买数。

资料来源：同表6-4。

表 6-6　1981—1994 年各种政府债券发行条件

债券品种	计划发行数(亿元) 合计	单位	个人	票面利率(%) 单位购买利率	个人购买利率	票面价格(元)	发行日期	偿还日期	偿还期限	偿还方式
一、国库券										
1981 年度	40	40	—	4	—	100	1981.1.1	1986.7.1	5—10	抽签分五次偿还
1982 年度	40	20	20	4	8	100	1982.1.1	1987.7.1	5—10	抽签分五次偿还
1983 年度	40	20	20	4	8	100	1983.1.1	1988.7.1	5—10	抽签分五次偿还
1984 年度	40	20	20	4	8	100	1984.1.1	1989.7.1	5—10	抽签分五次偿还
1985 年度	60	20	40	5	9	100	1985.1.1	1990.7.1	5	一次偿还
1986 年度	60	20	40	6	10	100	1986.1.1	1991.7.1	5	一次偿还
1987 年度	60	20	40	6	10	100	1987.1.1	1992.7.1	5	一次偿还
1988 年度	90	35	55	6	10	100	1988.1.1	1991.7.1	3	一次偿还
1989 年度	55	—	55	—	14	100	1989.1.1	1992.7.1	3	一次偿还
1990 年度	55	—	55	—	14	100	1990.6.10	1993.7.1	3	一次偿还
1991 年度	100	—	100	—	10	100	1991.4.1	1994.7.1	3	一次偿还
1992 年度	100	—	100	—	10.5	100	1992.4.1	1997.4.1	5	一次偿还
1992 年度	210	—	210	—	9.5	100	1992.7.1	1995.7.1	3	一次偿还
1993 年度	200	—	200	—	13.96	100	1993.3.1	1996.3.1	3	一次偿还
1993 年度	100	—	100	—	15.86	100	1993.3.1	1998.3.1	5	一次偿还
1994 年度	50	50	—	9.8	—	100	1994.1.25	1994.7.25	0.5	一次偿还
1994 年度	100	100	—	11.98	—	100	1994.2.7	1995.2.7	1	一次偿还

(续表)

债券品种	计划发行数(亿元) 合计	单位	个人	票面利率(%) 单位购买利率	个人购买利率	票面价格(元)	发行日期	偿还日期	偿还期限	偿还方式
二、国家重点建设债券	270		270	—	13	100	1994.4.1	1996.4.1	2	一次偿还
	600		600	—	13.96	100	1994.4.1	1997.4.1	3	一次偿还
三、财政债券	55	50	5	6	10.5	100	1987.1.1	1990.7.1	3	一次偿还
1988年度	70	70	—	7.5	—	100	1988.1.1	1990.7.1		一次偿还
	10	10	—	8	—	100	1988.1.1	1993.7.1	5	一次偿还
1990年度	70	70	—	10	—	100	1990.9.1	1995.10.1	5	一次偿还
1991年度	70	70	—	9	—	100	1991.9.1	1995.10.15	5	一次偿还
1992年度	70	70	—	9	—	100	1992.9.1	1997.10.15	5	一次偿还
1993年度	70	70	—	14	—	100	1993.9.1	1998.10.15	5	一次偿还
四、国家建设债券	80	—	80	—	9.5	100	1988.1.1	1990.7.1	2	一次偿还
五、特种国债	50	50	—	15	—	100	1989.1.1	1994.7.1	5	一次偿还
1989年度	45	45	—	15	—	100	1990.6.10	1995.6.10	5	一次偿还
1990年度	20	20	—	9	—	100	1991.4.15	1996.4.15	5	一次偿还
1991年度	120	—	120	—	—	100	1989.1.1	1992.7.1	3	一次偿还
六、保值公债										

①同期银行存款利率+保值贴补率+1%=保值公债的利率。
②1990年以及其后发行的转换债(含推迟偿还的到期国债)未在表中反映。
资料来源:同表6-4。

——国债的发行条件逐步向迎合认购者偏好的方向转化。1981—1984年间的国债,不仅偿还期限长,不具流动性,而且利息率低,甚至低于同期的银行储蓄存款利息率。① 从1985年起,国债的发行条件根据认购者的需要,进行了一系列改进:偿还期限由原来的10年缩短为5年、3年,此后又增设了半年期、1年期和2年期,从而形成了5年期、3年期、2年期、1年期和半年期多种期限并存的格局;允许国债持有者将债券中途贴现、抵押,直至在1988年开放二级市场,使债券可随时上市转让;相应提高国债利息率,基本形成了国债利息率追随银行存款利息率而定并略高于同期银行存款利息率的格局;②开设代保管业务,国债持有者可将债券交付中国工商银行代为保管;等等(见表6-6)。

——国债的管理工作范围逐步拓宽。1981—1985年间,国债的管理工作仅限于推销。从1986年起,还本付息工作提上议事日程。1988年,又开放了国债二级市场。自此,国债的管理工作纳入了包括发行、偿付和流通转让诸项内容在内的全面管理的轨道。③

注意到中国举债实践的上述变化,再来观察图6-3所描绘的20世纪80年代以来中国国债(内债)收入占财政收入(含债务收入)的比重所呈现的增长现象,其中的缘由也就不言自明了。该图告诉我们,随着经济体制改革的日益深化,中国国债对于其他财政收入形式的替代作用,呈现出明显的加大趋势(中国国债收入占当年财政收入的比重由1981年的4.46%增至1994年的16.52%)。当然,评价这一现象的短长不是本书的兴趣所在。但是,透过这一现象,我们却可以看到其中隐含着的一个重要因素——以工商税收和国有企业利润上交为主体的

---

① 从理论上讲,作为金边债券的国债应当且可以以低于银行存款的利息率发行。但就中国目前的现实情况而言,金边债券相对于其他债券的优越性尚未体现现出来,国债利息率仍处于追随银行存款利息率而定的状态。随着改革的深入,这一状况将会得到根本的改变。
② 如1991年的国库券利息率为10%,比同期银行存款利息率8.28%高出1.72个百分点。
③ 财政部国家债务管理司副司长张加伦将其称作"国债的全工序"(1992)。

无偿性财政收入相对下降了。对这一因素的具体考察将构成下一节的研究主题。

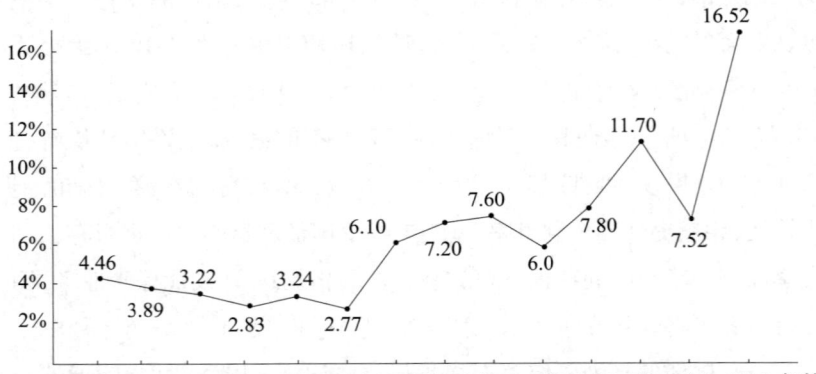

图 6-3　1981—1994 年中国国债收入占财政收入比重的走势

资料来源：财政部国家债务管理司编：《国债工作手册》，中国财政经济出版社 1992 年版；《中国统计年鉴（1993）》，中国统计出版社 1993 年版；刘仲藜：《关于 1993 年国家预算执行情况和 1994 年国家预算草案的报告》，《中国财经报》，1994 年 3 月 26 日。

6.3　国债规模膨胀探源：无偿性财政收入的相对下降

前面的讨论尽管有些粗线条，但还是给我们提供了这样一条线索：中国国债是被作为一种可选择的财政收入形式而加以利用的，并且，是作为其他形式的财政收入的"替代"而发挥作用的。经济体制改革以来，中国国债的重新启用以及此后的迅速发展，正是以工商税收和国有企业利润上交为主体的无偿性财政收入相对下降的一个直接结果。

这里所说的"无偿性财政收入"，系指除债务收入之外的其他形式的财政收入，如工商税收、国有企业利润上交、规费等等。也就是人们通常所说的"经常性财政收入"或"经常收入"。笔者之所以将其称作无偿性财政收入，主要是基于如下几点考虑：（1）本书第一章已将国债定义为"政府取得财政收入的一种有偿形式"，并据此同其他财政收入形式加以比较，从而把社会主义市场经济条件下政府取得财政收入的形式区分为无偿的和有偿的两种：前者如税收、国有企业利润上交和规费，后者即发行国债。（2）本书第四章在谈到举借国债对政府预算约束弱化的作用时已经指出，一旦政府的财政支出在举借国债的条件下得以扩大，财政支出所具有的"刚性"很可能带来国债发行量的逐年上升，从而使国债带有一定程度的经常收入性。（3）改革后的中国，早已将举借国债作为一项长期国策，而不再是一种临时性的权宜之计。总起来说，就中国现实的情况而论，国债与其他财政收入形式之间的差别，主要表现在前者是有偿性的而后者是无偿性的这一点上。至于临时性和经常性，似乎已不再是它们的主要区别所在。

本节的考察将围绕着导致无偿性财政收入相对下降的几个主要因素而展开。结果将表明：如果没有无偿性财政收入的相对下降，在经济体制改革以来的中国，几乎无须举借国债，或者，无须举借那么多的国债。事情表现在国债规模的膨胀上，其根源则存在于无偿性财政收入的相对下降之中。

6.3.1 农副产品收购价格的数度提高

前面说过，人为地压低农副产品收购价格，并对主要农副产品实行统购统销，是传统经济体制下的中国财政收入形成机制的一大特征。从1979年以来，我国已先后几次以较大的幅度提高农副产品收购价格。农副产品收购价格总指数在1978—1992年间上涨了1.77倍，其中粮食类产品收购价格指数上涨了1.69倍，经济作物类产品收购价格指数上涨了1.43倍（见表6-7）。依前所述，农副产品收购价格的提高

表 6-7　农副产品收购价格指数(1978—1992)(1950 年 = 100)

年份	总指数	其中: 粮食类	其中: 经济作物类	年份	总指数	其中: 粮食类	其中: 经济作物类
1978	217.4	224.4	174.0	1986	386.1	573.9	287.3
1979	265.5	271.3	200.4	1987	432.4	619.8	296.8
1980	284.4	271.8	210.8	1988	531.9	710.3	330.3
1981	301.2	283.5	215.0	1989	611.7	901.4	385.5
1982	307.8	283.5	215.2	1990	595.8	840.1	431.4
1983	321.3	283.8	215.4	1991	583.9	788.0	438.3
1984	334.2	282.4	212.8	1992	603.8	829.8	423.0
1985	362.9	522.2	277.3				

资料来源:《中国统计年鉴(1993)》,中国统计出版社 1993 年版。

意味着工业部门的利润向农业部门转移,其直接的受益者当然是农民,[1]国家财政可从中得到的收入是很少的,而且还要因经营农副产品部门的成本和以农副产品为原料的工业产品的成本随之而出现的增长,丢掉一大块儿收入。虽然我们在实践上无法精确地说出政府的无偿性财政收入因此而减少的数额究竟有多大,但还是可从如下统计数字中揣摩出一些线索(见表 6-8):

在 1978—1991 年间,农业部门所创造的国民收入已由 986 亿元增加至 5,269 亿元,同期国家财政来自农业部门的无偿性收入的绝对数虽有增加,从 31.65 亿元增加到 133.67 亿元,但相对数即来自农业部门的无偿性财政收入占农业部门所创造的国民收入的比重,却由 1978 年的 3.2%下降至 1991 年的 2.5%。由此可以推知,如果来自农业部门的无偿性财政收入的增长与农业部门所创造的国民收入的增长保持同步,即两者之比稳定在 1978 年的水平上,那么,在此期间,国家财政起码可从农业部门中多得 300 多亿元的无偿性收入。在此基础上,加

---

[1] 据有关部门测算,1979—1988 年平均每个农民因农副产品收购价格提高而增加收入 183.6 元,估计全国农民共增收 1,500 亿元左右(郭树清、韩文秀,1991)。

上国家财政因工业部门利润随之下降而减少的收入额,即使作保守估计,这一期间政府无偿性财政收入因此而减少的数额,至少也要在1,000亿元以上。

表6-8 来自农业部门的无偿性财政收入(1978—1991)

年份	农业部门所创造的国民收入（亿元）	来自农业部门的无偿性财政收入（亿元）	来自农业部门的无偿性财政收入占农业部门所创造的国民收入的比重(%)	来自农业部门的无偿性财政收入占整个财政收入的比重(%)
1978	986	31.65	3.2	2.8
1979	1,226	32.00	2.6	2.9
1980	1,326	33.11	2.5	3.1
1981	1,509	38.76	2.6	3.6
1982	1,723	49.32	2.9	4.4
1983	1,921	67.57	3.5	5.4
1984	2,251	61.07	2.7	4.1
1985	2,492	87.38	3.5	4.7
1986	2,720	80.37	3.0	3.6
1987	3,154	89.99	2.9	3.8
1988	3,818	121.38	3.2	4.6
1989	4,209	141.63	3.4	4.8
1990	5,000	126.38	2.5	3.8
1991	5,269	133.67	2.5	3.7

资料来源:同表6-7。

6.3.2 国有企业利润分配制度的改革

中国的经济体制改革虽然发端于农村,但国有企业利润分配制度的改革,可以说一直是居于中心地位的。前面也已经说过,自1978年以来,国有企业的利润分配制度进行过多次改革,先后实行了企业基金制度、利润留成制度、利改税、多种形式的企业承包经营责任制以及税利分流、税后还贷和税后承包等。尽管每次改革的内容和形式不尽相同,但以减税让利开道,不断扩大企业的可支配财力却不能不说是其共性所在。就是最近的这一次伴随《企业会计准则》和《企业财务通则》的实行以及新税制的出台而进行的国有企业利润分配制度的改革,也同样是以企业留用资金量的增加和上交国家财政量的减少为代价的(刘克崮,1993)。[①] 正因为如此,在近十几年中,无论是企业的留利额,还是企业的留利息率,均有了大幅度的增长(见表6-9)。

表6-9 全国企业留利额和留利息率(1978—1991)

年份	留利额(亿元)		留利息率(%)	
	企业合计	其中:工业生产企业	企业合计	其中:工业生产企业
1978	27.5	7.8	3.7	1.7
1979	86.5	40.6	12.3	7.9
1980	144.0	69.2	21.5	12.6
1981	168.1	84.9	26.1	16.3
1982	216.1	112.0	34.2	21.6
1983	290.8	154.3	41.8	27.0
1984	355.7	188.4	45.1	30.7
1985	416.8	240.5	38.9	38.3
1986	489.3	252.2	49.6	43.1
1987	538.5	274.9	50.7	44.6
1988	700.6	336.3	55.6	47.9
1989	698.0	316.5	62.3	55.2
1990	539.8	205.5	86.7	81.2
1991	555.4	213.5	65.3	77.9

资料来源:《中国财政统计(1950—1991)》,科学出版社1992年版。

从企业的留利额来看,1978年只有27.5亿元,1991年增加到555.4亿元(1988年曾达700.6亿元),13年中增加了近20倍,平均每

[①] 例如,1994年1月出台的企业所得税统一实行33%的比例税率,这一税率较国有企业原实现利润上交水平略低。1990—1992年预算内国有工业生产赢利企业实现利润上交比例(含留利上交能源交通重点建设基金和国家预算调节基金)分别为45.6%、43.3%和35.6%,平均为41.5%。

年递增33.5%。其中工业生产企业留利额从1978年的7.8亿元增加到1991年的213.5亿元(1988年曾为336.6亿元),增加了26.4倍,平均每年递增48.5%。

从企业的留利息率来看,1978年只有3.7%,1991年增加到65.3%(1990年曾达86.7%),13年中增加了近17倍,平均每年递增34.5%。其中工业生产企业留利息率从1978年的1.7%上升至1991年的77.9%(1990年曾为81.2%),增加了44.8倍,平均每年递增48.4%。

企业留利额和留利息率的增长,尤其是工业生产企业留利额和留利息率的增长,其结果自然是国家财政来自我国财政收入的主要支柱——工业部门的无偿性财政收入数额及其占工业部门所创造的国民收入的比重相对下降。在1978—1991年间,工业部门所创造的国民收入由1,487亿元增加到7,703亿元,增加了4.2倍,而同期国家财政来自工业部门的无偿性财政收入由845.07亿元增加到1,488.9亿元,仅增加了76%。与此同时,来自工业部门的无偿性财政收入占工业部门所创造的国民收入的比重也出现了大幅度下降,由1978年的56.8%降至1991年的19.3%,从而使得来自该部门的无偿性财政收入占整个财政收入的比重由1978年的75.4%下降到1991年的41.2%(见表6-10)。在这一过程中,政府无偿性财政收入因此而减少的数额,恐怕要达数千亿元之巨。

表6-10 来自工业部门的无偿性财政收入(1978—1991)

年份	工业部门所创造的国民收入(亿元)	来自工业部门的无偿性财政收入(亿元)	来自工业部门的无偿性财政收入占工业部门所创造的国民收入的比重(%)	来自工业部门的无偿性财政收入占整个财政收入的比重(%)
1978	1,487	845.07	56.8	75.4
1979	1,628	869.38	53.4	78.8
1980	1,804	897.35	49.7	82.7
1981	1,840	892.36	48.5	81.9

（续表）

年份	工业部门所创造的国民收入（亿元）	来自工业部门的无偿性财政收入（亿元）	来自工业部门的无偿性财政收入占工业部门所创造的国民收入的比重(%)	来自工业部门的无偿性财政收入占整个财政收入的比重(%)
1982	1,948	944.19	48.5	84.0
1983	2,136	1,074.15	49.0	86.0
1984	2,516	1,169.11	46.5	77.8
1985	3,163	1,194.66	37.8	64.0
1986	3,573	1,267.60	35.5	56.1
1987	4,262	1,236.62	31.6	56.9
1988	5,416	1,265.71	23.4	48.2
1989	6,241	1,340.63	21.5	45.5
1990	6,610	1,364.34	20.6	41.2
1991	7,703	1,488.90	19.3	41.2

资料来源：同表6-7。

财政部工交企业财务司曾就1981—1990年间出台的旨在调整国有企业利润分配制度的各项改革举措对国有工交企业可支配财力的影响，做过一次系统的跟踪调研。结果表明，在这10年期间，国家通过减税让利增加国有工交企业财力4,198亿元，扣除同期出台的新税种、开征"两金"（能源交通重点建设基金和国家预算调节基金）等拿回的1,097亿元，国家财政支持国有工交企业的净财力累计达3,101亿元。具体情况如下（见表6-11）：

1. 通过各项减税让利措施让予企业的财力累计4,198亿元。其中(1)提高企业留利息率，批准电力、交通等部门征收建设基金，允许石油、石化和煤炭等部门高平价差或增产、超收加价收入留用，以及其他专项让利措施，增加企业财力2,529亿元；(2)实行分类折旧，提高折旧率、大修理基金提存率和矿山维简费提取标准，增加企业财力653亿元；(3)扩大新产品、新技术开发资金来源（如允许新产品试制费进成本,对集成电路等四类电子产品实行按销售收入的10%提取技术开发费),对新产品实行减、免税等,增加企业财力128亿元;(4)对企业基本建设和专项技措性贷款实行税前还贷,增加企业财力865亿元;(5)采用贴息办法支持银行对企业技术改造发放贴息贷款,增加企业财力23亿元。

表6-11 1981—1990年财政对国有工交企业让利情况　单位:亿元

项目	10年累计	其中:"六五"时期	"七五"时期
1.让予企业的财力	4,198.58	913.04	3,285.54
(1)提高企业留利息率等	2,529.40	629.67	1,899.73
(2)折旧制度调整	653.57	69.00	548.57
(3)新产品优惠	127.64	13.48	114.16
(4)税前还贷	864.89	198.70	666.19
(5)财政贴息	23.08	2.19	20.89
2.从企业拿回的资金	-1,096.83	-255.36	-841.47
(1)开征能交基金	-564.24	-151.10	-413.14
(2)开征预调基金	-120.77	—	-120.77
(3)发行国库券等	-295.91	-89.79	-206.12
(4)开征新税和提高税率	-93.18	-14.47	-78.71
(5)银行贷款利息率提高	-18.79	—	-18.79
(6)中央财政借款	-3.94	—	-3.94
3.企业净增财力	3,101.75	657.18	2,444.07

资料来源:财政部工交企业财务司。

2.通过开征"两金"、新税等从企业拿回的资金累计1,097亿元。其中(1)开征能源交通重点建设基金,从企业拿回564亿元;(2)开征国家预算调节基金,从企业拿回121亿元;(3)向企业发行国库券、特种国债等有价证券,从企业拿回296亿元;(4)开征新税和提高税率(利转税部分),从企业拿回93亿元;(5)中央财政借款及银行贷款利息率提高影响企业留利水平,从企业拿回23亿元。

3.将上述两种影响加以综合,10年间企业净增财力为3,101

(=4,198-1,097)亿元。其中,"六五"期间657亿元,占同期财政收入的9.8%;"七五"期间2,444亿元,占同期财政收入的19.13%。

国有工交企业的情况如此,其他企业当然也不会有多大的出入。将在此期间国家财政对其他企业的让利情况引入视界,并考虑到1990年后推出的一系列改革举措对企业留利和无偿性财政收入的影响,①说经济体制改革以来政府无偿性财政收入因此而减少的数额达数千亿元之巨,似乎也是站得住脚的。

6.3.3 国家税收的大面积流失

我国近十几年来所出现的税收大面积流失,一直是社会普遍关注的热点。造成税收流失的原因是多方面的,改革过程中的税收政策和制度不够完善,给偏爱局部利益的地方领导人开了减免税的方便之门,便是其中之一。比如,80年代中期中央对地方实行财政包干体制之后,一些地方为了在确定包干基数时不致吃亏,并有利于本地区的发展,便大搞减免税,甚至越权减免、非法减免,造成税收大量流失。又如,出于发展地方经济的考虑,许多地方擅自制定了名目繁多的减免税条款。全国各地所颁发的旨在吸引外来投资、保护地方经济的政府文件中,涉及越权减免税的条款就达200多条,几乎到了每一税种都有减免的地步。② 一些地方甚至让企业承包流转税,以人为压低承包数字的办法截留中央税收。

更为严重的税收流失现象,还出在税收管理的漏洞上。这种流失不仅包括偷漏税、避税,而且还包括近年来出现的骗取出口退税和欠税

---

① 如在1992年,国家财政为搞好国有大中型工交企业推出了五项改革措施,即增提折旧、增提技术开发费、补充流动资金、折旧基金免交"两金"和降低部分企业所得税税率。这些措施增加企业财力155亿元,减少财政收入约80亿元(《经济日报》,1993年10月27日)。

② 《中国财经报》,1993年11月18日。

等。偷漏税手段之多,涉及面之广,为历史罕见。

1993年1—6月,湖北省税务局对全省国有、集体、个体2,972户纳税人的情况进行检查,查出有问题的达2,577户,其中私营企业偷漏税面为100%。有的私营企业通过向党政机关、事业单位交纳一定的"管理费",戴顶"红帽子",摇身一变为"八假企业",[1]以此来骗取税收上的优惠照顾,从而堂而皇之地干些偷漏税的勾当。由于校办企业可以免税,于是很多企业纷纷向学校靠拢。南方一个沿海城市竟有100多家乡镇企业同时挂着一个学校的牌子。有的企业收容一两个残疾人,就成了"福利企业",从而享受免税待遇。有些国有企业也不甘落后,偷漏税款数额大得惊人。在1993年1—7月山东省税务局所抽查的几万户纳税单位中,仅国有企业就应补交税款5,300万元,占补交税款总额的35%(储兴华、解春,1993)。

三资企业的避税情况也很严重。以转让定价的手法转移利润、虚亏实盈,逃避纳税,早已是公开的秘密。1991年福建省税务局在三资企业发展最快的福州、厦门、泉州、漳州等市,选择有代表性的52家"亏损"三资企业进行了利润抽查,结果其中47家都是虚亏实盈的企业,占核查企业总数的90%。

出口退税,本是我国按照国际通行做法,使出口产品以不含税的价格入国际市场,增强竞争能力而实行的一项重要政策。但是,它竟也被一些纳税人利用,作为骗取退税、获取高额利润的渠道。1992年,全国共查出开具假发票、假征税证明涉及货物金额达26亿元的骗取出口退税案件。仅湖北省就发现16个县(市)开具假征税证明单164份,可骗取退税1.24亿元。该省的咸宁市,1992年8—11月,5家集体企业在没有外购和生产出口产品的情况下,与犯罪分子勾结,在该市和深圳

---

[1] 即所谓假合资、假福利、假校办、假集体企业等。

市，为全国 16 个省市的 40 余家出口企业开出无货销售发票 277 份，有 9 个省市的 12 家企业使用假凭证骗取了国家出口退税款 1,218 万元（钱凤元，1993）。

欠税现象在近两年的税收流失现象中最为突出。据有关部门公布的情况，1993 年 3 月末，全国企业欠缴工商税收余额达 77 亿元，占完成税收收入的 12.36%。湖北荆门市某化工厂 1989 年以前每年尚能纳税百万元左右。近两年来，却欠下近千万元的税款。[①]

这些年我国税收流失的数额究竟有多大？目前尚无可靠的统计资料给予说明。但是，从 1981 年以来全国开展的税收财务物价大检查所公布的结果中，我们还是可以捕捉到一些有关的信息：除了 1984 年因故未进行大检查外，至今每年的大检查中查补的税款已达数百亿元。仅 1992 年一年就查获偷漏税额 81.74 亿元，而这还仅仅限于 40% 的抽查面。据国家税务局一位权威人士的估算，全国每年流失的税收起码在 100 亿元以上（储兴华、解春，1993）。依此推算，十几年来我国税收流失的数额当以千亿元计。

6.3.4 预算内收入向预算外收入的转移

1978 年以来我国财政面临的一个重要现实，就是预算外资金收入的急剧扩张与国家预算收入占国民收入比重的迅速下降并存。在 1978 年，预算外资金收入仅相当于国家预算收入的 31.0%。到 1991 年，这一占比已上升到 94.5%（见表 6-12）。

当然，从根本上说，预算外资金的增长是与整个经济体制改革的进程密不可分的。也不容否认，离开了预算外资金这个推进器，十几年来的经济体制改革是难以想象的。不过，笔者注意到的是：预算外资金的

[①] 《经济日报》，1993 年 11 月 21 日。

增长,在相当程度上,是以挤压国家财政的预算内资金为代价的。没有预算内资金收入向预算外资金收入的转移,预算外资金的扩张速度绝不会如此之快,其规模也肯定不会达到如今这样的程度。

表6-12 全国预算外资金收入增长情况(1979—1991) 单位:亿元

年份	全国预算外资金 金额	相当于预算内收入(%)*	地方财政预算外资金	行政事业单位预算外资金	国有企业和主管部门预算外资金
1978	347.11	31.0	31.09	63.41	252.61
1979	452.85	42.4	39.94	68.66	344.25
1980	557.40	53.5	40.85	74.44	442.11
1981	601.07	59.1	41.30	84.90	474.87
1982	802.74	74.1	45.27	101.15	656.32
1983	967.68	79.9	49.79	113.88	804.01
1984	1,188.48	81.0	55.23	142.52	990.73
1985	1,530.03	83.3	44.08	233.22	1,252.73
1986	1,737.31	79.5	43.20	294.22	1,399.89
1987	2,028.80	89.7	44.61	358.41	1,625.78
1988	2,270.00	91.2	45.00	415.00	1,810.00
1989	2,658.83	94.8	54.36	500.66	2,103.81
1990	2,708.64	86.4	60.58	576.95	2,071.10
1991	3,243.31	94.5	68.77	697.00	2,477.54

*计算预算外资金收入相当于预算内收入的百分比时,预算内收入未包括国外借款收入。

资料来源:《中国统计年鉴(1993)》,中国统计出版社1993年版。

就全国预算外资金收入的项目构成情况来看,地方财政的预算外资金,主要由各项附加收入(如工商所得税附加)、统管的企业收入(其中大部分是企业上交的折旧基金)、统管的事业收入和其他收入所组成;行政事业单位的预算外资金,无非来源于各种事业收入(如养路费收入)、行政管理收入、社会福利收入、工商管理收入和其他收入;国有企业和主管部门的预算外资金,则基本可分为各种留利、折旧基金、大修理基金和其他专项基金几大块儿。易于看出,所有这些预算外资金的提取、项目、范围、构成,以至其规模的变化,都同国家的财政管理体制直接相关。

新中国预算外资金的演变历史告诉我们,预算外资金和预算内资金通常表现为一种互为消长的关系。当国家实行集中式的财政管理体制时,相当一部分预算外收入便会转为预算内收入,预算外资金的规模就要收缩;而当国家实行放权式的财政管理体制时,相当一部分预算内收入又会转为预算外收入,预算外资金的规模就要扩张。就此而论,1978年以来,包括地方财政预算外资金、行政事业单位预算外资金以及国有企业和主管部门预算外资金在内的全国预算外资金收入之所以出现急剧扩张,国家财政在体制上实行放权让利,将一部分预算内收入转作预算外收入,恐怕不能不说是一个重要原因。

问题还有复杂之处。伴随上述政策性的放权让利而来的,并非只是一部分预算内收入向预算外收入的"有序"转移,另一种令人啼笑皆非的现象也同时派生出来了:有关经济主体出于自身利益的考虑,利用体制转换过程中的漏洞,以种种手法随意将预算内收入转作预算外收入,造成了国家预算收入的大量流失。

有人曾在广泛调查的基础上,把由此而形成的国家预算收入流失渠道归纳为如下八条(李国安,1993):

(1)通过财政预算安排转移。自20世纪80年代初一直实行下来的财政"分灶吃饭"包干管理体制,允许地方在年度预算中适当安排一批专项资金用于支持生产。这些资金大多被地方财政业务部门以无偿下拨周转金形式从预算内账户转入预算外账户储存。在资金转存拨付过程中,财政业务部门内部层层截留,挪作他用的情况也不少。

(2)以预算内资金搞财政信用。许多地方利用预算内的间歇资金和结余资金,以扶持生产的名义,或是直接在预算内账户放贷,或是采取委托方式贷款。甚至向企业投资入股，开展多种形式的信贷活动，收取资金占用费、使用费。

（3）行政事业单位收入不入国库。行政事业单位以种种借口少缴、漏缴应上交国家财政事业收入的现象非常普遍。更有些行政事业单位自收自支，将事业收入全部截留，使本应纳入预算内管理的资金进了单位的小钱柜、小金库。

（4）执法机关罚没款收入不上缴。我国对执法机关历来实行收支两条线的管理体制，即执法机关的罚没款全额上缴财政，其所需的办案经费由财政支出拨付。但这些年不少单位以情况特殊、办案经费缺乏为由，自行收支两抵，随意开支，使预算内的收入资金被截留挪用。

（5）财税征管部门将预算收入分散截留。不少地方的财税征管部门，以在各家银行和信用社多开或乱设账户为手段，随意截留预算收入。特别是一些基层财税征管单位，不按国库管理条例办事，不及时足额报解预算收入，擅自将预算收入转移挪用或公款私存。

（6）以预算内资金兴办经济实体。这些年各级财政部门兴办的经济实体，其开办费、资本金、流动资金，有不少来自于主管部门的预算内账户拨款，使一部分预算内的资金变成了所属经济实体的自有资金。

（7）任意退库退税。不少地方巧立名目，采用各种形式擅自越权减税、退税、退库。特别是任意退减中央预算收入和中央地方共享收入的现象时有发生，造成一部分中央级预算内收入转为了地方预算外收入和企业单位的预算外收入。

（8）企业单位挤占成本。主要表现在企业擅自扩大专用基金提取范围、比例和标准，以此减少企业应上缴之税利，扩大其预算外资金的来源。

国家预算收入的流失状况，于此可见一斑。

关于无偿性财政收入相对下降的现象和结果用了如此多的笔墨，

无非是想说明,它是造成经济体制改革以来中国国债发行规模迅速膨胀的一个基本原因。为了印证这一点,可以回过头来再看表6-3,将该表所提供的各种政府债券发行数同本节的考察结果联系起来,便不难发现这样一个事实:如果消除了导致无偿性财政收入相对下降的几个因素(甚至只消除其中的一个因素),中国国债的发行规模将有相当程度的压缩。

6.4 国债规模膨胀探源:偿债费支出的逐年加大

国债既是一种有偿性的财政收入形式,自然是以偿还和付息为条件的。前面已经指出,无论是国债利息的支付费用,还是国债本金的偿还费用,总要形成政府财政的一个特殊的出项——偿债费支出。如果举借国债已被政府作为一项长期国策,并且,具有"刚性"特征的财政支出亦无法为偿债费支出让位,税收的人为增加又受到一定的限制,那么,偿债费支出只能用举借新债的办法来筹措财源。只不过在国债的利息支出也依赖举借新债的条件下,国债的规模会因此而越滚越大,从而陷入一种"恶性循环"。

令人不无忧虑的是,我们看到,在中国,上述循环已经出现了。

自1986年起,中国国债的还本付息开始提上议事日程。不过,最初那一年还本付息的任务不算重,只有1981年所发行国库券本息的20%需要归还,统算下来,其数额也就是7.98亿元,因而未构成太大的压力。但是,在此之后,还本付息支出便出现了急剧递增的情形,并于1990年进入了偿债高峰期。1987年的国债还本付息额为23.18亿元,已经接近1986年的3倍。到1990年,国债的还本付息额一下子增长到375亿元,占当年财政支出的比重达10.5%之多。1991和1992年的国债还本付息额也都分别居于428亿元和416亿元的高水平(张加伦等,1992)。

每年达数百亿元的国债还本付息支出,对于财力尚不充裕且极端困难的中国财政来说,不能不是一个相当大的压力。一方面,改革已进入攻坚阶段,各方面的财政支出不仅压不下来,反而要有所增加。另一方面,在财政对企业继续让利,各种改革举措纷纷出台而又尚欠完善的条件下,无偿性财政收入相对下降的势头难以制止。这时,国债还本付息支出的资金来源便只有求助于举借新债了。

其实,早在偿债高峰到来之前的1988年5月,财政部国家债务管理司在一份取名为《国家内债及还本付息情况》的报告中,便提出了以推迟偿还期来应付偿债高峰的对策意见。当时的设想是:对于单位所持有的到期债券,不办理还本付息,而按应付本息额兑换新的转换债券;对于个人所持有的到期债券,则按应付本息额发行新债券,用发行新债券所筹集的资金来办理还本付息(张加伦等,1992)。

这种设想首先在1990年到期国债的兑付上初步付诸实践了。1990年到期国债所需的还本付息额共为375亿元,其中,单位和个人持有的份额大约各占一半。当年的6月14日,财政部和中国人民银行联合颁发了《关于暂不办理"单位"持有1990年到期国债的兑付的通知》,决定对1990年到期的企事业单位、机关团体、部队、金融机构所持有的到期国债,实行延期偿还,暂不办理兑付事宜。同时决定,当年7月1日国债兑付期开始后,只办理个人持有的到期国债兑付。其结果,这一年由国家财政实际付出的国债本息额得到了"人为"的压缩,仅为113.75亿元,大约相当于应付本息总额的1/3。如果注意到1990年所发行的各种政府债券总额为196亿元,便不难发现,这一年对于个人所持有的到期国债本息的兑付,实际是以举借新债为资金来源的。

1991年的到期国债兑付,仍然是按照1988年提出的设想来办理的。有所不同的,对单位所持有的到期债券采取了较为规范化的处理办法——发行转换债。1991年1月国务院颁发了《关于发行1991年转换债的通知》,决定将企事业单位、机关团体、部队所持有的当年到期的国债,转换为等额的5年期新债,并按8%的年利息率计息。同时对个人所持有的当年到期的国债,仍按期办理还本付息事宜。这样一来,当年国家财政实际付出的国债本息额同样被"人为"压缩了。这部分被人为压缩的国债还本付息额,显然大致相当于当年的转换债发行额。基于与前相似的道理,若将当年的国债还本付息支出额156.69亿元和当年的各种政府债券发行额281亿元(不包括转换债)联系起来,也不难看出前者与后者的相关性。

有了1990年和1991年的实践基础,中国政府似乎已经寻到了解决到期国债兑付资金难题的通道。于是,在财政困难始终未得到缓解的现实背景下,不断地发新债来还旧债(对单位所发行的转换债,实际上也是在借新还旧)便被作为一种自然的选择,一再地运用于到期国债的兑付实践。1992年以来每年高达数百亿元的偿债费支出高峰,正是循着这种模式得以跨过的。①

不言而喻,以举借新债作为包括国债利息支出和国债还本支出在内的偿债费支出的资金来源,虽能实现到期国债的按时兑付,但所带来的将是国债规模越滚越大的"恶性循环"。用发行转换债的办法来收兑单位所持有的到期国债,也将以牺牲国债的信誉为代价。不过,对由此而导致的利弊效应,是一个需要专门研究的复杂问题,本书不拟多加评论。这里仅意在指出一个事实:正是不断地发新债来还旧债这种行

---

① 1993年的到期国债兑付办法使这种模式得到了更直接的体现:当年除对单位所持有的到期国债继续采用发行转换债的办法加以收兑外,还对个人所持有的到期国债兑付实行了两种新措施:一是开办"以旧换新"业务,即以到期国债换取当年新发行国债;二是直接将各地的部分当年国库券发行收入款转作兑付资金,用于当年到期国债的兑付〔(《国债工作文件》(1993),中央国库券推销委员会办公室编印〕。

为方式,加剧了1990年之后中国国债发行规模的膨胀势头。

表6-13提供了1980—1992年间中国国家债务支出的情况。从该表"国内公债还本付息"一栏可以看出,它所反映的数字是不完全的。其中最为主要的是1990年以及其后推迟偿还的单位持有的到期国债本息额(含发行的转换债)未在表中揭示。如果将这些被"人为"压缩的国债还本付息额加入其中,1990—1992年间的国内公债还本付息支出将有相当数额的增加。还可由此想到的是,如果将1990年以及其后所发行的转换债(含推迟偿还的国债)引入表6-4,那么,该表所提供的1990—1993年间的各种政府债券发行总额也将有相当规模的扩张。再进一步,图6-3展示的这一时间段中国国债收入占财政收入的比重亦会有相当程度的提高。

表6-13 国家债务支出情况(1980—1992) 单位:亿元

年份	债务支出合计	其中:		
		国内公债还本付息	国外借款还本付息	归还中国人民银行借款和利息
1980	25.58		24.40	4.18
1981	62.89		57.89	5.00
1982	55.52		49.62	5.90
1983	42.47		36.56	5.91
1984	28.91		22.74	6.17
1985	39.56		32.59	6.97
1986	50.16	7.98	34.49	7.69
1987	79.83	23.18	51.96	4.69
1988	76.75	24.44	42.58	5.73
1989	72.36	19.30	45.83	7.23
1990	190.40	113.75	68.21	8.44
1991	246.80	156.69	80.22	9.89
1992	438.57	342.42	80.26	15.89

注:1990年后推迟偿还或变为转换债的单位持有到期国库券及财政债券,未在表中反映。
资料来源:《中国统计年鉴(1993)》,中国统计出版社1993年版。

6.5 小结

本章着重对经济体制改革以来中国国债所呈现的迅速发展的现象及其成因作了一般性的考察。由于它涉及经济体制改革举措的几乎所有的方面,考察过程中难免看漏一些细节,但基本的流程大致是不会错的。

本章的考察表明,尽管中国国债的迅速发展局面是在经济体制改革以来才逐步形成的,但它并非经济体制改革的产物。经济体制改革对于中国国债的作用,只不过是使其从后台走向前台,由隐性转为显性罢了。事实上,无论过去、现在或是将来,国债与其他财政收入形式之间的替代关系,都始终存在于中国财政的运行过程中。有所不同的,仅是它的表现形式。

经济体制改革以来的中国国债之所以出现膨胀,其基本的成因在于改革过程中难以避免的无偿性财政收入的相对下降。与此同时,偿债费支出的逐年加大也在一旁起了推波助澜的作用。不过,从根本上说,偿债费支出之所以逐年加大,又是由于无偿性财政收入的相对下降使得国债发行规模一再膨胀所造成的。至于同期财政支出规模的扩张对国债发行规模膨胀的作用,本章之所以着墨不多,是因为,这一时期财政支出规模的扩张主要表现为偿债费支出和价格补贴支出的扩张。[1] 导致偿债费支出扩张的根本原因已如前述。价格补贴支出的扩张显然主要导因于农副产品收购价格的数度提高。在前面已经说过,农副产品收购价格的提高是以无偿性财政收入的相对下降为代价的。

---

[1] 统计资料表明,在 1978 年,债务支出和价格补贴支出均为 0。但到 1991 年,这两项财政支出占整个财政支出的比重分别为 6.5% 和 9.8%,其中价格补贴支出在 1986—1990 年间还曾超过 10%(《中国财政统计(1950—1991)》)。

事实上,在 1985 年以前,我国的价格补贴支出本身就是作为财政收入的冲销项目处理的。这就是说,无论偿债费支出的扩张,还是价格补贴支出的扩张,均可以从无偿性财政收入的相对下降中去寻求答案。财政支出规模的扩张似乎不是,或许主要不是这一时期中国国债发行规模呈现膨胀势头的根本原因所在。①

上述论断的引申意义是,在目前的中国,扭转国债发行规模膨胀局面,从而使中国国债走出"恶性循环"的根本出路,在于尽快堵住无偿性财政收入流失的漏洞,实现无偿性财政收入与国民经济的同步增长。这样说,绝不意味着压缩国债发行规模不应以削减财政支出为对策;但同制止无偿性财政收入相对下降的势头相比,它是应处于次要地位的,至少在近期内是这样。

---

① 袁振宇教授的研究(1991)表明,经济体制改革以来中国所出现的财政赤字,并非是随意扩大财政支出规模的结果,财政赤字的产生主要还是在于财政收入的不足。这与本书关于中国国债规模膨胀原因的分析,显然不谋而合。

第七章　中国的国债与社会总需求

　　上一章我们对经济体制改革以来的中国国债，分别从现象和成因两个方面进行了总体考察。但是，对其所可能带来的进一步的经济影响，还没有触及。既然本书的研究主题在于透视举借国债对于国民经济运行的影响机制，并且，它基本上是围绕着对社会总需求的影响这样一条线索来展开，我们的考察显然还须在上一章的基础上深入一步：这一时期的中国国债对于国民经济的运行，特别是对社会总需求的状况都产生了哪些影响？本章就来完成这个任务。

　　前面的分析已经表明，国债对于社会总需求的影响，总是要通过各经济主体由此而进行的经济行为的调整来完成的。本章的考察仍将从中国国债对家庭部门、企业部门和政府部门行为的影响入手，在此基础上，顺次讨论其对民间消费的影响、对民间投资的影响、对财政支出的影响以及对货币供给的影响，最后在对社会总需求的影响上加以综合。

　　这里需要说明两点：其一，此处关于家庭部门、企业部门和政府部门的区分，基本是就中国的现实情况而言的。所谓政府部门，包括立法、行政、国防、科技、教育、文化、体育等社会和公共服务机构；[①]所谓企业部门，包括国有企业、集体企业、中外合资企业以及农村集

[①] 不难看出，这里所说的政府部门，相当于《国民经济核算体系》中的"一般政府"概念。

体经济组织等各种类型的企业;所谓家庭部门,专指居民,其中包括个体劳动者。其二,改革以来发生在民间消费、民间投资、财政支出以及货币供给上的一系列变化,是由包括中国国债在内的多种因素共同作用的结果。在我国现有的统计体系中,较为准确的与某种单一因素相对应的数据尚付阙如。因此,我们只能寻求迂回曲折的办法来逼近现实。就此而论,本章所进行的实证考察,仅具有刻画大趋势的意义。

7.1 可支配收入、偿债费税和利息率: 导致微观经济主体行为变化的三个传导因素

如同间接税的税负在最终落实到负税人头上之前要经过一系列转嫁过程一样,从政府举债到对微观经济主体的经济行为发生影响,其间也有一个传导过程。可支配收入、偿债费税和利息率,便是这一传导过程中的三个传导因素。

7.1.1 可支配收入

中国国债对于微观经济主体的可支配收入产生了什么影响?这个问题的答案可以从上一章所提供的线索中去寻找。那里的考察告诉我们:(1)中国国债是在无偿性财政收入相对下降的背景下重新被启用并随之膨胀起来的;(2)偿债费支出的逐年加大对中国国债规模的膨胀起了推波助澜的作用。这就是说,无论在中国国债的发行期,还是在其偿付期,都存在着国债对无偿性财政收入的替代。十几年来中国国债规模迅速膨胀的根本原因,就在于它一再地被用于填补无偿性财政收入相对下降后留下的"空缺"。

从某种意义上说,1978 年以后,国家之所以能够大幅度地实行对

微观经济主体的减税让利,之所以能够在税收大面积流失和预算内收入被大量转作预算外收入的条件下继续维持国家财政的运转,一个重要原因,就是有了国债的支持。若打比方,国债就好像是足球赛中的替补队员,一旦主力队员犯规被罚下场或发生其他别的什么意外,替补队员就会被教练召上球场,从而使得比赛继续进行下去。中国的国债也是如此,它作为一种辅助性或补充性的财政收入形式,正是在作为国家财政主体收入的无偿性财政收入相对下降的条件下,而在中国的财政实践中发挥作用的。

问题在于,政府无偿性财政收入相对下降的直接结果便是微观经济主体可支配收入的相应增加。至于随之而来的国债发行,除非实行派购,否则不会对微观经济主体可支配收入的增加构成影响。因为,它毕竟属于微观经济主体可支配收入的运用项目(而非总收入的扣除项目),是微观经济主体可选择的一种储蓄形式。而且,即使在派购的条件下,由于国债到期之后终归要还本付息,它所可能带来的对微观经济主体可支配收入增加的抵消效应,也是相当微弱的。

表6-2提供的数据支持了上述说法。通过运用倒算法,即从财政收入占国民收入的比重数字倒算出微观经济主体收入占国民收入的比重数字,并由此推算微观经济主体收入的绝对额,我们不难发现这样一个事实:十几年来,伴随着中国国债发行规模的不断膨胀,微观经济主体的收入无论在总量上还是在份额上,均经历了一个持续攀升的过程(见表6-2)。

从总量规模来看,1978—1992年间,微观经济主体的收入由1,888.88亿元增加到16,361.63亿元,增长7.7倍。而同期整个国民收入由3,010亿元增加到19,845亿元,增长5.6倍。无偿性财政收入由1,121.12亿元增加到3,483.37亿元,增长2.1倍。微观经济主体收入的增长速度明显地快于整个国民收入和无偿性财政收入的增长速度。不同的收入增长水平将导致国民收入分配格局朝什么方向演变,是不难想象的。

从比重数字来看,在整个国民收入中,微观经济主体收入所占比重由1978年的62.8%增加到1992年的81.9%,增长19.1个百分点。与之相对应,无偿性财政收入所占比重由1978年的37.2%下降到1992年的19.1%。两个比重数字分别增长和降低的幅度如此之大,微观经济主体的可支配收入和政府的无偿性财政收入将因此而分别朝什么方向变化,也是不难理解的。

当然,将经济体制改革以来微观经济主体可支配收入的大幅度增加完全归结于国债对无偿性财政收入的替代,未必令人信服。但说它是一个重要原因,则肯定是站得住脚的。

因此,注意到前述事实,并考虑到即期可支配收入的增加可能带来的收入引致效应,①我们基本可以认为:在这一时期,至少有相当于政府举债规模的可支配收入是在国债对无偿性财政收入的替代过程中流入家庭和企业部门的。

清楚地认识到中国国债的连年发行具有增加微观经济主体可支配收入的效应是非常重要的。说中国国债引起了微观经济主体经济行为的调整,其主要根据也就在于此。

7.1.2 偿债费税

关于中国国债是否带来了偿债费税的预期及其开征的问题,在十几年来的举债实践中,虽不能否认它的存在,但表现得却不那么明显。究其原因,可能有这样几条:

---

① 关于收入引致效应,指的是即期可支配收入的变化有可能导致收入主体对未来可支配收入预期的调整,见本书第二章第2节所述。

（1）长期实行的低工资制度使得个人基本上处于同纳税无缘[①]的状态。尽管随着改革后个人可支配收入的大幅度增加，政府先后开征了个人所得税和个人收入调节税，但在人们大多既无纳税传统，又无纳税意识以及足够的法律制约的条件下，这两个税种几乎未对个人的可支配收入构成什么冲击。个人既同现实的纳税基本无缘，自然也就谈不上关心未来的纳税是增还是减。

（2）目前较为低下的国民整体素质状况决定了人们几乎不能够将现实的国债与未来的税收联系起来。即使有一部分人能够意识到偿债费税的存在，也会因为被那"11亿"的巨大分母一除而把每一笔偿债费税都化解得微不足道，几乎等于零。

（3）改革过程中国家与企业（主要是国有企业）之间的分配关系经常调整，有欠确定的体制环境使得企业行为目标的短期味道浓重，短期化的行为方式显然意味着企业不会去关心，或者较少去关心其未来所须承担的偿债费税为多少。

（4）进入80年代中期以来政府为扭转财政收入占国民收入比重下降势头的努力，以及为此而采取的诸如开征或恢复开征一些税种、堵塞税收流失漏洞、加强偷漏税和避税的防范等方面的措施，尽管与国债的还本付息开始提上议事日程，并继而进入了偿债高峰期的背景不无关系，但终因它深藏在由种种原因（国债的偿付只是其中之一）所造成的财政困难现象的背后，并未引起多少人的关注。而且，后来政府为应付偿债高峰而推出的"借新还旧"对策，又在很大程度上转移了人们的注意力。

如此看来，偿债费税问题带给现实中国经济生活的影响是甚微的。

[①] 这里所说的居民个人基本同纳税无缘，仅指的是同直接税纳税无缘。至于间接税，由于它隐含在商品和服务的价格之中，消费者个人尽管是实际的负税人，但不易察觉。所以，对它的意识程度也是很低的。

因而,从实证考察的意义来说,我们似乎可以将这一因素暂时放在一边,存而不论。①

7.1.3 利息率

中国国债的发行利息率目前仍处在追随银行储蓄存款利息率而定的状态,而银行利息率的主要方面目前又仍表现为一种管理利息率。仅就这一点来说,我们似乎看不出中国国债的连年发行对整个利息率水平的决定有什么影响。但是,透过如下两种现象,我们还是可以揣测出两者之间所具有的内在联系:

1985年以后,中国国债的发行利息率始终保持着高出同期银行储蓄存款利息率近2个百分点的格局。而且,每当中央银行调整银行利息率时,国债的发行利息率便会随之调增或调减。最突出的例证是1993年,在这一年,中央银行出于执行宏观经济政策的考虑,连续两次上调了银行储蓄存款利息率。于是,当年正值发行期的两种国库券利息率亦紧跟着进行了两次上调:其中,3年期国库券年利息率由原定的10%提高到12.52%,后又提至13.96%;5年期国库券年利息率由原定的11%提高到14.06%,后再调至15.86%。从而使得调高后的国库券年利息率仍分别比同期银行储蓄存款利息率高出1.72和2个百分点。② 从表面上看,这是为保护广大国债认购者利益的应有举措。然而,深一层分析,在保证国债认购者利益的说法背后,深藏着财政机关要求保持国库券发行条件的相对优势,以和银行部门争夺城乡居民储蓄资金的强烈动机。问题恰恰在于,这种通过保持相对较高的利息率水准而表现出来的中国国债对城乡居民储蓄资金的竞争,无疑是抬高银行利息

---

① 有必要指出,随着社会主义市场经济体制的逐步确立,偿债费税问题对于微观经济主体行为的影响总会或多或少地、以这样或那样的形式表现出来。

② 数字来自《国债工作文件汇编(1993)》,中央国库券推销委员会办公室编印。

率以及其他各种利息率水平的一个重要因素。并且,由此而带来的利息率攀升压力,也会在一定程度上左右中央银行有关利息率水平的决策。

　　这几年主要来自财政机关的要求控制各种集资利息率水平的呼声甚高,其背景是以企业债券、投资债券及各种基金为代表的高利集资严重冲击了国债的发行。在1993年2—4月间的短短两个月内,国务院还专门为此连续下发了几个文件,规定其他债券的利息率不得高于同期国库券的利息率,且在国库券发行任务完成之前,其他各种债券、股票一律不得发行,各证券交易场所也不得上市其他债券。毋庸置疑,这些措施的推出对于保证国库券发行任务的完成和国家财政的正常运转是有着重要意义的。不过,在人们把注意力放在高利集资对国债发行的排挤现象的同时,我们也可以从中看到问题的另一面:国债的大量发行对高利集资局面的形成亦有着不容忽视的作用。事实上,这些年在全国范围内所发行的各类债券(包括股票)中,国债的发行额始终占大头儿(见表7-1)。各有关经济主体在确定其集资利息率水平时,所瞄准的也主要是国债的发行利息率(而不是银行储蓄存款利息率)(见表7-2)。从某种意义上可以说,正是国债所保持的相对较高的利息率水准使得各种债券利息率一再攀升。

　　上述现象告诉我们,中国国债的连年发行亦具有抬高利息率水平的效应。只不过在现行的管理利息率体制下,它是以一种间接或迂回的形式表现出来的。我国进入80年代以来,包括银行存款利息率在内的各种利息率水平一直呈上升势头。[①] 促成这种局面的因素固然是多方面的(如通货膨胀可能是主要原因),但其中肯定也有中国国债的一份"贡献"。

[①] 以一年期的银行定期存款利息率为例,1979年为3.96%,1982年为5.76%,1985年为6.84%—7.2%,1988年为8.64%,1990年为10.08%,1993年为10.98%(见表7-8)。

表 7-1　1981—1990 年国内债券、股票发行情况

单位:亿元

年份 种类	1981	1982	1983	1984	1985	1986	1987	1988	1989	1990	合计
国库券	48.66	43.83	41.58	42.53	60.61	62.51	62.87	92.16	56.12	93.28	604.15
财政债券	-	-	-	-	-	-	-	66.07	-	71.09	137.16
国家建设债券	-	-	-	-	-	-	-	30.65	-	-	30.65
国家重点建设债券	-	-	-	-	-	-	55.00	-	-	-	55.00
特种国债	-	-	-	-	-	-	-	-	43.70	32.39	76.09
保值公债	-	-	-	-	-	-	-	-	87.43	37.40	124.83
基本建设债券	-	-	-	-	-	-	-	80.00	14.59	-	94.59
重点企业债券	-	-	-	-	-	-	30.00	10.00	7.94	6.15	54.09
金融债券	-	-	-	-	5.00	30.00	60.00	65.00	60.66	64.40	285.06
地方企业债券	-	-	-	-	-	100.00	30.00	30.00	14.83	49.33	224.16
股票	-	-	-	-	-	-	10.00	25.00	6.62	4.28	45.90
大额可转让定期存单	-	-	-	-	-	-	-	59.26	141.80	503.53	704.59
企业短期融资券	-	-	-	-	-	-	-	11.72	29.72	50.15	91.59
企业内部债券	-	-	-	-	-	-	-	33.96	30.71	26.89	91.56
总计	48.66	43.83	41.58	42.53	65.61	192.51	247.87	503.82	494.12	938.89	2,919.42

资料来源:转引自金建栋等主编:《股票债券全书》,北京理工大学出版社 1992 版,第 1482 页。

表7-2 1981—1988年国内各种债券利率对照表

%

年份 利率 种类	1981	1982	1983	1984	1985	1986	1987	1988
国库券(3年、5年期)								
个人认购	4.0	8.0	8.0	8.0	9.0	10.0	10.0	10.0
单位认购	4.0	4.0	4.0	4.0	5.0	6.0	6.0	6.0
国家重点建设债券(3年期)								
个人认购	—	—	—	—	—	—	10.5	—
单位认购	—	—	—	—	—	—	6.0	—
重点企业债券(5年期)	—	—	—	—	—	—	—	6.0
财政债券(2年期)	—	—	—	—	—	—	—	8.0
财政债券(5年期)	—	—	—	—	—	—	—	7.5
基本建设债券(5年期)	—	—	—	—	—	—	—	7.5
国家建设债券(2年期)	—	—	—	—	—	—	—	9.5
地方企业债券	—	—	—	—	—	—	高于同期储蓄利率40%	同前
金融债券								
1年期金融债券	—	—	—	—	9.0	9.0	9.0	—
累进利息金融债券								
1—3年期	—	—	—	—	—	—	9.0—11.0	同前
1—5年期	—	—	—	—	—	—	9.0—13.0	同前
贴现金融债券								
1—3年期	—	—	—	—	—	—	平均利率为10%	同前

资料来源:财政部国家债务管理司编:《国债工作手册》,中国财政经济出版社1992年版,第362页。

7.2 举借国债条件下的微观经济主体行为

上一节的考察表明,改革以来中国国债的连年发行已经使得两个方面的因素发生了显著的变化。这就是:微观经济主体的可支配收入增加了;以银行存贷款利息率为代表的各种利息率水平上升了。接下来的问题是,在前述两个传导因素发生变化的条件下,微观经济主体的行为进行了怎样的调整?

回答这个问题显然需要循着上述两个传导因素(可支配收入和利息率)的变化来进行。

7.2.1 作为"过路财神"的企业部门

微观经济主体可支配收入的增加,首先表现为企业可支配财力的增加。企业可支配财力的使用情况,在很大程度上决定了微观经济主体可支配收入的最终投向。

第六章第3节的考察结果已经告诉我们,经过十几年的减税让利,企业的留利额和留利息率均有了大幅度的增长。其中,留利额由1978年的27.5亿元增加到1991年的555.4亿元,留利息率由1978年的3.7%提高到1991年的65.3%(见表6-9)。从这些数字得到的最初印象是,企业已经成为现今中国各经济部门中的最大财神。然而,当人们把关注的目光转到企业留利的使用情况上时,却不无惊讶地发现,作为最大财神的企业部门其实只是个"过路财神"。

这其中的谜底在于,企业从减税让利中所获得的大部分财力,又经过企业之手进入了居民家庭。

按照国家对国有企业留利使用的规定,企业的税后留利是应按6∶2∶2的比例进行分割的。即60%用于企业发展基金,20%用于职工奖励基金,20%用于职工福利基金。然而,不少人对此所做的典型调查却揭示了这样一个事实:企业留利实际用于职工奖励基金和福利基金的比例远远超过了用于企业生产发展基金的比例,现实生活中企业对其留利的安排顺序往往是:首先确保奖金福利;然后将留利的其余部分用于不得不交纳的各种非生产性支出;最后,用于企业生产发展的支出能留下多少算多少(邓英淘等,1990)。

请看如下两个事例。

湖北省1988年全民所有制工业留利总额为24.14亿元。这个数字,比1984年增加1.3倍,比1987年增加34.1%。占其实现利润额的比重也由1984年的32.33%、1987年的41.03%,上升到46.58%。与此同时,企业留利使用格局的变化是,1988年用于职工奖励和福利的支出为15.02亿元,比1984年增加2倍。占企业留利的比重,由1984年的47.69%、1987年的60%,上升到62.6%,4年间上升了近15个百分点。

河南省许昌市5户实现了承包经营的企业中,有4户企业留利的分配比例平均为:企业生产发展基金12.5%,职工福利基金10%,职工奖励基金77.5%(黄苇町、李凡,1990)。

如果说上述事例尚带有典型调查的意义,那么,表7-3所提供的数字则是改革以来我国国民收入在政府、企业和家庭部门三者之间分配格局的一个全面反映。该表极为清楚地告诉我们,在1980—1990年间,从我国国民收入的最终分配结果来看,尽管政府部门收入所占比重由21.72%下降到14.03%,降低7.69个百分点,但企业部门收入所占比重不仅没有任何提高,反而由30.73%下降到17.34%,降低幅度达13.39个百分点。与此同时,家庭部门收入所占比重则呈迅速上升势头,由47.55%跃增到68.63%,提高幅度达21.08个百分点。

表7-3 中国国民收入最终分配格局的变化(1980—1990) %

年份 项目	1980	1981	1982	1983	1984	1985	1986	1987	1988	1989	1990
国民生产总值	100.00	100.00	100.00	100.00	100.00	100.00	100.00	100.00	100.00	100.00	100.00
政府部门	21.72	19.82	18.72	19.82	19.55	20.00	18.55	16.49	14.01	13.97	14.03
企业部门	30.73	27.63	28.00	26.87	24.49	21.90	18.59	21.12	21.08	22.41	17.34
家庭部门	47.55	52.55	53.28	53.31	55.96	58.10	62.86	62.39	64.91	63.62	68.63

资料来源：转引自马洪、孙尚清主编：《中国经济白皮书1991—1992》，中国发展出版社1992年版，第255页。

这就是说，作为政府减税让利的主要对象的企业部门，实际上只是国民收入由政府部门向家庭部门转移的中介。家庭部门才是这场国民收入分配格局变化过程中的唯一"赢家"，它不仅囊括了政府部门所减少掉的收入的全部，而且还从企业部门挖走了原属于企业的一部分收入。因此，用"过路财神"来形容这个"企业漏斗"现象，确实是很恰当的。

造成这种状况的原因尽管是多方面的，例如，经济改革虽然赋予了企业一定的经济利益，但这种企业利益只体现为眼前利益，而不反映为长远利益。利益格局的这种不正常状态使得企业往往只重视代表眼前利益的消费，而放弃代表长远利益的积累；又如，现行经济关系中的企业领导者的职位的取得越来越取决于职工的拥护程度的特点和其收入与本企业职工同渠道的特点，使得企业领导者不仅不能去抑制职工的增收欲望，而且也会作为当前利益的代表和当前消费动机的支持者，同职工一起启动个人收入的扩张之轮；再如，目前没有充分竞争和企业破产压力的外部环境，使得企业几乎很少去考虑如何通过积累进一步发展壮大自己，而是倾向于将既有的收益"分光""吃光"；等等。但不管怎样，其带来的结果却只能有一个。这就是：越来越多的可支配收入以各种各样的名目流入了居民家庭,①从而激发了消费需求的膨胀。

7.2.2 居民可支配收入的增加与消费需求的膨胀

既有的统计资料表明,20世纪70年代以来,我国居民可支配收入获得了前所未有的增长。从1978年至1991年,全国城乡居民可支配收入增长了6.5倍,13年间平均每年递增17%。其中,城市居民人均货币收入增长了2.6倍,平均每年递增10.4%,同期农村居民人均货币收入增长了4.3倍,平均每年递增14.3%(见表7-4)。

表7-4 中国居民可支配收入增长情况(1978—1991)

年份	居民可支配收入总额(亿元)	比上年增长(%)	人均货币收入(元) 城市	人均货币收入(元) 农村
1978	1,622		440.8	133.6
1979	1,927	18.8	486.1	
1980	2,333	21.1	569.1	191.3
1981	2,550	9.3	585.1	223.1
1982	2,800	9.8	609.8	270.1
1983	3,178	13.5	637.5	309.7
1984	4,027	26.7	660.1	355.3
1985	5,243	30.2	748.9	357.4
1986	6,293	20.0	910.0	401.8
1987	6,872	9.2	1,012.2	460.3
1988	8,837	28.6	1,192.1	586.6
1989	10,031	13.5	1,387.8	567.7
1990	10,989	9.6	1,522.8	676.7
1991	12,198	11.0	1,570.0	710.0

资料来源:转引自谢平,《中国个人储蓄行为分析》,《金融研究》(1993)。

---

① 例如,某国有企业职工的工资条上竟开列了23条名目:基本工资、浮动工资、工龄工资、岗位津贴、职务津贴、技术津贴、物价补贴、粮油补贴、水电气补贴、交通补贴、房改补贴、防暑费(防寒费)、书报费、医疗费、满勤费、安全费、贡献奖、地区经济发展特别津贴、环境污染特别津贴、安全工作特别奖……(王先吾,1993)

毋庸置疑,居民可支配收入的迅速增长,肯定会带来其消费需求的膨胀。而且,在现实中国的下述背景下,这种膨胀的势头非但得不到应有的抑制,反而被有所助长了:

(1)在"铁饭碗""大锅饭"的环境中生活了几十年的人们,面对即期可支配收入迅速增加的现实,不仅对它的长期性①(非暂时性)深信不疑,而且形成了越来越高的对未来收入的预期。

(2)政府举债所孕育的偿债费税问题,人们或是并未意识到它的存在,或是有所意识但未引起足够的关注。

(3)无论从哪一方面说,目前我国个人投资的渠道都是相对狭窄的。居民可支配收入既不能得到合理的分流,收入的大部分也就只能挤入消费这条大船。

(4)我国对个人收入分配制度的改革,是在保留一块(福利)、增加一块(货币收入)的情况下起步的。福利使得居民消费对象中的相当部分,并不是依赖货币收入从市场上购买,而是由国家或企业无偿或廉价提供。在货币收入增长的同时,其支出的"面"不宽,"路"不畅,即使收入增加不多,也会让人感到收入大坝快要决堤。

表7-5展现了1978—1991年间居民可支配收入使用结构的变化情况。该表告诉我们,伴随着居民可支配收入的迅速增长,居民边际消费率虽呈下降趋势,并进一步带来了平均消费率的下降,但除少数年份(1989年和1990年)低于50%之外,其余的年份均保持在80%左右的水平。这就是说,居民可支配收入每年增加额的80%左右是转化为消费需求了。由此可见居民消费需求膨胀势头的强劲。

如果承认居民可支配收入的增加在某种程度上系由中国国债的连

---

① 我们在上篇所进行的理论分析中曾指出,微观经济主体对因政府举债所带来的即期可支配收入增加的暂时性或长期性的判断,将直接影响其对未来可支配收入的预期,并导致其消费行为的调整。参见本书第二章第2节。

年发行所推动,那么,下述逻辑关系显然是存在的:中国国债的发行支持了减税让利,政府的无偿性财政收入因此而相对减少,于是越来越多的国民收入通过企业部门进入了居民家庭,而居民又将其所增加的大部分可支配收入投向于消费,结果是居民消费需求出现了膨胀。

表7-5　中国居民可支配收入使用结构(1978—1991)

年份	居民可支配收入总额(亿元)	平均消费率(%)	平均储蓄率(%)	居民可支配收入年增加额(亿元)	边际消费率(%)	边际储蓄率(%)
1978	1,622	98.2	1.8	178	96.4	3.6
1979	1,927	96.4	3.6	305	86.6	13.4
1980	2,333	95.0	5.0	406	88.6	11.4
1981	2,550	95.2	4.8	217	98.7	1.3
1982	2,800	94.6	5.4	250	89.4	10.6
1983	3,178	93.2	6.8	378	83.0	17.0
1984	4,027	92.2	7.8	849	88.9	11.1
1985	5,243	92.3	7.7	1,216	82.3	7.7
1986	6,293	89.5	10.5	1,050	63.8	36.2
1987	6,872	88.0	12.0	579	80.5	19.5
1988	8,837	91.8	8.2	1,965	105.6	-5.4
1989	10,031	86.6	13.4	1,194	48.4	51.6
1990	10,989	82.8	17.2	958	40.8	59.2
1991	12,198	83.0	17.0	1,209	84.4	15.6

资料来源:转引自谢平:《中国个人储蓄行为分析》,《金融研究》(1993)。

7.2.3　利息率的上升与企业投资需求的扩张

一方面是企业税后留利以各种各样的名目大量地由企业"漏出"而进入居民家庭,追加生产发展基金的数额相当有限,另一方面是以银行存贷款利息率为代表的各种利息率水平呈上升趋势,投资的成本已被加大,按理说,处于如此环境之中的企业投资需求非但不应扩张,反而要受到抑制。然而,耐人寻味的是,这十几年来,企业部门投资需求的扩张不仅出现了,而且,扩张的势头还不小。

从表7-6可以看到:(1)1979—1988年间,企业总投资增长很快,1988年是1979年的5—6倍。如果将其中所包含的折旧因素剔除,企业净投资的增幅就显得更大,1988年是1979年的20倍多。即使扣除这期间的价格上涨因素,增长的幅度也是不小的。(2)1979年,政府总投资和净投资,均遥遥领先于企业总投资和净投资。但是在1988年,企业总投资和净投资都已排在第一位。

表7-6　各机构部门的总投资和净投资(1979—1988)　单位:亿元

年份 项目	1979	1980	1981	1982	1983	1984	1985	1986	1987	1988
政府总投资	592	504	434	430	517	643	715	876	858	866
其中:折旧	60	69	75	87	106	121	143	171	202	258
净投资	532	435	359	343	411	522	572	705	656	608
企业总投资	477	587	598	637	660	989	1,659	1,653	1,987	2,704
其中:折旧	431	471	517	583	669	769	899	1,087	1,352	1,783
净投资	46	116	81	54	−9	220	760	566	635	921
居民总投资	212	267	240	272	410	520	692	831	943	1,253
其中:折旧	87	114	134	156	192	239	309	346	419	621
净投资	125	153	106	116	218	281	383	485	524	632

资料来源:转引自郭树清等:《中国GNP的分配和使用》,中国人民大学出版社1991年版。

将表7-6的绝对额转化为相对数,即表7-7形式,我们可以更清楚地观察、比较投资的部门结构的变化情况。(1)在这10年里,总投资的部门结构发生了实质性的变化。政府部门的比重急剧下降,平均每年下降2.8个百分点。企业部门的比重稳步上升,平均每年上升1.9个百分点。居民家庭的比重也有上升,平均每年上升将近1个百分点。(2)净投资的部门结构亦具有相同的趋势,有所不同的是,政府部门的比重下降更猛(由1979年的75.68%降至1988年的28.14%),企业部门的比重上升更快(由1979年的6.54%升至1988

年的 42.62%),同时居民家庭的比重也有少量上升(由 1978 年的 17.78%升至 1988 年的 29.24%)。

表 7-7　总投资和净投资的部门结构(1979—1988)　　　　%

年份 项目	1979	1980	1981	1982	1983	1984	1985	1986	1987	1988
总投资	100.00	100.00	100.00	100.00	100.00	100.00	100.00	100.00	100.00	100.00
政府	46.21	37.11	34.12	32.11	32.58	29.88	23.32	26.07	22.65	17.96
企业	37.24	43.23	47.01	47.57	41.59	45.96	54.11	49.20	52.46	56.06
居民	16.55	19.66	18.87	20.32	25.83	24.16	22.57	24.73	24.89	25.98
净投资	100.00	100.00	100.00	100.00	100.00	100.00	100.00	100.00	100.00	100.00
政府	75.68	61.79	65.75	66.86	66.29	51.03	33.35	40.15	36.14	28.14
企业	6.54	16.48	14.84	10.53	-1.45	21.51	44.32	32.23	34.99	42.62
居民	17.78	21.73	19.41	22.61	35.16	27.46	22.33	27.62	28.87	29.24

资料来源:同表 7-8。

这一近乎奇特的现象,是如何发生的呢?

可以从两个角度来寻找问题的答案。

角度之一:企业投资对利息率的弹性。我们在前面讲到企业成为"过路财神"现象的原因时曾说过,现时体制下的企业往往存在重代表眼前利益的消费而轻代表长远利益的积累的倾向,但那是就企业内部既有的可支配财力的分配使用来说的。这并不意味着它没有以投资来驱动企业利润增长的欲望,同时也不意味着它不能从企业外部获得资金来增加自身的投资。

事实上,改革以来国家与企业之间分配关系的历次调整,不仅没有削弱企业的投资欲望,而且,由于企业利润总额与企业留利数额相挂钩,企业投资的直接利益驱动反而变得越来越明显化了。只不过在内源融资[①]会妨碍企业眼前利益的情况下,企业的投资需求扩张越来越倾向于从企业外部寻求资金支持。

---

① 所谓内源融资,是指"某一特定企业(或经济单位)的投资,是由该企业内部积累的储蓄提供资金的"(麦金农,1988,第 34 页)。

问题在于,从企业外部获得投资资金,无论是向银行贷款,还是直接发行债券,总是有偿的,都要以支付相应的利息成本为代价。决定利息成本大小的直接因素,就是利息率。因而,利息率水平的上升终究是要对企业的投资需求构成制约的。

但是,主要由于以下几个方面的原因,企业投资对利息率的弹性被大大削弱了:

(1)经过了十几年改革的中国企业(主要是国有企业)并未成为一个完全意义上的经济法人。国家与企业之间的"父子"关系仍然保留着。利息率上升虽然会使企业投资成本加大,但企业也可以用减少或拖欠上交利润的办法将利息负担转嫁给国家。而且,即使企业偿还不了贷款本息,它也不能破产,造成的损失最后只能由国家来承担。所以,企业在申请贷款时,可以在很大程度上忽视利息成本的限制作用。

(2)利息率种类的多少、档次的大小仍由中央统制的格局,使得基层银行缺乏必要的变通余地。利息率管理体制的僵化造成了利息率水平高低与资金供求状况的脱节,利息率不能起到调节贷款额度的应有作用。

(3)在税前还贷制度下,企业可以用本应上交财政的资金归还贷款,支付利息。这又使得利息成本只能部分地影响企业投资效益,形不成对企业投资的应有压力。

(4)追逐利润并非现时体制下企业投资的唯一动机。在企业投资动机多元化的条件下,即使利息率上升能够抑制投资需求,其作用也只限于追逐利润的投资需求,而对非利润动机的投资需求就无能为力了。

角度之二:居民储蓄对利息率的弹性。在企业投资对利息率的弹性表现微弱或不足的同时,居民储蓄对利息率的弹性则呈明显的加大趋势。从表7-5可以看出,进入80年代以来,特别是1989年之后,我国城乡居民的边际储蓄率和平均储蓄率均有了较大幅度的提高。其中,边际储蓄率由 1978 年的 3.6% 提高至 1991 年的 15.6%（1989 年、1990 年还曾分别达到过 51.6% 和 59.2%）。平均储蓄率由 1978 年的 1.8% 提高到 1991 年的 17.0%。这里固然有居民可支配收入的增加、储蓄网点的快速发展等方面因素的影响,但同期我国的银行储蓄存款利息率一直居于相对较高的水平,肯定起了更重要的作用。

这些年,特别是近几年来,我国利息率(特别是实际利息率)对居民储蓄增长的刺激作用十分突出(见表 7-8)。一个非常典型的例子是,每当发行国债、企业债券或金融债券时,仅仅因为这些债券的利息率比同期储蓄存款利息率高出 1—2 个百分点,许多人就在债券发售点排起了长龙。更值得关注的是,在人们对利息率水平的关心程度显著提高或说是居民储蓄对利息率的弹性增大的同时,居民利息收入已经在居民可支配收入中占据了一定的比例(例如,1991 年居民利息收入就占 1991 年居民可支配收入的 7%),这又进一步刺激了居民储蓄加速度增长。于是出现了下述循环:利息率水平上升→居民储蓄增长→居民利息收入增加→居民储蓄加速度增长。

也许正是在这样的循环中,我国城乡居民储蓄存款的增长势头越来越强劲。1978—1993 年间,城乡居民储蓄存款年均增长 33%,至 1993 年年底,全国城乡居民储蓄存款余额已达 14,764 亿元,①较 1978 年的 210.6 亿元增长了 69 倍之多。

进一步来看,居民储蓄存款并非居民储蓄的全部,而只是其中的一个大项(储蓄存款约占居民金融资产总量的 70%)。除此之外,居民所持有的其他金融资产,如手持现金、各种债券、股票等,也是居民储蓄的一部分。统计数字表明,近几年无论是居民手持现金,还是居民持有的各种有价证券,其规模均呈增长之势。据初步推算,现金在居民金融资

---

① 《经济日报》,1994 年 2 月 12 日。

产总量中的比重不低于17%,1992年居民持有的各种证券增加额(约800亿元)为当年居民储蓄存款增加额(2,400亿元)的1/3(谢平,1993),由此可见这些金融资产在居民储蓄中的地位。不言而喻,在上述由利息率水平的上升所引致的居民储蓄加速度增长的循环中,实际上也包括有居民所持有的这部分金融资产量的增长。

表7-8 居民储蓄和利息率的对比分析(1978—1991) %

年份	利息率①	通货② 膨胀率	实际③ 利息率	储蓄年 增长率	平均 储蓄率	居民可支配 收入年增长率
1978	3.24	0.7	2.54	16.0	1.8	11.6
1979	3.96	1.9	2.06	33.4	3.6	18.8
1980	5.4	7.5	-2.1	42.2	5.0	21.1
1981	5.4	2.5	2.9	31.1	4.8	9.3
1982	5.76	2.0	3.76	29.0	5.4	9.8
1983	5.76	2.0	3.76	32.1	6.8	13.5
1984	5.76	2.7	3.06	36.1	7.8	26.7
1985	6.84	11.9	-5.14	33.6	7.7	30.2
1986	7.20	7.0	0.2	37.9	10.5	20.0
1987	7.20	8.8	-1.6	37.3	12.0	9.2
1988	8.64	20.7	-12.14	23.7	8.2	28.5
1989	11.34	16.3	-5.04	35.4	13.4	13.5
1990	10.08	3.1	6.98	36.7	17.2	9.6
1991	7.56	3.4	4.26	29.5	17.0	11.0

①一年期储蓄存款年利息率,若当年利息率有调整,以有效期限最长的利息率为准。
②以"职工生活费用价格总指数"替代。
③实际利息率=利息率-通货膨胀率。
资料来源:转引自谢平:《中国个人储蓄行为分析》,《金融研究》(1993)。

现在的问题是,居民储蓄的加速度增长带来了中国总储蓄结构的巨大变化(见表7-9)。从1985年开始,居民储蓄占全国总储蓄的比重超过一半,随后越来越成为投资所用资金的主要来源。储蓄主体已经由原来的以政府和企业为主(1980年两部门合计占69.47%)转为以居民为主(1991年占70.51%)。这种储蓄主体的反向转换意味着,中国的总储蓄量变得对利息率越来越有弹性了。

至此,问题的答案已经趋向明朗化。在利息率水平上升的情况下,企业投资需求之所以没有被抑制,反而出现了扩张,其根本原因就在于,企业投资对利息率缺乏弹性,而作为投资主要来源的居民储蓄对利息率则富有弹性。前者使得利息率的上升对企业投资构不成多少制约,后者又使得企业投资极易找到外源资金。其结果,企业投资需求将因此而朝什么方向变化就是一件不言而喻的事情了。[①]

表7-9 中国总储蓄的部门结构(1980—1991)　　　　%

年份 项目	1980	1981	1982	1983	1984	1985
总储蓄	100.00	100.00	100.00	100.00	100.00	100.00
居民储蓄	31.41	32.03	34.54	44.75	45.95	50.02
政府储蓄	32.9	22.29	18.40	20.26	20.55	18.95
企业储蓄	36.57	45.75	47.06	35.02	33.50	31.03

年份 项目	1986	1987	1988	1989	1990	1991
总储蓄	100.00	100.00	100.00	100.00	100.00	100.00
居民储蓄	59.53	61.15	62.70	65.91	68.54	70.51
政府储蓄	18.83	13.06	7.25	5.83	5.20	4.10
企业储蓄	21.73	25.75	30.05	28.26	26.35	25.39

资料来源:1980—1988年数字转引自郭树清等:《中国GNP的分配和使用》,中国人民大学出版社1991年版;1989—1991年数字系笔者根据同样方法计算。

注意到前述事实,认识到中国国债的连年发行在抬高利息率水平上所起的作用,作出下面的判断可能是适当的:中国国债的发行抬高了利息率,在现时的过渡性体制下,利息率的上升非但没有对企业投资需求构成应有的制约,反而通过带动居民储蓄的迅速增长又为其提供了较为充裕的外源资金,结果便是企业投资需求的扩张。

---

① 对此,笔者在第二章第6节中已经做了理论上的说明。

7.2.4 进一步的思考

以上我们分别以居民消费需求和企业投资需求为例说明了中国国债的发行对微观经济主体行为的影响。当然,居民消费需求并非民间消费需求的全部,民间投资需求也不仅仅是企业投资需求,但是,如果注意到(1)居民消费和企业投资在中国的现实民间部门消费和投资中双双居于主体地位,(2)居民消费需求的膨胀并没有替代企业消费需求的膨胀(这些年全国公款消费金额的一再攀升,其中就有企业公款消费膨胀的一份"贡献"),(3)企业投资需求扩张的同时亦伴随居民投资支出①的上升(见表7-6和表7-7),那么,将前面所得出的判断进一步引申,说中国国债的发行在某种程度上促成了微观经济主体消费需求和投资需求的"双膨胀",似乎是可以成立的。

7.3 举借国债条件下的政府部门行为

本章首先考察了从政府举债到对微观经济主体的经济行为发生影响这一过程中的三个传导因素的变化,接下来又循着这几个因素的变化讨论了家庭和企业部门经济行为由此而进行的调整。我们已经发现:中国国债的发行对民间部门的消费和投资需求产生了扩张性效应。

就本章的分析对象而言,以上两节的考察只回答了问题的一半。进一步的问题是:举借国债条件下的政府部门行为有无变化?由此而发生的变化又对财政支出以至社会总需求施加了怎样的影响?

---

① 这里所说的居民投资支出,指的是(1)自有房屋的建设、翻修和购置,(2)个体户、农民的生产设备购置,(3)个体户、农民生产经营性存货的净增加,(4)农民在土地、果园和种畜方面的改良等(郭树清等,1991)。

7.3.1 中国国债的发行与财政支出的规模

在上一章的考察中,其实已经涉及了中国国债的发行对财政支出规模的影响。那里的考察结果表明:(1)经济体制改革以来中国国债发行规模的膨胀,主要起因于财政上的减税让利。减税让利的举措之一就是较大幅度地提高农副产品收购价格。农副产品收购价格的提高,一方面使得政府丢掉一块儿无偿性财政收入,另一方面为了维持城市居民的生活水平,向城市居民提供间接的实物补贴(暗补)和直接的现金补贴(明补),又使得政府为此增加了价格补贴支出。(2)中国国债发行规模的一再膨胀,不仅使得政府的债务支出出现了,而且,也导致了其规模的急剧扩张。

问题显然不止于此。现在,我们还应在这清单上再加上一条:中国国债的发行弱化了政府的预算约束,从而在一定程度上助长了财政支出规模的扩张。

仔细地研究一下表 7－10 所提供的 1979—1993 年国家财政收支指数,就可看出:(1)在这 15 年里,除了 1979—1981 年 3 个年度之外,财政收入和财政支出基本上都是同步增长的。(2)但是,无偿性财政收入的增长幅度大大低于财政支出的增长幅度。(3)与此同时,债务收入则从无到有,呈现出极为显著的增长势头。联系图 6－3 所展示的中国国债收入占财政收入比重的走势,则不难得出这一结论:在这一时期,财政支出的增长在很大程度上是由中国国债的连年发行所支撑的。极端而言,如果政府仍然恪守前 20 年"既无内债,又无外债"的戒律,而仅仅以无偿性财政收入来维持财政支出的需要,那么,财政支出的增长幅度起码要降至与无偿性财政收入的增长幅度大致相等的水平。

这实际上是说,正是由于有了中国国债的连年发行,财政支出规模才能够在无偿性财政收入相对下降的情况下得以扩张。

表 7-10 1979—1993 年国家财政收支指数(1978 年=100)

年份	总收入	其中:无偿性收入	其中:债务收入①	总支出	其中:消耗性支出	其中:转移性支出②
1979	98.4	95.3	—	114.7	114.5	122.2
1980	96.8	93.0	121.8	109.2	106.5	270.2
1981	97.2	91.0	207.0	100.4	94.3	467.7
1982	100.3	92.8	237.5	103.8	98.5	425.4
1983	111.4	104.3	225.0	116.3	112.3	367.8
1984	134.0	127.1	219.0	139.2	136.6	299.0
1985	166.5	158.5	254.5	166.1	162.3	390.9
1986	201.6	189.3	391.5	209.8	191.0	1,344.5
1987	211.3	196.2	480.2	220.4	186.4	2,273.2
1988	234.4	210.3	766.9	243.6	207.8	2,406.5
1989	263.0	237.7	801.4	273.7	232.8	2,739.1
1990	295.5	262.0	1,063.3	319.7	267.7	3,461.8
1991	322.1	281.0	1,306.7	343.3	286.0	3,802.6
1992	370.4	310.7	1,896.6	395.1	326.0	4,569.7
1993	456.2	354.3	1,965.0	479.0		

①债务收入指数的计算以 1979 年为 100。
②转移性支出的计算范围为:价格补贴支出、债务支出、抚恤和社会投资支出。除此之外所有支出项目归入消耗性支出。各个项目的支出数以现行统计口径为准,填列时未作任何调整。

资料来源:《中国统计年鉴(1993)》,中国统计出版社 1993 年版;《中国财经报》,1994 年 3 月 26 日。

7.3.2 对社会总需求总量的影响

从表 7-10 还可看出另外一点,在 1979—1993 年间,政府的消耗性支出与财政总支出的增长并不是同步的,前者大大慢于后者。表 7-11 提供的 1979—1992 年国家财政支出结构数字进一步证实了这一点。它告诉我们:(1)在这 14 年里,消耗性支出占财政总支出的比重呈现出明显的下降势头。由 1979 年的 98.26% 减少到 1992 年的 81.17%。(2)与此相对应,转移性支出占财政总支出的比重则由 1979

年的 1.74% 上升至 1992 年的 18.83%。

表 7-11　1979—1993 年国家财政支出结构[①]

年份	总支出（亿元）	消耗性支出 金额（亿元）	消耗性支出 占总支出的%	转移性支出 金额（亿元）	转移性支出 占总支出的%
1979	1,273.94	1,251.83	98.26	22.11	1.74
1980	1,212.73	1,163.84	95.97	48.89	4.03
1981	1,114.97	1,030.36	92.41	84.61	7.59
1982	1,153.31	1,076.36	93.33	76.95	6.67
1983	1,292.45	1,225.94	94.85	66.51	5.15
1984	1,546.40	1,492.33	96.50	54.07	3.50
1985	1,844.78	1,774.07	96.17	70.71	3.83
1986	2,330.81	2,087.59	89.57	234.22	10.43
1987	2,448.49	2,037.26	83.20	411.23	16.80
1988	2,706.57	2,271.19	83.92	435.34	16.08
1989	3,040.20	2,544.69	83.70	495.51	16.30
1990	3,552.20	2,925.96	82.37	626.24	17.63
1991	3,813.55	3,125.66	81.94	.687.89	18.04
1992	4,389.70	3,563.04	81.17	826.66	18.83
1993	5,319.82				

①消耗性支出和转移性支出的计算范围和口径同表 7-10。
资料来源：同表 7-10。

如果承认政府实际上是将各种形式的财政收入捆在一起使用的，那么，随中国国债的发行而膨胀出来的那部分财政支出在消耗性支出和转移性支出之间的布局，也就可以从政府财政支出的总体结构上去大致推断。因此，由表 7-10 和表 7-11 可以进一步引申出如下两点结论：

（1）随中国国债的发行而膨胀出来的财政支出并没有完全表现为消耗性支出，从而没有全部叠加到原有社会总需求水平之上。具体而言，价格补贴支出和债务支出均属于转移性支出，它们的扩张虽与中国国债的发行不无关系，但没有直接增加社会总需求总量。随国债的发行所带来的政府预算约束弱化而膨胀出来的财政支出,其中的大部分属于消耗性支出,它已经直接叠加到原有的社会总需求水平之上了。

(2)随中国国债的发行所带来的政府预算约束弱化而膨胀出来的财政支出中,消耗性支出的占比趋于下降,从而直接叠加到原有社会总需求水平之上的比重亦有减少之势。到1992年,这一比重已由国债发行之初(1981年)的92.41%降至81.17%。

联系前面两节关于政府举债条件下的微观经济主体行为的考察,我们显然可以认定:中国国债的发行对包括民间消费需求、民间投资需求和政府的消耗性需求在内的社会总需求总量,产生了扩张性影响。

7.3.3 对社会总需求结构的影响

现在,我们将考察再深入一步:随中国国债的发行而膨胀出来的那部分财政支出对社会总需求的结构产生了什么影响?

这个问题的答案仍要从来源和投向两个方面去寻找。

从前面两节的考察中,我们可以得到这样几点认识:

(1)中国的国债是伴随着无偿性财政收入的相对下降而膨胀起来的(见表6-2)。无偿性财政收入相对下降的直接结果便是微观经济主体可支配收入的增加。

(2)微观经济主体可支配收入的增加主要表现为居民可支配收入的增加,随着居民可支配收入的增加,其边际消费倾向和边际储蓄倾向分别呈现出了下降和上升的趋势(前者由1978年的96.4%降至1991年的84.4%,后者由1978年的3.6%升至1991年的15.6%),并进一步带动了居民平均消费倾向的下降(由1978年的98.2%降至1991年的83%)和居民平均储蓄倾向的上升(由1978年的1.8%升至1991年的17%)(见表7-5)。

(3)在1978—1991年间,居民储蓄的年增长率大大高于居民可支配收入的年增长率(前者年平均增长32%,后者年平均增长16.6%)(见表7-8)。

(4)中国国债的发行带来了居民可支配收入的增加,居民又将其所增加的大部分可支配收入投向消费,结果是居民消费需求出现了膨胀。

(5)现时体制下的中国企业(主要指国有企业),其投资需求的扩张主要依赖企业外部资金的支持,企业本身的税后留利,总是尽量用于增加职工的工资性收入和集体福利,分配顺序的最后一项才是追加生产发展基金。

将上述几点综合起来,并联系第四章的理论分析,如下结论无疑是成立的:微观经济主体用以认购中国国债的资金来源,大头儿在于储蓄资金或原本用于投资支出的资金。

从表7-12所提供的1979—1992年国家财政支出主要项目比重数字,我们可以看到:

(1)在1979—1992年的14年里,财政支出总额中基本建设支出的占比已经由40.4%降至18.1%。即使加上流动资金支出、挖潜改造和科技三项费用支出、地质勘探费支出以及支援农业生产支出,1992年整个积累性支出的占比也不过在30%上下。

(2)与此同时,行政管理费和文教、科学、卫生事业费支出的占比则呈现出明显的逐年上升趋势,前者已经由4.5%升至10.6%,后者已经由10.4%升至18.1%。若加上国防费支出、工交商农等部门的事业费支出,1992年整个社会消费性支出的占比在40%—45%之间。

(3)在此期间,前面已经说过,由抚恤和社会福利救济费、债务支出以及价格补贴支出所构成的转移性支出在财政支出总额中的占比,也有了相当幅度的提高,由1.7%提高到18.8%。

基于同样的道理,如果承认政府实际上是将各种形式的财政收入捆在一起使用的判断,那么,由上述的中国财政支出的总体格局也就可以大致推断出中国国债发行收入的投向:30%上下用于积累性支出,40%—45%用于社会消费性支出,20%左右用于转移性支出。

略去对社会总需求基本不构成影响的转移性支出不论,说随中国国债的发行而膨胀出来的政府消耗性支出,其中的大头儿表现为社会消费性支出,似乎是没有什么问题的。

表7-12 1979—1992年国家财政支出主要项目比重
(以财政支出总计为100)

年份	基本建设支出	流动资金	挖潜改造和科技三项费用	地质勘探费	工、交、商业部门事业费	支援农业生产支出和各类农业事业费	文教科学、卫生事业费	抚恤和社会福利救济费	国防费	行政管理费	债务支出	价格补贴支出
1979	40.4	4.1	5.6	1.7	1.7	7.1	10.4	1.7	17.5	4.5	—	—
1980	34.6	3.0	6.6	1.9	1.9	6.8	12.9	1.7	16.0	5.5	2.4	—
1981	29.7	2.0	5.8	2.0	2.1	6.6	15.4	1.9	15.1	6.4	5.6	—
1982	26.8	2.0	6.0	2.0	2.1	6.9	17.1	1.9	15.3	7.1	4.8	—
1983	29.6	1.0	6.5	1.8	2.2	6.7	17.3	1.9	13.7	7.9	3.3	—
1984	31.6	0.6	7.2	1.7	2.0	6.2	17.0	1.7	11.7	8.1	1.9	—
1985	31.6	0.3	5.6	1.6	1.9	5.5	17.2	1.7	10.4	7.1	2.1	—
1986	28.8	0.4	5.6	1.3	1.6	6.3	16.3	1.5	8.6	7.2	2.2	11.1
1987	25.7	0.5	5.1	1.2	1.4	5.5	16.4	1.5	8.0	7.3	3.3	12.0
1988	23.3	0.3	5.6	1.2	1.4	5.9	18.0	1.5	8.1	8.2	2.8	11.7
1989	20.6	0.4	4.8	1.1	1.5	6.5	18.2	1.6	8.3	8.6	2.4	12.3
1990	21.0	0.3	4.5	1.1	1.4	6.4	17.9	1.6	8.4	8.8	5.5	11.0
1991	19.4	0.3	4.7	1.0	1.4	6.4	18.6	1.8	8.7	9.0	6.5	9.8
1992	18.1	0.2	5.1	1.0	1.5	6.1	18.1	1.5	8.6	10.6	10.0	7.3

资料来源:《中国统计年鉴(1993)》,中国统计出版社1993年版。

总起来看,既然微观经济主体用以认购中国国债的资金来源,主要出自储蓄资金或原本用于投资支出的资金,随中国国债的发行而膨胀出来的政府消耗性支出,又主要表现为社会消费性支出,那么,我们基本可以认定:中国国债的发行带给社会总需求结构的影响,是使得整个社会的消费-投资结构越来越向前者倾斜。

这里还特别值得一提的是:中国国债的发行不仅刺激了政府的各

种社会消费性支出的扩张,而且,通过这一途径,还使得居民个人消费的膨胀势头进一步加大了。其间的关系链条就是各种社会消费性支出向个人消费的转化。

杨宜勇(1993)曾以行政管理费支出为例,把由此而发生的社会消费性支出向个人消费的转化渠道归纳为如下五种:(1)中高级党政官员从中得到诸多优惠,比如配备专用汽车、司机、服务员,享用免费或低价租用宽敞住宅,一人够格,全家使用。出席频繁的免费宴请,并时有接受礼品或摸奖品的机会等。(2)许多不在中央文件规定范围之内的人也都享有专车(或曰"专盯")。(3)利用掌握的权力优先享用某些集团消费品,如将单位用收录机、照相机、冰箱等据为己有,以及采用试用、试穿、试戴等形式化公为私。(4)利用行政管理费购买各种物品(奖品)向单位成员平均发放。(5)以出差的名义,到处游山玩水,甚至出国考察,国家报销。

据测算,行政管理费支出向个人消费的转化比例在20%左右。以1992年我国行政管理费开支463亿元计,其中的90多亿元便通过这些渠道而转化为了居民个人消费。

虽然社会消费性支出和个人消费支出同属于消费范畴,前者向后者的转化表面上对社会总需求结构没有什么影响,但是,深入一步看,个人消费支出往往较之社会消费性支出具有更大的不可逆性。个人实际消费水平的不可逆性,自然会在一定程度上带来整个社会的消费-投资结构向消费一方倾斜的不可逆性。

7.4　结合货币供给的考察

关于中国国债的发行对货币供给影响的考察,可以围绕如下几个线索来进行:

1. 这些年来中国国债的连年发行以及发行规模的不断膨胀，在一定程度上对银行的储蓄存款形成了冲击。前面曾经说过，1985 年以后，中国国债的发行利息率始终保持着高出同期银行储蓄存款利息率近 2 个百分点的格局。而且，每当中央银行调整银行利息率时，国债的发行利息率便会迅速"跟进"，随之调增或调减，以求继续保持国债发行条件的相对优势。从表面上看，由此而形成的国债发行对银行存款的冲击，只不过反映为专业银行账户上的负债减少。按理说，如果专业银行能够在银行存款减少的情况下，自动地相应减少其贷款，银行的资产和负债便会重新求得平衡，也就不会对货币供给产生影响。但是，在我国现行的贷款规模管理制度下，专业银行并不具备这种功能。其贷款规模系年初由信贷计划直接给定，具有强烈的"刚性"。它与银行存款规模几乎是相脱节的。当银行存款因国债的发行而相应减少时，贷款规模却不会因此而减少，这时，贷款规模必然大于实际的资金来源（负债），其差额便形成空头贷款，等于相对增发了货币。

事实上，80 年代后期以来包括政府债券在内的各种融资债券的广泛发行，已经带来了银行存款的几度滑坡（吉五玫，1993）。在银行存款出现滑坡的同时，一方面因贷款规模已无法（也无意）变动，造成银行资产大于银行负债的不平衡，另一方面，那些漏出银行体系的资金却仍然在流通领域继续发挥货币的作用，结果便引发了货币供给量的扩张。1992 年在国家银行贷款规模已控制在国务院批准的调整计划内的条件下，货币供给量依然出现了扩张且表现得格外凶猛，其中的一个重要原因，也就在于此。

2. 1988 年以来以金融机构为特定对象的财政债券的连年发行，客观上具有扩大货币供给的效果。根据第五章的分析，商业银行认购国债究竟会对货币供给产生什么样的影响，主要视其用以认购国债的资金来源而定。如果商业银行用超额准备金来认购国债，结果便是货币供给量以相当于商业银行认购国债额一倍的规模增加。如果商业银行用收回贷款或投资的办法来筹措认购国债资金,便不会带来货币供给量的变动。然而,由此我们立刻可以想到,在中国的现实经济生活中,专业银行以收回贷款来认购国债的经济前提基本上是不存在的。中国的专业银行作为一种行政机关和经济组织合二为一的混合体,无法自主地权衡各个资产项目的此增彼减,从而在认购国债与发放贷款之间并不必然存在着此增彼减的替代关系。如前所述,我国专业银行的贷款规模是在年初由信贷计划直接给定的,几乎没有什么压缩的余地。固定资产贷款通常是"戴帽下达",绝对额指标管理,专业银行无权也无法压缩;流动资金贷款虽然名义上多存多贷,但仍然实行计划控制。同时,企业流动资金长期短缺,其压缩余地也甚微。所以,对专业银行认购财政债券有实际意义的资金来源,只能是超额准备金。

  问题的复杂之处还在于,中国的专业银行拥有超额准备金的情况也是非常罕见的。这样一来,专业银行一方面难以压缩自己的贷款规模,另一方面又必须按期如数认购财政债券,其资产运用和负债经营之间就不可能不出现缺口。为了保证企业的再生产活动正常进行并如数认购财政债券,中央银行便不得不向专业银行追加贷款,从而增加具有倍数扩张效应的基础货币投放。事实上,从我国专业银行信贷计划的实际编制程序来看,1988年以来的财政债券认购以及相应增加存款的任务,均未列入信贷计划盘子之中(周慕冰,1991)。这就告诉我们,这些年专业银行对财政债券的连年认购,已经在客观上产生了增加基础货币投放的效果。[1]

---

  [1] 周慕冰(1991)把由此而导致的基础货币投放的增加视同财政向中央银行透支和借款。并认为,其间的区别不外是:在后者的场合,赤字对货币供给的影响摆在明处;而在前者的场合,赤字对货币供给的影响藏在暗处。所以,实际结果一样,只不过表现形式有所区别。

3. 从 1991 年开始推行的国债承购包销制度,特别是 1994 年国债承购包销范围和规模的迅速扩大,也是有可能造成货币供给量失控的重要因素。我们在第六章中曾经说过,1981—1989 年的国库券,基本上是以行政手段加以派购的。1990 年尝试了部分通过银行柜台销售的办法,但那时尚属于"经销",对货币供给不会构成什么影响。从 1991 年起,专业银行承购包销国库券①的方式开始在我国出现,"经销"转变为"包销",专业银行担负起了自行购进任何未能推销掉的国库券余额之责任,甚至在某些条件下倾向于自行吃进或多承购少售出,货币供给便或多或少地受到了影响。只不过最初的国库券承购包销量控制在几十亿元左右,货币供给量因此而发生的失控表现得不那么明显。但是,随着 1994 年国债发行规模的剧增,专业银行对国库券的承购包销量已达近千亿元之巨,货币供给量失控的危险显然潜在地加大了。一旦出现部分国库券滞留于专业银行手中或专业银行自行吃进国库券的情形,那么,如果现行的贷款规模管理制度不随之进行根本改革,就等于在国家下达的专业银行信贷计划指标之外,又增加了一笔无贷款指标的计划外贷款,其结果肯定是流通中货币供给量的相应扩大。

4. 上一章已经指出,1990 年以后,中国国债的还本付息支出的资金来源几乎全部依赖于举借新债,借新还旧的办法一再地运用于到期国债的兑付实践。这就意味着,国债的偿付活动通过财政收入和财政支出两个过程带给货币供给的影响,都是扩张性的。其中的原因已如前述,当政府把应付的国债本息拨付给国债持有者时,相应的货币便会从中央银行账户流入专业银行账户,从而增加基础货币的投放;而当政府以发行国债的方式为国债本息支出筹措资金时,无论国债的认购主

---

① 最初是由专业银行所属的信托投资公司或证券公司出面承销,后来扩展至由专业银行本身承销。

体如何、债券的种类怎样,其结果一般都是货币供给量的相应扩张。深一步看,随着我国近几年国债还本付息支出规模的逐年加大,国债的偿付活动对货币供给的扩张作用亦呈上升趋势。

将上述各方面总括起来看,我们恐怕不得不承认:中国国债的连年发行是导致这些年来货币供给量一再失控的原因之一。

第八章 国债管理与宏观经济调控

如果把举借国债比作一味药，那么，它就是一味可对社会总需求施加重要影响的药。在中国，我们虽然不能不服这味药，但服药的技巧和剂量却是可以有所讲究的。进一步说，既然国债已经融入中国经济生活的血肉之中，政府举债能够通过作用于社会总需求而对国民经济的运行过程发生影响，那么，国债管理的操作也就应当且可以被赋予宏观经济调控的任务，从而纳入政府的宏观经济调控体系。

说到国债管理，首先要界定它的内涵与外延。初看起来，凡是与举借国债有关的经济活动，都可列入国债管理的清单，国债管理也似乎就是政府围绕国债运行过程所进行的决策、组织、规划、指导、监督和调节等一系列工作的总称。但是，深入一步看，同政府举借国债有关的经济活动是可以划分为几个层次的：凡属于政府是否发行国债以及发行多少国债的抉择，可归入第一个层次；凡属于政府如何发行国债、向谁发行国债、发行什么类型和什么条件的国债的抉择以及同既发国债①有关的一系列具体的操作活动，可归入第二个层次；凡属于中央银行为执行货币政策而进行的政府债券买卖活动即所谓公开市场业务，则可归入第三个层次。就第一个层次的活动来说，国债主要是作为一种可供选择的财政收入形式（或赤字融资方式）而存在的，因而它更多地属于财政政策的范畴。就第三个层次的活动来说，国债主要是作为中央银

---

① 指已经发行出去但尚未偿还的国债。

行公开市场业务的操作手段而存在的,因而它更多地属于货币政策的范畴。显然,只有第二个层次的活动,才属于具有相对独立意义的国债管理的范畴。再进一步,如果把三个层次的活动统称为广义的国债管理,那么,第二个层次的活动就是狭义的国债管理。本书将侧重于从狭义的国债管理角度,去探讨国债管理同宏观经济调控的关系。

这里最为根本的一个问题是,国债管理对于宏观经济调控的意义,只有在同其他宏观经济调控手段的异同点分析中,才能清楚地认识和把握。也只有在这个基础上,国债管理在政府宏观经济调控体系中的地位才能确立,并在实践中加以有效地运用。

由上述判断出发,可将国债管理的具体内容界定为如下几个方面:(1)国债种类的设计;(2)国债发行条件的确定;(3)国债发行过程的组织;(4)国债应债来源的选择;(5)国债二级市场的监控;(6)国债的还本付息业务;(7)政府债券买卖的经营;(8)与国债有关的具体制度的制定;等等。

本章第1节将说明国债管理作为一种宏观经济调控手段的传导作力机制。以此为基础,第2节把国债管理的操作同财政政策、货币政策联系起来,讨论三者之间的协调配合问题。思想的行程进展至此,我们可以发现:国债管理对于宏观经济调控有着不可或缺的特殊意义。由此,我们可以进一步结合中国的现状,探讨国债管理得以在宏观经济调控领域中发挥作用的条件,它构成了第3节的内容。最后,本章第4节还将尝试回答举借国债的数量界限问题。

8.1 独特的传导作力机制:流动性效应和利息率效应

国债管理作为一种宏观经济调控手段,主要是通过其对经济活动的流动性效应和利息率效应来发挥作用的。这就是说,国民经济的稳定增长固然是国债管理的目标所在,但从国债管理活动的实施到对国民经济的稳定增长发生效力,其间有一个传导作力过程。流动性效应和利息率效应即是考察、监测国债管理活动对宏观经济运行作用情况的两个中介目标。

8.1.1 流动性效应

先看国债管理的流动性效应。

所谓国债管理的流动性效应,指的是在国债管理上通过调整国债的流动性程度,来影响整个社会的流动性状况,从而对社会总需求施加扩张性或紧缩性影响。其传导作力过程可表述为:国债的流动性程度变动→社会的流动性状况变动→社会总需求水平变动。

为此,可以选择旨在变动国债期限构成的策略。其操作方法是:

(1) 相机决定国债发行的期限种类。前面已经说过,政府债券按偿还期限可分为长、中、短三大类。债券的期限不同,流动性程度就有很大差异。短期债券变现能力强,有"仅次于现金的凭证"之称,在三类债券中流动性最高。长期债券变现能力相对较弱,在三类债券中流动性最低。中期债券的流动性居中。显而易见,国债发行中的期限种类的设计是肯定会对社会总需求施加扩张性或紧缩性影响的。当政府需要启动经济、对经济实施刺激时,扩大短期债券的发行,提高短期债券在全部政府债券中的比重,以此引起社会上的流动性增加,便是一种有效的政策手段;反之,当政府需要紧缩经济、对经济实施抑制时,就可采取相反的方法,扩大长期债券的发行,提高长期债券在全部政府债券中的比重,以此降低社会上的流动性。

(2) 相机进行政府债券的长短期调换。不难理解,债券期限上的流动性差异,不仅表现在国债发行的期限种类设计上,国债的调换①也会有类似反映。用长期债券调换短期债券,无异于减少国债的流动性。用短期债券调换长期债券,则无异于增加国债的流动性。将前述的道理应用于此,政府债券的相机调换,同样可作为政府实施经济扩张或经济紧缩政策的有效手段。而且,不会比国债发行时期限构成设计的效力低。

还可以选择旨在调整国债应债来源的策略。这亦有两种操作方法:

(1) 相机决定国债的认购主体。前面的分析已经表明,国债的认购主体,按照对货币供给的影响的不同可分为银行系统和非银行系统两大类。银行系统(包括商业银行、中央银行,我国目前的专业银行也在此类)认购或持有国债,通常会通过信贷规模的相应扩大而增加货币供给量。也就是说,社会上的流动性会因此而增加。非银行系统(包括居民个人、工商企业、行政事业单位等)认购或持有国债,只引起资金使用权的转移,一般不会增加货币供给量,从而社会上的流动性状况不会因此受到多大影响。所以,国债认购主体的选择、决定,也是一种对经济施加扩张性或紧缩性影响的政策手段。这就是,在经济过热、面临通货膨胀的威胁时,尽量从非银行来源借入资金,缩小银行系统持有国债在全部国债中的比重,以此降低社会上的流动性;在经济过冷、面临通货紧缩的威胁时,力求扩大银行系统持有国债的比重,限制非银行系统认购国债,以此增加社会上的流动性。

(2) 相机进行有针对性的政府债券买卖。流动性不同的政府债

---

① 所谓国债的调换,就是政府为变更既发国债的起债条件,而用发行新债券的办法直接兑换尚未偿还的旧债券。它通常表现为如下几种情况:(1)政府为减轻债息负担,以低利新债券兑换高利旧债券,称之为低利调换;(2)政府为配合币制改革,以高利新债券兑换低利旧债券,称之为增利调换;(3)政府为延长国债偿还期限而发行新债券,并规定到期债券可按一定条件(一般较优惠)来兑换新债券(如我国1993年后所实行的国库券"以旧换新"业务即是这样),从而使到期债券获得延期(高培勇,1989,第164—167页)。

券，通常都有其特定的投资者。商业银行因其主要经营短期存放款业务，大部分负债需要随时支付，且每周、每天变化很大，往往是流动性最强的短期债券的主要投资者。而业务性质对流动性要求相对不高的其他投资者，对债券长短期构成的选择就不那么敏感。因此，在国债二级市场上买卖短期债券，①肯定会对商业银行持有国债的状况乃至社会上的流动性产生影响。相反，在国债二级市场上买卖长期债券，商业银行持有国债的状况则一般不会受到什么冲击，从而对社会上的流动性影响也就不大。既然如此，当政府执行扩张性的经济政策时，可选择在国债二级市场上卖出短期债券（同时买入长期债券）的办法，以扩大商业银行持有国债的比重，增加扩张信用的基础和社会上的流动性；当政府执行紧缩性的经济政策时，可选择在国债二级市场上买进短期债券（同时卖出长期债券）的办法，以缩小商业银行持有国债的比重，减少扩张信用的基础和社会上的流动性。

8.1.2 利息率效应

再来看国债管理的利息率效应。

所谓国债管理的利息率效应，指的是在国债管理上通过调整国债的发行或实际利息率水平，来影响金融市场利息率升降，从而对社会总需求施加扩张性或紧缩性影响。其传导作力过程可表述为：国债的利息率水平变动→金融市场利息率变动→社会总需求水平变动。

在这方面，首先可以选择调整国债发行利息率的策略。这主要是通过相机决定国债的发行利息率水平来操作的。现代市场经济条件下，国债利息率是金融市场上的一种最能体现政府宏观经济政策意图

---

① 注意，这里指的是财政机关的国债管理部门或中央银行进行的国债管理活动，非指中央银行为执行货币政策而进行的公开市场业务。

的代表性利息率。它的高低通常可对金融市场的利息率升降产生直接影响。就中国目前的情况而论,国债发行利息率虽尚处于追随银行储蓄存款利息率而定的状态,但随着市场取向的改革进程,专业银行企业化是大势所趋。一旦这一要求得以实现,国债发行利息率的形成机制肯定会相应重构。届时,将不再是国债发行利息率跟着银行储蓄存款利息率跑了,情况会变得与此恰恰相反。既然如此,在国债的发行工作中,国债发行利息率的相机决定,便是政府对市场利息率水平施加影响,从而贯彻其宏观经济政策意图的一个有效途径。例如,当经济形势需要实行扩张时,可相应调低国债发行利息率,以诱导整个金融市场利息率随之下降。市场利息率的下降,是肯定有利于刺激消费和投资、提高社会总需求水平的;当经济形势需要实行紧缩时,可相应调高国债发行利息率,以诱导整个金融市场利息率随之上升。市场利息率的上升,也是肯定会起到抑制消费和投资、降低社会总需求水平的作用的。

也可以选择旨在调整国债实际利息率水平的策略。其操作方法就是相机买卖政府债券。这是鉴于债券价格同利息率呈反方向变动的关系原理,而在国债的二级市场上进行的着眼于调整国债实际利息率(非名义利息率)的政府债券买卖活动。它通常是由中央银行或财政机关的国债管理部门负责操作的。通过中央银行或财政机关的国债管理部门在国债二级市场上相机买卖政府债券,可促使政府债券价格发生涨跌,进而影响整个金融市场利息率水平的升降。具体而言,当经济形势需要实行刺激时,可在国债管理上采取买入政府债券的措施。这就意味着,政府债券的价格会因对其需求的增加而上涨,国债实际利息率水平下跌,市场利息率水平随之下降,从而对社会总需求产生扩张性影响。而当经济形势需要实行紧缩时,可在国债管理上采取卖出政府债券的措施。于是,政府债券的价格会因对其供给的增加而下跌,国债实际利息率水平上升,市场利息率水平亦随之提高,从而对社会总需求产生紧缩性影响。

将上述原理推而广之,政府债券的相机买卖,还可以在市场利息率结构的调控上有所作为。比如,在国债二级市场上买入短期债券,同时卖出长期债券,其结果必然是长、短期国债的供求状况发生方向相反的变动。很明显,由于对短期债券的需求相对大于供给,对长期债券的需求相对小于供给,短期债券的价格会趋于上涨(其实际利息率水平下降),长期债券的价格会趋于下降(其实际利息率水平上升)。再进一步,短期国债利息率水平的下降又会拖动市场短期利息率水平随之下跌,长期国债利息率水平的上升也会拉起市场长期利息率水平一同上扬。同样的道理,在国债二级市场上买入长期债券,同时卖出短期债券,会引起长期债券的价格上涨(其实际利息率水平下降),短期债券的价格下跌(其实际利息率水平上升),进而使市场长期利息率水平下降,市场短期利息率水平上升。长短期国债实际利息率和长短期市场利息率的这一变动过程,实质是政府对金融市场利息率水平的作力范围由宏观推进到了微观。于是,不仅金融市场的整体利息率水平要受国债管理活动的影响,即使金融市场的长短期利息率结构也有可能为国债管理活动所左右。其结果,包括企业股票、企业债券、银行贷款在内的整个金融市场的行情和利息率水平,都有可能成为国债活动直接或间接的操作对象。在这种情况下,政府调控金融市场的能力得以扩展和加强,就是一件不言而喻的事情了。

8.2 国债管理同财政政策、货币政策的协调配合

国债管理既是一种重要的宏观经济调控手段,那么,在其实际操作过程中,就不能不考虑到同其他宏观经济调控手段的协调配合问题。特别是同政府调控经济的两大杠杆——财政政策和货币政策的协调配

合,更是至关重要。

这就要求我们,在弄清国债管理同财政政策和货币政策之间关系的基础上,将它们联结为一个有机的整体,进而形成最为恰当的作用合力。

8.2.1　同一性和差异性

先来看一下国债管理同财政政策的关系。这个问题我们在前面实际已经有所触及了。一般地说,财政政策主要是由税收政策、支出政策和赤字弥补政策等三个方面的内容所组成的。就财政政策实施的基础条件而言,无论税收政策的调节(减税或增税),还是支出政策的运用(增支或减支),都与财政的平衡状况密切相关。而只要财政上发生赤字,就有一个赤字如何弥补或融资的问题。尽管弥补财政赤字的方式不少,例如财政性透支、直接扩大课税范围或提高税率等,但就由此而带来的经济社会效应来说,举借国债肯定是弥补财政赤字的最佳方式。从实际情况来看,现实各国政府的财政赤字也基本是依赖发行国债来弥补的。这就是说,作为弥补财政赤字的最佳方式或基本方式的国债,是财政政策得以实施的基础条件。

再来看一下国债管理同货币政策的关系。如所周知,货币政策主要是指中央银行运用公开市场业务、调整贴现率和改变法定准备金比率等"三大武器"来影响市场利息率的形成和调节货币供给量。作为中央银行执行货币政策的最得力武器的公开市场业务,其操作的主要对象就是政府债券。它实质上是通过在公开市场(金融市场)上买卖政府债券以控制金融市场的一种活动。当中央银行要增加货币供给量、放松信用,即执行扩张性的货币政策时,它就要在公开市场上买进政府债券,以此向流通领域注入货币;而当中央银行要减少货币供给量、收缩信用,即执行紧缩性的货币政策时,它就要采取与前相反的行动——卖出政府债券,以此从流通领域回笼货币。由此不难看出,中央银行利用吞吐政府债券而调节货币供给量的公开市场业务,是以较大规模的政府债券的存在为前提的。"大量的公债给'联邦'(指美国的联邦储备银行)提供大面积的回旋余地来从事大规模的公开市场业务,……广阔的政府债券市场的存在使得广泛的稳定性的公开市场业务成为可能,从而具有增加货币政策的效果的倾向。"(萨缪尔森,1979)从这个意义上讲,国债管理就是中央银行运用货币政策调节经济的"传导器"。

由此可见,无论是财政政策还是货币政策,其实施过程都同国债管理有着不可分割的联系。正是从国债管理把本来分别由财政机关和中央银行执行的相互独立的财政政策和货币政策联结了起来这一点出发,我们将国债管理视作财政政策和货币政策之间的联结点或桥梁。对此,可用图8-1展示如下:

图8-1 国债管理同财政政策和货币政策之间的关系

不过,严格地说来,尽管国债管理同财政政策和货币政策有不可分割的关系,但国债管理并不是财政政策或货币政策的一部分。它毕竟是一种相对独立的经济活动,有其独特的运行规则。

比如,就作用范围而论,国债管理既不能直接使财政支出和税收的规模及相关流量发生变化,也不能直接使货币供给量发生变化。它所面对的仅仅是既定规模的国债,包括已经决定发行但尚未售出的新国债以及已经发行但尚未偿还的旧国债(即既发国债)。对既定规模的国债,采取有助于实现宏观经济政策目标的管理活动,乃是国债管理在宏观经济调控方面的作用范围。

就政策目标而论,国债管理固然在总体目标上须服从于财政政策和货币政策的基本要求,但其直接目标同财政政策和货币政策却不乏矛盾之处。例如,国债管理的直接目标之一就是尽可能地降低举债成本。为此,在财政政策上应控制国债的发行规模。这是因为,举债规模和举债成本正相关。举债规模大了,债息率及支付给推销机构的佣金和手续费率肯定要随之增长。但举债规模的控制是以减少或消除财政赤字为前提的。这很可能会与财政政策的直接目标相悖。还有,低利息率时期多发行长期国债,高利息率时期多发行短期国债,是在国债管理上降低举债成本的必需途径。这通常是要同货币政策的直接目标发生冲突的。这是因为,低利息率往往发生在经济发展低落的时期,在经济已经衰退的条件下,大量发行长期国债会驱使长期利息率上升,阻碍投资增长和长期资本形成。高利息率则往往发生在经济高速增长时期,在经济面临通货膨胀威胁或已经处于通货膨胀之中的条件下,大量发行短期国债便犹如在一定程度上增发货币。

就操作手段而言,前已述及,国债管理的操作主要是通过国债种类的设计、发行利息率的规定、应债来源的选择等来完成的。这既同财政政策主要通过调整税收和政府支出以及弥补赤字的方式抉择去实施有不同之处,也同货币政策主要以公开市场业务、调整贴现率和变动法定准备金比率等"三大武器"加以贯彻有所区别。

至此,可以得出的结论是,国债管理同财政政策、货币政策既有同一性,又有差异性。同一性决定了它们之间可以协调配合,采取目标一致、手段作力同向的行动。同一性是其协调配合的基础条件。差异性决定了它们之间只有相互协调配合,才能避免彼此掣肘,共同实现总体目标。差异性是其协调配合的必要条件。

8.2.2 应当遵循的原则

应当承认,单一宏观经济调控手段的操作是相对容易的。但是,将诸种宏观经济调控手段协调配合,并将它们联结为一个有机的整体,形成最为恰当的作用合力,以实现国民经济稳定增长的总体目标,就不那么简单了。其中的原因不难理解。单一宏观经济调控手段的操作,总是建立在"其他条件不变"或"其他方面情况正常"的基础上的,并由对这一调控手段的种种特点比较了解、对需要调控的对象比较清楚,且专司其职的具体部门负责的。诸种宏观经济调控手段的配合运用,则是在不同的调控手段相互制约、互为条件、互相补充、彼此渗透的情况下,由同这些调控手段相关但职能不同的各个部门共同负责的。

但不管怎样,就国债管理作为一种宏观经济调控手段,应当在同其他宏观经济调控手段特别是财政政策和货币政策的协调配合中发挥作用这一点来说,至少有几个方面的原则是应当遵循的。这就是:

其一,在总体目标上,国债管理应当同财政政策、货币政策的基本要求保持一致。需要明确的是,国债管理是在财政政策和货币政策所确定的政策框架内及经济环境中进行操作的,其作用的力度不能超出两大政策所允许的范围,其作力的方向不能与两大政策所追求的目标相悖。换言之,国债管理在宏观经济调控方面的作用,主要是配合各个时期的财政、货币政策,补充和加强它们的政策效应。

其二,在直接目标上,国债管理应当区别不同情况而分清主次。当国债管理的直接目标和国民经济稳定增长的总体目标相一致的时候,国债管理的操作可以尽情去追求自己的目标。当国债管理的直接目标同国民经济稳定增长的总体目标相矛盾的时候,直接目标就要让位、服从于总体目标。国债管理的操作应当把追求总体目标放在首位,然后再去考虑直接目标的实现问题。

其三，在朝着国民经济稳定增长的总体目标努力的前提下，国债管理可以在自己的作用领域内，以其独特的方式和途径，充分展示其在宏观经济调控中的才能。

8.3 深一层的思考：国债管理发挥作用的条件

迄今为止，我们已经看到，国债管理对于政府的宏观经济调控有着不可或缺的特殊意义。然而，作为一种宏观经济调控手段，国债管理是在一定的条件下发挥作用的。没有一定的条件，即使它具有宏观经济调控的性质，其作用也不能真正发挥出来。这就是说，要充分而有效地发挥国债管理在宏观经济调控领域中的作用，必须为之创造得以发挥作用的条件。就当前中国的情况而论，具有紧迫意义的可能有这样几条：

第一，国债的种类应朝多样化的目标进一步努力。国债种类的多样化问题，我们已经提了好多年了。近两年也确实在增加国债的品种方面做了一些尝试。但国债品种单一化的格局并未有根本改观。这个问题不解决，不仅提高认购者积极性的目的有碍实现，国债发行同国库用款需要的步调难以协调，国债管理活动的操作亦缺乏必要的基础条件。道理不难说清，国债管理活动的相机操作，在流动性效应方面主要是通过调整、变动国债的种类构成（特别是期限种类构成）来实现的。如果市场上的国债种类单一，甚至没有对国债管理操作具有关键意义的较短期债券（如几个月期）的发行，则这种调控手段的作用便无从谈起。也正因为如此，当今世界各国国债种类结构的一个突出特点，就是它的多样化。仅以国债的期限种类结构为例，根据经济合作与发展组织 1983 年所提供的资料，其成员国所发行的国债期限种类数字是：澳大利亚 31 种、加拿大 20 种、英国 17 种、瑞典 8 种、芬兰与瑞士各 7 种、比利时和新西兰各 6 种、丹麦和德国各 5 种、最少的法国也在 3 种以上（高培勇，1989）。由此看来，当前我们很有必要在尽快改变国债种类的单一化格局上，再下一番功夫。

第二，国债的应债来源需相机拓宽。如前所述，国债管理活动的一个重要操作手段，就是调整、变动国债的持有者结构，这当然也要以广泛多样的国债应债来源为前提。在这方面，我们要做的事情，主要是打破对商业银行和中央银行买卖政府债券的限制，让它们加入国债持有者的行列。在此基础上，使政府债券在银行系统的资产结构中占有相当比重。令人欣慰的是，1994 年，我国金融体制改革的规划已经将专业银行企业化、投资对象多样化作为一项重要目标提出，专业银行也已经成为政府债券的承购包销者和持有者。现在的问题在于，中央银行何时能获准进入国债市场（主要是国债的二级市场）。这当然是有一定困难的，其中最为主要的是有可能因此而诱发通货膨胀。这种担心并非没有道理，在目前中国的银行贷款规模还是基本由年初信贷计划直接给定的条件下，中央银行购进政府债券，很可能会因此增加计划外的基础货币投放，形成通货膨胀的压力。但是，出在特定体制上的问题，不应成为排斥中央银行购进国债的理由。问题的解决，还要从金融体制改革着眼。就此而论，随着我国金融体制改革逐步深化的进程，中央银行购进并持有国债，不仅是开拓公开市场业务的需要，也有为国债管理业务的操作打基础的意义。

第三，理顺关系，规范、完善国债的管理机构。国债管理机构是国债管理活动的操作主体，在宏观经济调控中扮演着关键角色。这就要求国债管理机构处于比较"超脱"的地位，一切活动都要以政府的宏观经济政策为最终出发点，而决不能以营利为目的。应当承认，近几年我国的确存在着国债管理机构行为不规范的问题。其突出的表现，就是一部分由财政机关出资的金融机构（信贷投资公司或证券公司）和由各地财政机关自己设立的国债服务部,不顾自身的职能和作用特点,在国债市场上争相充当"经销商"的角色。甚至为了"创收",钻发行利息率不规范的空子,或是只买不卖,多买少卖,或是人为地压低政府债券收购价格,以此猎取较高的差价收入或利息收入。无须赘言,在国债管理机构行为不规范的条件下,发挥国债管理在宏观经济调控中的作用,只能是一句空话。有鉴于此,必须花大气力规范国债管理机构的行为,明确规定其各方面的权限和职责,特别是明确规定它在政府宏观经济调控中的地位和作用。同时,还应当在总结经验、理清思想的基础上,着手于国债管理的立法工作,并逐步使之完善起来。

第四,利息率的形成机制应实现市场化。不难理解,前面所说的国债发行利息率的相机决定,并以此作为调节市场利息率的手段,是建立在利息率形成机制市场化的基础之上的。旨在通过调整国债实际利息率水平来调节市场利息率的政府债券的相机买卖,也是如此。没有利息率形成机制的市场化,就不能指望国债发行利息率的高低和政府债券的相机买卖可对以银行存贷款利息率为代表的各种利息率水平产生效力。如人们所熟知的那样,尽管这些年利息率形成中的市场调节成分已经有所扩大,但目前我国的银行存贷款利息率水平仍基本上是以行政命令直接决定的。其他直接融资的利息率亦不能摆脱行政干预,总要受到各种直接或间接的控制。就这个方面而言,资金商品化、利息率市场化的改革任务,同样是应当且必须尽快着手的。

所有这些,都是国债管理得以在我国的宏观经济调控领域发挥作用必须具备的基本条件。

8.4 举借国债的数量界限

从狭义国债管理的角度来说,国债管理活动的操作是以社会上存在大量的政府债券为前提的。国债的规模越大,国债管理活动可操作对象的数量越大,其回旋的余地也就越大。这就是说,国债管理的宏观经济调控能力同国债规模的大小正相关。西方发达国家的国债管理正是随着国债规模的扩大而逐渐发展起来的。然而,脱出狭义的局限而从广义国债管理的角度去观察,情况就有些不同了。国债毕竟是一种有偿性的财政收入形式,它的运用不仅可以引出追加的社会需求,改变社会消费-投资结构,而且,还要受到诸种客观经济因素的制约,如社会的应债能力、政府的偿债能力、国民经济的承受能力,等等。所以,超越一定数量界限的过多国债发行,无论从哪方面看,都是不能允许的。换言之,举借国债是不应也不能没有"量"的界限的。

事实上,随着我国国债发行和累积规模的不断扩大,举借国债的数量界限(亦称适度规模或合理规模)问题已经一再地提到我们面前,中国经济理论界近来对此也有诸多议论。综合起来看,在如何测定国债规模的方法问题上,人们的意见是比较一致的,即大都倾向于根据国债的相对规模(而不是绝对规模)来建立举借国债数量的考核指标。其中,较为主要的指标有如下三个:

(1)国债依存度。它衡量的是当年国债发行额占当年财政收入总额的比重情况。可用公式表示为:

$$国债依存度=(当年国债发行额/当年财政收入总额)\times 100\%$$
$$(8.1)$$

(2)国债负担率。它衡量的是一定时期的国债累积额占同期国民生产总值的比重情况。可用公式表示为:

$$国债负担率=(当年国债累积额/当年国民生产总值)\times 100\%$$
$$(8.2)$$

(3)国债偿债率。它衡量的是当年到期的国债还本额及应付国债利息额占当年财政收入总额的比重情况。可用公式表示为:

国债偿债率=(当年国债还本付息支出额/当年财政收入总额)
　　　　　×100% (8.3)

但是,在我国国债的发行或累积规模究竟应控制在什么水平的问题上,人们则是见仁见智的。比如,就国债依存度的指标而言,有人认为应控制在 10%—15% 之间(如王远鸿、杨勇,1990),有人则主张控制在 10% 以内(如刘永强,1990),也有人提出可掌握在 12% 上下(如王勇,1989)。就国债负担率的指标而言,有认为以 7% 上下为宜的(如李新国,1989),有主张控制在 7%—10% 之间的(如王远鸿、杨勇,1990),还有提出不应超过 7% 的(如刘永强,1990)。而在谈到国债偿债率的指标时,一种意见是应控制在 5% 以下(如王远鸿、杨勇,1990),另一种意见则是只要不超过 10% 就算正常。

不过,如果作一下仔细推敲,就不难发现,尽管人们在这些指标的具体水平问题上看法不一,但其立论的依据却基本同出一源——历史的经验。于是,可以提出这样的问题:上述指标数字的确是若干国家历史上曾经达到过的最高水平,但并无足够的证据说明它们是可能达到的最高水平。而且,不同国家、不同历史时期的类似的经验数据很多,在这些数据中取此舍彼的标准又何在?看起来,迄今提出的有关举借国债的任何一种数量界限,都远未达到足以为大多数人所接受并能得到明晰论证的程度。

萨缪尔森教授在其《经济学》(1979)一书中,曾引用一位历史学家说过的一段话来讨论国债规模的数量界限问题:"在那笔债务(指国债)增长的每一个阶段,国内都出现了同一种痛苦和绝望的喊叫。在那笔债务增长的每一个阶段,自作聪明的人们都断言,破产和灾难就在眼前。然而,债务仍然在继续增长,而破产和灾难仍然是非常遥远的事情……他们看到债务在增长,却忘记了其他事物也在增长……"

说到这里,作出如下判断似乎是适当的:在目前所掌握的分析工具和资料水平约束下,试图寻找一个或一组关于举借国债的数量界限指标,无疑是必要的。然而,在国民经济稳定发展的大环境中,巧妙地把握好如下几个方面的关系,可能更具现实意义:

——举借国债的规模同宏观经济政策的关系。前面的研究已经表明,举借国债不仅可以扩张社会总需求总量,而且还会导致整个社会的消费-投资结构发生有利于社会总消费一方的变化。由此立即可以引出一个推论:举借国债的量的确定可以同宏观经济政策的要求结合起来。具体来说,当国民经济的运行状况需要政府实施扩张性的经济政策,并且,扩张的对象又以消费需求为主时,那么,相机扩大国债的发行规模,就是可以被接受的。反之,当国民经济的运行状况需要政府实施紧缩性的经济政策,并且,紧缩的对象又以消费需求为主时,那么,相应压缩国债的发行规模,就是必须尽快着手的。

——国债规模的增长率同国民经济增长率的关系。毋庸赘言,无论是国债的发行规模,还是国债的累积规模,都会构成国民经济或政府财政的一种负担。在举借国债已被作为一种长期国策的条件下,一国的国民经济或政府财政能否承受呈增长状态的债务负担,便取决于国债规模的增长率同国民经济增长率两个增长率之间的比较。如果国债规模的增长与国民经济的增长是同步的,或者前者的增长速度慢于后者的增长速度,那么,国债的规模再大,也不是值得忧虑的事情。同时说明,国债规模的增长并未超出其合理的数量界限。反之,如果国债规模的增长与国民经济的增长是不同步的,并且,前者的增长速度快于后者的增长速度,那么,国债的规模再小,也是一件危险的事情。同时说明,国债规模的增长已经超出了其合理的数量界限。

——国债的利息率同国民经济增长率的关系。上面也曾说过,在以不断地发新债来还旧债而实现的国债滚动循环中,国债的利息支付额是不能包括在内的,否则势必会使国债的滚动循环成为一种恶性循环。由此可以想到:国债对于国民经济或政府财政的负担,主要表现为国债的利息负担。如果国债的(实际)利息率超过了国民经济的增长率,国债的利息支出难以通过经济增长找到足够的财源,那就说明,国债的规模已经超出了其合理的数量界限。这时,压缩国债的发行规模,并以此降低国债的利息率,便成为当务之急。反之,如果国债的(实际)利息率低于国民经济的增长率,国债的利息支出完全能够在国民经济的增长中得以消化,那就说明,国债的规模并未超出其合理的界限。这时,既定的国债发行规模以及国债的利息率,便是可以被接受的。

第九章 基本结论

从抽象的理论到具体的实践,经过漫长的研究过程,我们已大致把握了举借国债的经济影响以及这一影响过程的传导机制。现在,我们把本书所取得的结论概括如下:

1. 国债与其他财政收入形式之间所隐含着的相互替代关系,是透视举借国债对于国民经济运行的影响机制的制高点。财政赤字固然是导致国债发行的一个重要原因,但并非唯一的原因。作为政府取得财政收入的一种形式的国债,本质上与其他财政收入形式没什么两样。在具有"刚性"的财政支出规模既定的条件下,捆在一起使用的各种形式的财政收入之间必然表现为一种此增彼减的关系。从这个意义上讲,政府举债与否或举债多少,更多地取决于其他形式的财政收入的状况。举借国债的经济影响,也就是国债与其他财政收入形式之间对于国民经济运行的差别影响。

2. 举借国债既有扩张社会总需求总量之效,又可使得整个社会的消费-投资结构发生有利于社会总消费一方的变化。

从总量上看,在国债的发行期,即期的税收减少、预期的偿债费税、均衡利息率的变动等因素的传导,使得民间消费的增加和民间投资的减少同时发生,但民间消费的增加幅度大于民间投资的减少幅度,故综合影响是民间总需求的扩张;在国债的偿付期,伴随着偿债费税的课征、国债的借新还旧、国债利息的支付以及均衡利息率的变动等因素传导而来的,仍将是由民间消费和民间投资所构成的民间总需求的扩张。

如果举借国债是一项长期的国策，民间消费和民间投资便处于国债发行与偿付的交融环境之中。作为前述两种影响叠加的结果，民间总需求也必然要呈现扩张之势。与此同时，由于政府以举借国债方式取得的收入总要用之于支出，财政支出的规模总会因此而出现膨胀，膨胀出来的财政支出又总有一部分表现为消耗性支出，政府消耗性支出的增加额不仅可以直接叠加到原有的社会总需求水平之上，而且可以通过"财政支出乘数"效应的传导，使得社会总支出的增加额大于政府消耗性支出的增加额；货币供给在政府举债的条件下，也会因此而出现扩张。所以，举借国债带给社会总需求总量的影响是扩张性的。

从结构上看，举借国债无非是将民间部门的一部分资金转移给政府部门去使用。既然微观经济主体用以认购国债的资金，主要来源于民间部门的储蓄资金或原本用于投资支出的资金，并且，随举借国债而膨胀出来的政府消耗性支出的大头儿，又在于经常性支出，所以，举借国债带给社会总需求结构的影响将不外是：由民间消费支出和政府直接消费支出所构成的社会总消费支出趋于增加，而由民间投资支出和政府直接投资支出所构成的社会总投资支出趋于减少。

引申一步说，当经济面临通货膨胀和物价上涨的威胁时，如果我们寄希望于通过发行国债来减缓社会购买力过旺的势头，并以此将一部分消费基金转化为积累基金，从而保持市场供求的大体平衡，其结果很可能事与愿违。

3. 尽管中国国债的迅速发展局面，是经济体制改革以来才逐步形成的，但它并非经济体制改革的产物。经济体制改革对于中国国债的作用，只不过是使其从后台走向前台，由隐性转为显性罢了。事实上，无论过去、现在或是将来，国债与其他财政收入形式之间的替代关系，都始终存在于中国财政的运行过程中。有所不同的，仅是它的表现形式。经济体制改革以来的中国国债之所以出现膨胀，其基本的成因就在于,它一再地被用于填补改革过程中所难以避免的无偿性财政收入相对下降后留下的"空缺",而不在于同期财政支出规模的扩张。由此也可看出,在目前的中国,扭转国债发行规模的膨胀局面,从而使中国国债走出"恶性循环"的根本出路,在于尽快堵住无偿性财政收入流失的漏洞,实现无偿性财政收入与国民经济的同步增长。

4. 经济体制改革以来中国国债的连年发行,是一种扩张社会总需求的重要因素。这不仅表现在它通过支持财政减税让利,增加了微观经济主体特别是居民家庭的可支配收入,从而使得居民消费需求出现了膨胀;还表现在它虽具有抬高利息率之效应,但在现时的过渡性体制下,利息率的上升非但没有对企业投资需求构成应有的制约,反而通过带动居民储蓄的迅速增长又为其提供了较为充裕的外源资金,从而使得企业投资需求亦出现了膨胀;而且,它的发行也弱化了政府部门的预算约束,使得财政支出规模能够在无偿性财政收入相对下降的情况下得以扩张。与此同时,它也在一定程度上加大了货币供给量的失控势头。

再进一步,作为一个正处于市场化取向改革进程中的发展中国家,中国财政支出的格局已经发生了由消耗性支出逐步向转移性支出倾斜,消耗性支出中社会消费性支出的占比又倾向于逐年加大的变化。由此也可以认定,通过将主要出自储蓄或原本用于投资支出的民间部门资金转移到政府部门,这一时期的中国国债事实上亦对社会总需求结构发生了影响。若用一句话来概括,这就是:它使得整个社会的消费-投资结构越来越向前者倾斜。

5. 国债既已成为中国经济生活中的一个重要要素,国债管理的操作也就应当且可以在政府的宏观经济调控体系中扮演相应角色。作为一种宏观经济调控手段,国债管理有其独特的传导作力机制:通过变动国债的期限构成、调整国债的应债来源,它可影响整个社会的流动性状况;通过调整国债的发行利息率和实际利息率水平,它可影响金融市场利息率的升降。通过上述的流动性和利息率两种效应,国债管理活动便可根据经济形势的需要,而对社会总需求施加扩张性或紧缩性影响。

至此,本书关于国债运行机制的研究可以告一段落了。最后,笔者想特别提请读者注意如下一点:科学地分析、清晰地把握国债对于经济运行的作用机制的目的,在于充分而有效地运用国债,正确而巧妙地驾驭国债,并使之成为一种有利于宏观经济运行的重要力量,而绝非简单地肯定或否定国债这一经济范畴本身。本书的出发点和归宿,均在于此。

参 考 文 献

英文部分

1. Ansel M. Sharp & Kent W. Olesn, 1978: Public Finance, Oklahoma State University West Publishing Company, 1978.
2. Barro, Robert J., 1974: Are Government Bonds Net Wealth? Journal of Political Economy, November/December 1974.
3. Boadway, R. W., 1979: Public Economics, Little Brown & Company.
4. Buchanan, James M., 1958: Public Principles of Public Debt, Home-wood, Illinois, Richard D. Irwin Co.
5. Buchanan, James M., 1976: Barro on the Ricardian Equivalence Theorem, Journal of Politiacl Economy 84(2), April 1976.
6. Cavaco-Silva Anibal A., 1977: Economic Effect of Public Debt, St. Matin's Press Inc.
7. Drazen, A., 1978: Government Debt, Human Capital and Bequests in a Lifecycle Model, Journal of Political Economy 86, June 1978.
8. Due J. F, 1981: Government Finance Economics of The Public Sector, Richard D. Irvin Illinois.
9. Gehrels, Franz, 1957: Government Debt as a Generator of Economic Growth, Review of Economics and Statistics, May 1957.
10. Head, John G., 1967: The Theory of Public Incidence, Revista di Diritto Finanziario e Scienza della Finance, June 1967.
11. Hyman David N., 1990: Public Finance: A Contemporary Application of theory to policy, The Dryden Press.
12. Lerner, Abba P., 1943: Functional Finance and the Federal Debt, Social Research, February 1943.

13. Meade, James A. , 1958: Is the National Debt a Burden? Oxford Economic Papers, June 1958.
14. Musgrave P. A. & Musgrave, P. B. , 1984: Public Finance in Theory and Practice, McGraw-Hill Book Company.
15. Neisser, Hans, 1961: Is the Public Debt a Burden on Future Generations? Social Research, Summer 1961.
16. Niskanen, W. A. Jr. , 1971: Bureaucracy and Representative Government, Chicargo: Aldine-Atherton.
17. OECD, 1983: The Management of Government Debt, Organization for Economic Co-operation and Development.
18. Otto Eckstein, 1979: Public Finance, Prentice-Hall Inc.
19. Patinkin, D. , 1965: Money, Interest and Prices, New York: Harper & Row.
20. Peacock, A. & Wiseman, J. , 1967: The Growth of Public Expenditure in the United States, Allen & Unwin.
21. Rock, James M. , 1991: Debt and the Twin Deficit Debate, Bristle-cone Books, Mayfield Publishing Company.
22. Rudiger Dornbusch & Mario Draghi, 1990: Public Debt Management: Theory and History, Cambridge University Press.
23. Stabile, Donald R. & Cantor, Jeffrey A. , 1991: The Public Debt of the United States, Library of Congress Cataloging-in-Publication Data.
24. The New Palgrave, 1987: A Dictionary of Economics, The Macmillan Press Limited.
25. Tobin, James, 1965: Review of Public Debt and Future Generation, Journal of Finance, December 1965.
26. Tobin, James, 1980: Assert Accumulation and Economic Activity, Chicago: University of Chicago Press.
27. Varian, Hal R. , 1990: Intermediate Microeconomics, W. W. Norton & Company.
28. Weil, P. , 1984: Love the Children-Reflections on the Barro Debt Neutrality Theorem, Mimeo, Harvard University, October 1984.

中文部分(按汉语拼音音序排列)

1. 安体富、高培勇:《社会主义市场经济体制与公共财政的构建》,《财贸经济》1993年第4期。
2. 安体富、周升业:《财政与金融》,武汉大学出版社,1992年。
3. 贝多广:《宏观金融论》,上海三联书店,1988年。

4. 陈共:《财政学》,四川人民出版社,1991 年。
5. 陈旭潜:《关于财政投资问题的探讨》,《经济日报》,1994 年 2 月 1 日。
6. 财政部财税体制改革司:《财税改革十年》,中国财政经济出版社,1991 年。
7. 财政部财税体制改革司:《税利分流》,中国财政经济出版社,1991 年。
8. 财政部国家债务管理司:《国债工作手册》,中国财政经济出版社,1992 年。
9. 财政部综合计划司:《中国财政统计(1950—1991)》,科学出版社,1992 年。
10.《财会知识手册》,天津科技出版社,1986 年。
11. 储兴华、解春:《税收漏洞何其多》,《经济日报》,1993 年 10 月 20 日。
12. 邓英淘等:《中国预算外资金分析》,中国人民大学出版社,1990 年。
13. 邓子基:《比较财政学》,中国财政经济出版社,1987 年。
14. 邓子基等:《公债经济学》,中国财政经济出版社,1990 年。
15. 范德军:《国债制度的功能、缺陷及矫正》,《理论探讨》1989 年第 3 期。
16. 傅继军:《国家债务的经济影响》,《中青年经济论坛》1989 年第 5 期。
17. 高坚:《中国的国债问题》,中国财政经济出版社,1993 年。
18. 高培勇:《公债经济学导论》,湖南人民出版社,1989 年。
19. 高等财经院校试用教材:《社会主义财政学》,中国财政经济出版社,1987 年。
20. 国家统计局:《中国统计年鉴(1993)》,中国统计出版社,1993 年。
21. 郭庆旺等:《财政赤字经济分析》,黑龙江人民出版社,1993 年。
22. 郭树清、韩文秀:《中国 GNP 的分配和使用》,中国人民大学出版社,1991 年。
23. 黄达:《财政信贷综合平衡导论》,中国金融出版社,1984 年。
24. 黄苇町、李凡:《当代中国的消费之谜》,中国商业出版社,1990 年。
25. 侯梦蟾:《税收经济学导论》,中国财政经济出版社,1990 年。
26. 何伟、魏杰:《中国经济的非均衡发展》,中国人民大学出版社,1992 年。
27.《经济大辞典·财政卷》,上海辞书出版社,1987 年。
28. 吉五玫:《银行不能"一身二任"》,《经济学消息报》,1993 年 7 月 29 日。
29. 姜维壮:《当代财政学主要论点》,中国财政经济出版社,1987 年。
30. 李超英:《财政学概要》,五南图书出版公司。
31. 李国安:《预算内资金流失严重》,《金融时报》,1993 年 12 月 16 日。
32. 李扬:《财政补贴经济分析》,上海三联书店,1990 年。
33. 李新国:《试论我国国库券市场数量界限》,《金融研究》1989 年第 3 期。
34. 梁小民:《西方经济学导论》,北京大学出版社,1984 年。
35. 厉以宁:《中国宏观经济的实证分析》,北京大学出版社,1992 年。
36. 刘克崮:《抓住时机全面推行国有企业利润分配制度改革》,《中国财经报》,1993 年 11 月 4 日。
37. 刘仲藜:《关于 1993 年国家预算执行情况和 1994 年国家预算草案的报告》,

《中国财经报》,1994年3月26日。
38. 刘永强:《论我国的债务与通货膨胀》,《科学、经济、社会》1990年第3期。
39. 马洪、孙尚清:《中国经济形势与展望(1991—1992)》,中国发展出版社,1992年。
40. 彭澄、倪平松:《外国财政》,东北财经大学出版社,1987年。
41. 平新乔:《财政原理与比较财政制度》,上海三联书店,1992年。
42. 钱凤元:《征管面临挑战——话说税制改革》,《经济日报》,1993年11月25日。
43. 千家驹:《旧中国公债史资料》,中华书局,1984年。
44. 宋承先等:《当代西方经济思潮》,湖南人民出版社,1986年。
45. 王绍飞:《财政学新论》,中国财政经济出版社,1984年。
46. 王传纶:《资本主义财政》,中国人民大学出版社,1981年。
47. 王亘坚:《经济杠杆论》,新华出版社,1987年。
48. 王高潮:《中国财政赤字的经济学分析》,浙江人民出版社,1993年。
49. 王远鸿、杨勇:《公债适度规模研究——兼议公债与赤字的关系》,《经济理论与经济管理》1990年第6期。
50. 王勇:《我国国家公债面临的挑战与选择》,《财政部财科所研究报告》1989年第4期。
51. 汪祥春:《当代西方宏观经济学》,东北财经大学出版社,1990年。
52. 吴家声:《财政学》,三民书店。
53. 夏锦良:《公债经济学》,中国财政经济出版社,1991年。
54. 谢平:《建立国债公开市场业务》,《经济日报》,1993年9月14日。
55. 许毅、陈宝森:《财政学》,中国财政经济出版社,1984年。
56. 薛天栋:《现代西方财政学》,上海人民出版社,1983年。
57. 余培翘:《国债管理理论与实务》,中国金融出版社,1992年,
58. 袁木:《关于社会主义市场经济的若干认识问题》,《经济日报》,1993年10月13日。
59. 袁振宇:《财政赤字研究》,中国财政经济出版社,1993年。
60. 杨宜勇:《国有资产如何流向个人》,《经济学消息报》,1993年11月18日。
61. 张加伦等:《新中国国债论纵》,中国财政经济出版社,1992年。
62. 张馨:《财政·计划·市场》,中国财政经济出版社,1993年。
63. 周慕冰:《经济运行中的货币供给机制》,中国人民大学出版社,1991年。
64. 周玉津:《财政学概要》,五南图书出版公司。
65. 《中共中央关于建立社会主义市场经济体制若干问题的决定》,《经济日报》,1993年1月7日。
66. 中国人民银行国库司:《国家债券制度汇编(1949—1988)》,中国财政经济出版社,1989年。

67. 中央国库券推销委员会办公室:《国债工作文件汇编(1981—1993)》。
68. 〔美〕爱德华·夏皮罗:《宏观经济分析》,中国社会科学出版社,1985年。
69. 〔英〕安东尼.B.阿特金森等:《公共经济学》,上海三联书店,1992年。
70. 〔美〕阿尔文.H.汉森:《货币理论与财政政策》,山西经济出版社,1992年。
71. 〔美〕保罗.R.格雷戈里等:《比较经济体制学》,上海三联书店,1988年。
72. 〔美〕保罗·萨缪尔森:《经济学》,商务印书馆,1979年。
73. 〔英〕布赖恩·摩根:《货币学派与凯恩斯学派》,商务印书馆,1984年。
74. 〔美〕丹尼斯·缪勒:《公共选择》,商务印书馆,1992年。
75. 〔英〕大卫·李嘉图:《李嘉图著作和通信集》第1卷,商务印书馆,1981年。
76. 〔美〕罗纳德.I.麦金农:《经济发展中的货币与资本》,上海三联书店,1988年。
77. 〔美〕莱·威·钱德勒等,1980:《货币银行学》,中国财政经济出版社,1980年。
78. 〔美〕F.莫迪利亚尼:《莫迪利亚尼论文选》,商务印书馆,1993年。
79. 〔美〕詹姆斯.M.布坎南:《民主过程中的财政》,上海三联书店,1992年。

后　　记

　　1988年，我曾写过一本取名为《公债经济学导论》的小册子，就国债的运用与管理领域的一般性问题，作了较为系统的阐述。那本小册子的内容尚欠深入，同中国现实经济生活的联系亦不甚密切，却为我在此之后系统地研究国债问题，打下了一个初步的基础。

　　1991年，我考入中国人民大学，在王传纶教授的指导下攻读博士学位。不久，我又承接了国家社会科学基金资助项目《中国国债管理制度改革研究》的课题。这样，将博士论文选题与所承接的研究课题结合起来进行，也就成了顺理成章的事情。

　　接踵而来的问题是：如何结合？国债管理制度的设计要有利于宏观经济的运行，但这只有在清晰地把握国债对于经济的作用机制的基础上才能办到。而国债对于经济的作用机制问题，在我国还是一个几乎无人涉足的空白之地。基于此，我选定以举借国债的经济影响以及这一影响过程的传导机制作为博士论文的主题。本书即是在我的博士论文的基础上修订而成的。

　　博士论文的写作，是在王传纶教授的悉心指导下进行的。在王老师身边学习三年，我在学业、做人等诸多方面受益良多。借此机会，谨向导师致以深深的谢意。

　　在本书的选题和构思阶段，我还得到了陈共教授、侯梦蟾教授、韩英杰教授、安体富教授和袁振宇教授的帮助。他们所提出的许多建设性意见，为本书的写作开拓了思路。论文写成之后，在评阅和答辩过程中，宁学平研究员、项镜泉研究员、高坚高级经济师、秦池江研究员、孙树茜研究员、何振一研究员、杜萌昆研究员、王亘坚教授、姜维壮教授、董庆铮教授、孙羽刚教授、吴易风教授、胡乃武教授、王克华教授、汤贡亮副教授等专家亦对论文提出了不少中肯的意见。这些意见指导了本书的修订。

商务印书馆经济编辑室主任吴衡康先生在当今学术著作出版难的境况中，对本书的出版给予了热诚的支持，并为本书的修改提出了很好的建议。我十分钦佩他作为中国出版工作者所表现出来的远见和敬业精神。

我的朋友黄海波、郑宁军、寇铁军、李万甫、卜祥来、赁薇、张涌泉、罗小明、王乃强、肖红叶、沈鸣、史耀斌、李敬辉等在资料提供、整理，乃至打印、校对、装订方面，给了我很多帮助。在此，我一并表示感谢。

我还要感谢国家社会科学基金提供资助。实际上，本书既是我的博士论文的修订本，也是国家社会科学基金研究课题的最终成果之一。

最后，不应忘记的是我的父母和妻女。在我读书期间，他（她）们默默地承受了由此而带来的生活困难。对于他（她）们所做出的牺牲，我始终怀有愧疚之感。

高培勇
1994年8月于中国人民大学